兰帕德自传

完全坦白

[英] 弗兰克·兰帕德 著

田春　秦维奇　何小毕　译

TOTALLY FRANK

北京出版集团公司

北京出版社

著作权合同登记号

图字：01-2015-8428

图书在版编目（CIP）数据

兰帕德自传：完全坦白 /（英）弗兰克·兰帕德著；
田春，秦维奇，何小毕译. — 北京：北京出版社，
2016.10
书名原文：Totally Frank
ISBN 978 - 7 - 200 - 12393 - 7

I. ①兰… II. ①弗… ②田… ③秦… ④何… III.
①兰帕德 — 自传 IV. ①K835.615.47

中国版本图书馆 CIP 数据核字（2016）第 207204 号

兰帕德自传
完全坦白
LANPADE ZIZHUAN

[英] 弗兰克·兰帕德 著
田春 秦维奇 何小毕 译

*

北 京 出 版 集 团 公 司
北 京 出 版 社　出版
（北京北三环中路 6 号）
邮政编码：100120

网　　址：www. bph. com. cn

北 京 出 版 集 团 公 司 总 发 行
新 华 书 店 经 销
北京旭丰源印刷技术有限公司印刷

*

710 毫米×1000 毫米　　16 开本　　25.25 印张　　318 千字
2016 年 10 月第 1 版　2016 年 10 月第 1 次印刷
ISBN 978 - 7 - 200 - 12393 - 7
定价：65.00 元
如有印装质量问题，由本社负责调换
质量监督电话：010 - 58572393
责任编辑电话：010 - 58572511

左：萨姆表姐在我家的后花园里练习抱婴儿，我就是那个婴儿

右：2岁的我在公园里，这一身打扮还挺时髦的

左：我们全家和爸爸的1980年足总杯冠军奖牌合影

左下：我4岁时在幼儿园的照片，看这漂亮的条纹衫

右下：还是在幼儿园，那天下雪了，穿上雨靴的我（前排左三）兴奋得不得了

伯恩茅斯的欢乐夏日，我和姐姐克莱尔还有表兄马克（右）在一起

我在纪德公园学院的正装照：身着人生第一套校服

在学校的一次演出中，我扮演士兵，军服是我妈妈的作品。我用演技把我第一个女朋友柯斯蒂迷得神魂颠倒

7岁时，我正在参加那场倒霉透顶的200米比赛。5分钟后，我因为用力过猛而摔倒，一路哭着回家

这张照片里，我看上去在和爸爸那条糟糕的领带抢镜头

西班牙萨洛的家庭假日里，9岁的我举杯庆祝，我也不知道自己在庆祝什么

有人想尝尝我妈妈做的烤鸡吗？这是我家的圣诞节聚餐

希思公园队斩获联赛冠军
（我在后排左五）

我身着人生中最糟糕的一套校
服，它让我受到了很多嘲笑。
当时，我正在布伦特伍德学校
上学

13岁时，结束一天辛苦的训练后，我和爸爸在沙发上睡着了

圣诞家庭聚餐。（左起）娜塔莉、奶奶希尔达、克莱尔、爸爸和我

身着正装的我准备和朋友前往阿斯科特赛马会

阿依纳帕的假日时光。尼基·巴特（二排左一）、唐·哈奇森、杰米·雷德克纳普（二排左三）和我（前排右一）在一起开怀大笑

我（后排右二）、杰米·雷德克纳普（前排左一）和朋友们在阿依纳帕沙滩上

西汉姆联队的查德维尔西斯训练基地。我们父子俩在享受训练后的一段时光

爸爸曾效力西汉姆联队13载，这是他踢球时的飒爽英姿

初披西汉姆联队战袍的我好像刚错失了一次得分机会

初到西汉姆联队，
当学童的我正在练
习射门

我在西汉姆联队对阵考文垂队的比
赛中完成一线队首秀。哈里（中）
在场边告诉39岁的戈登·斯特拉坎
（右）对我别下狠手

早年间，在西汉姆联队的我就表现出了敢于主罚点球的勇气

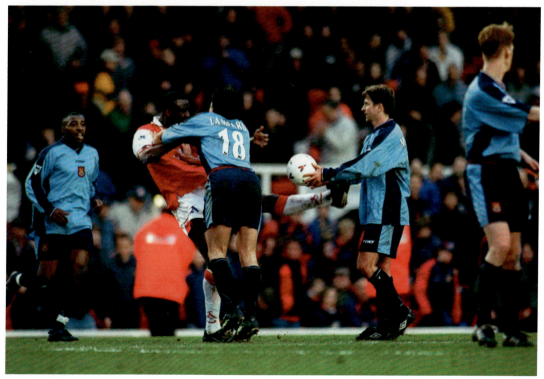

我（左三）在首次造访海布里球场时与维埃拉（左二）发生冲突——这可能不是个明智的举动

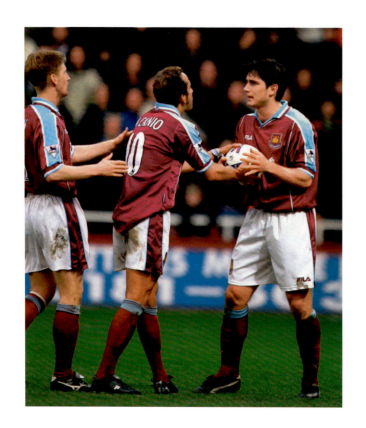

我们在对阵谢菲尔德星期三队时获得了一个点球，保罗·迪卡尼奥（中）非常想亲自主罚这个点球，因为对手是他的老东家

里奥（右）转会利兹联后重返厄普顿公园。比赛中，他试图把我挡在身后，我则在暗自发笑

1999年，我在英格兰队的处子秀，地点是桑德兰的光明球场，对手是比利时队。杰米·雷德克纳普也在这场比赛中登场亮相

谢谢凯文！时任英格兰队主教练凯文·基冈（中）和两名英格兰队新成员合影：我和特雷沃·辛克莱尔（左）

我加盟切尔西队那天，似乎有人把斯坦福桥球场的草皮偷走了

2001年加盟切尔西队后，面对媒体，我看上去有些紧张

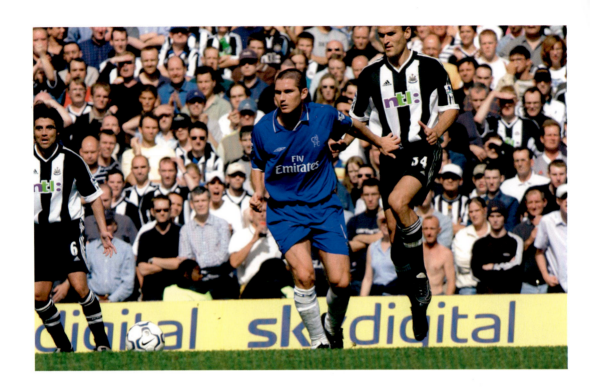

我第一次代表切尔西队登场亮相，对手是纽卡斯尔联队。不寻常的一天

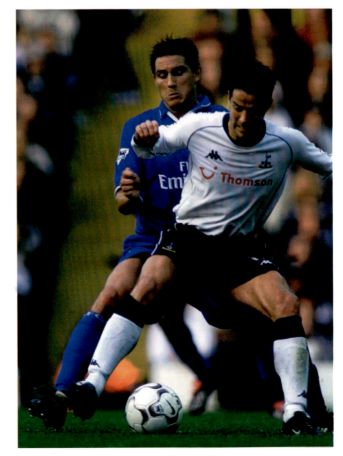

表兄弟的中场争夺战：切尔西队迎战托特纳姆热刺队的比赛中，我和我的表哥杰米·雷德克纳普（右）在中场展开拼抢

托特纳姆热刺队的卢克·佩里（左）指责我假摔，紧接着我就吃到了当场比赛的第二张黄牌

格拉姆·勒索克斯（右二）和埃杜尔·古德约翰森（左三）都不敢相信我居然被红牌罚下了，这是我职业生涯中首次被罚下场

我刚到切尔西队，训练头球

古德约翰森（中）说了一个笑话，我和拉涅利（右）都笑了出来

2004年欧锦赛小组赛对阵法国队的比赛中，我为球队先拔头筹。对于一个不善头球的人来说，这个进球还算不赖

2004年欧锦赛8强战对阵葡萄牙队的比赛中，我在加时赛阶段扳平了比分，这是我足球生涯里最棒的体验

为英格兰队进球后，我向球迷们致意。这是一种情不自禁的感觉

2005年，欧洲冠军联赛淘汰赛对阵巴塞罗那队，我为球队取得进球。从此，我们与艾伦的家乡球队成为宿敌

2005年，世界足球先生颁奖典礼在苏黎世举行。这是我足球生涯里最自豪的一刻，我和萨缪尔·埃托奥（左）以及罗纳尔迪尼奥（右）一起入选最终的三大候选人

2005年，我和约翰·特里（右）一同入选国际职业球员协会年度最佳阵容，我们一起庆祝这一荣誉

2005年社区盾杯，切尔西队2：1击败阿森纳队，夺得冠军。特里展现出自己喷香槟的水准和头球能力一样精准——喷到我眼里而不是嘴里

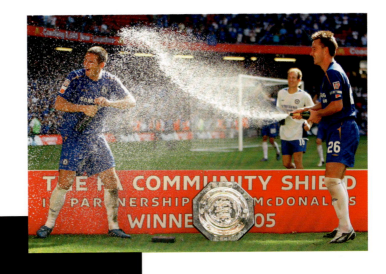

我和我的导师穆里尼奥向球迷致意，两个赢家一同庆祝胜利

切尔西队的大家庭一起庆祝联赛冠军，左起分别是：特里、阿布拉莫维奇的儿子阿尔卡季、阿布拉莫维奇、我以及古德约翰森。这是我喜欢的照片之一

在英超冠军奖杯上印上一个大大的吻，这种感觉我一辈子都忘不了

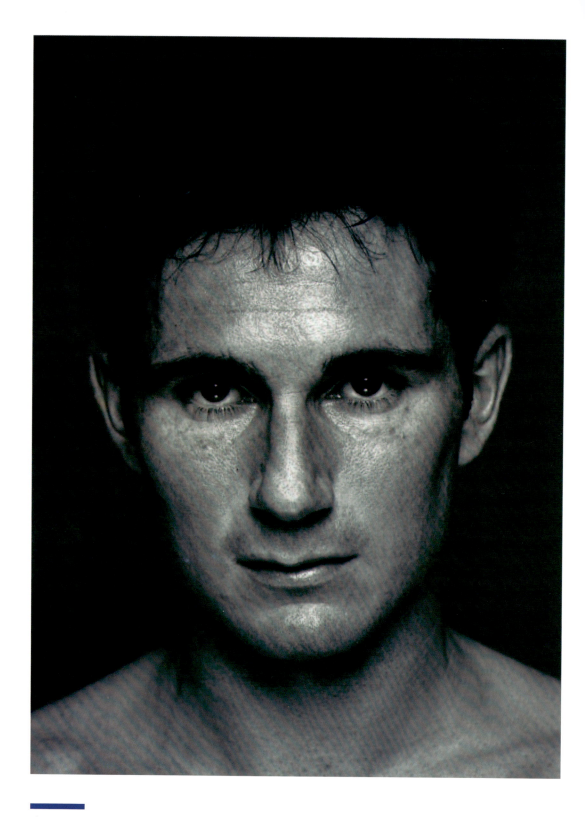

为"2006年世界杯决赛圈50大球员"拍摄肖像照。当时我刚与朴茨茅斯队踢完我在英超联赛中的连续第161场比赛

2003年，与艾伦在西班牙的拉曼加享受日光浴，随后我前往南非参加英格兰队的友谊赛

我和妈妈在家。她永远是我的挚爱

我抱着外甥女斯坦利，姐姐克莱尔抱着露娜。家庭永远放在第一位

家庭日，和艾伦以及小露娜一起外出

下：在罗曼·阿布拉莫维奇的"耳语号"游艇上，和爸爸（右一）、妈妈（左一）以及艾伦（左二）大肆庆祝！这对一位来自罗姆福德的男孩儿来说可不赖

上：和艾伦以及波诺在圣特罗佩斯

我和朋友泰尔——他是个一流的伙伴

摄影造型，看上去太过郁郁寡欢——这真的不是我的风格

我在对阵波兰队时攻入一球，率队进军世界杯。过来一起庆祝吧，瓦扎（左）

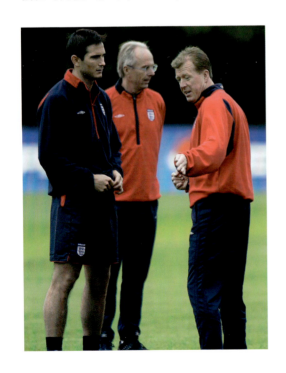

英格兰队的训练场上。"好吧，斯蒂夫，我知道你在说什么……"

我和库特纳离开夜店。虽然喝了点儿小酒，但他穿衣戴帽的品位没理由差成这样吧

球进了！！在一片蓝色海洋中攻破球门，切尔西加油！！

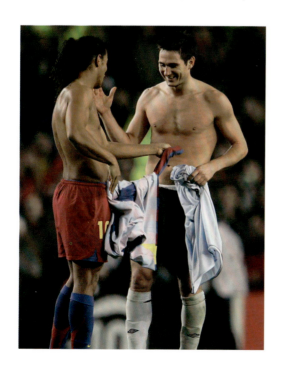

和世界最佳球员交换球衣，我会永远珍藏这一件

2006年1月，我在厄普顿公园球场为切尔西攻进一球，并将进球献给看台上的家人

在斯坦福桥球场，我与女儿庆祝夺得第二个英超冠军。如我所愿

在斯坦福桥球场，我在对阵西布朗队的比赛中攻进一球，做出贝贝托式庆祝动作，将进球献给刚出生的露娜。后来又进了一球献给艾伦

2006年，我和约翰·特里还有队友们进行夺冠庆祝游行。这就是切尔西的一切——团队精神以及冠军队伍

里奥（左三）希望为热身训练增添趣味，他又开始夸夸其谈了

2006年，世界杯小组赛对阵特立尼达队和多巴哥队。千钧一发之际

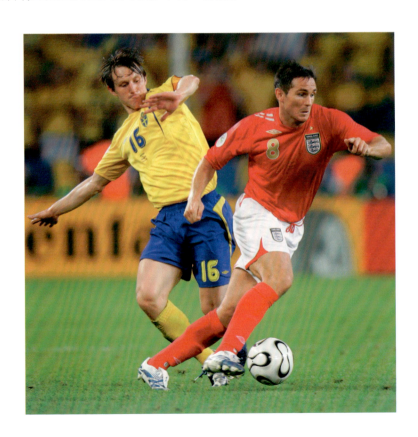

2：2战平瑞典队的决赛圈比赛，我从中场进行突破

尝试一切可能。1/4决赛对阵葡萄牙队，我在禁区外围尝试一脚远射

希望忘记的一刻。对阵葡萄牙队的点球大战，里卡多扑出我的点球

我和埃里克森先生对英格兰球迷不离不弃的支持表达谢意

致　谢

致我生命中最特别的人：

外公比尔·哈里斯

奶奶希尔达

米莉，米娅，斯坦利

哈里，桑德拉，杰米，露易斯，马克

布莱恩，芭芭拉和家人

格温和家人

乔治叔叔和家人

肯恩叔叔和家人

感谢伊恩·麦克加里，是你用辛勤的工作和非凡的文笔带来了这本书，也成就了我们的友谊。

感谢我的经纪人和挚友斯蒂夫·库特纳，感谢你总是听我的电话，感谢你经常给我好的建议。

感谢泰尔，比利，亚历克斯，芬尼和霍奇；比利·麦卡洛克①，约翰·特里，埃杜尔·古德约翰森，约迪·莫里斯和我所有的切尔西队友。

感谢所有的切尔西球迷和幕后英雄，何塞·穆里尼奥，罗曼·阿布

---

① 切尔西按摩师。——译者注（全文脚注若无特殊说明，均为译者注。）

1

拉莫维奇和尤金·特内鲍姆，彼得·肯扬，克劳迪奥·拉涅利，肯·贝茨和苏珊娜，斯文-戈兰·埃里克森，劳拉·波拉德和克莱尔·吉尔莫，特里·维纳布尔斯，托尼·卡尔，弗兰克·巴罗斯，约翰尼·爱德华兹，马克·里斯利，克里斯·伯克利，罗索·卡恩，科林·夸伊，特里·克雷西。

如果我遗漏了某些人的名字，我要和你们说一声对不起。在我的职业生涯和人生中，你们曾给予我帮助和扶持，感谢你们。

引　言

并非世界末日

那段路很长。经历过的人都知道，在点球决战中走向罚球点是一段痛苦的旅程。我感受过那份煎熬。离开队友的臂膀迈出第一步时，是如此孤独，只想马上结束这一切。60米的距离承载着太多的意义，对足球运动员来说，一生中能有几次这样的体验？这是个铭记终生的时刻，就像走过婚礼的红毯或参加你爱的人的葬礼——但在这些时候，你至少知道接下来将会发生什么。

当你走向罚球点时，同样会抑制不住激动的情绪，却无法预知事情的结局。这是世界杯的1/4决赛，你鼓起勇气，直面命运，背后是家人、朋友、队友，甚至还有整个国家的期待。

我能听到英格兰球迷的呐喊，他们拼命地为我加油——也拼命掩饰心中那一丝紧张。我盯住前方的球门，这并不是一个多么难以命中的目标。24小时前，我在盖尔森基兴球场为这一刻做过练习。嘭，嘭，嘭，嘭，四罚全中！我知道该怎么做。

回到宾馆后，我看了一段葡萄牙门将里卡多的录像，想找出他扑点球的习惯。但他的动作是如此杂乱无章，没有什么规律可循。看来，我

1

要做的就是选择一个方向，然后射门。这我已经干过很多次了。在切尔西，在英格兰队，在斯坦福桥，在老特拉福德，在诺坎普，我起脚打门，皮球应声入网。

两年前的里斯本光明球场，我在欧洲杯1/4决赛中面临过完全一样的情况。对手也是葡萄牙，门将也是里卡多。带着相同的压力，走过相同的路，我站上罚球点……嘭，球进了。我知道该怎么做。

不管人们怎么看，我认为点球中充满了不确定性。在每一次点球对决中，罚球者和门将都不会得到上天的偏爱。我从历史数据中知道这一点，也亲身体会过其中的快乐和痛苦。3周前，球队在老特拉福德球场对阵匈牙利，我们的第一场热身赛，我射失了一个点球——这也是我的英格兰队生涯中第一次罚丢点球，这可不是一段愉快的经历。还好，只是一场热身赛，最好还是忘了它吧。

从那时起，我勤加练习。英格兰球队历来都被批评不够重视点球，我们其实练得很辛苦。每一位队员都会在训练中踢点球，作为队里的常规点球手，我比任何人练得都多，这也是我的一贯做法。

我有计数的习惯。50次，我记得自己练了50次，只有两次被扑出，也就是说我命中了48次！对保罗·罗宾逊和大卫·詹姆斯来说也许有点儿尴尬，因为他们俩各自只扑出一次，但他们仍是出色的门将。我信心百倍，感觉状态好极了。

我们全队甚至练习过从中线走向罚球点，为了让自己适应那份孤独，适应脑中一片空白的感觉，适应每往前一步都在增加的压力。我唯一没想过的就是第一个出场罚球，那本是属于鲁尼的荣誉——但他在比赛下半场因为和克里斯蒂亚诺·罗纳尔多的冲突被红牌罚下。

没时间想"如果"了，我必须要罚进。这是我们晋级半决赛的机会，这是属于英格兰的一年，我们要为2004年的失利复仇，胜利应该属于我们。我看向裁判，他示意我等哨。好的，我不着急。里卡多试图盯住我的眼睛，我见识过他的这个花招。把球摆好后，我转过身去丈量助跑距离。

我决定射向他的左下角。就这么干，就是左边，左边！我的脑中浮现出皮球射入左下角的画面。我起步助跑，微微打开身体。皮球离开我的脚面，却没划出预想的轨迹，角度不够，力量也不够。里卡多侧身飞出，也猜对了方向。他把球扑出去了，扑出去了，扑出去……

我感到一阵麻木，抬头望向夜空，月亮就在那儿，露娜①……一瞬间，我生涯中的悲伤时刻如毒液滴入脑海，慢慢扩散：5岁时，在人生第一场比赛中打入乌龙球，在校际比赛决赛中输球，在西汉姆联队遭受口诛笔伐，在足总杯决赛中败给阿森纳，在欧冠半决赛被淘汰出局……

我有些恶心但吐不出来，那一刻我如此虚弱。在葡萄牙球迷的嘘声中，我往回走去，走过那条绝望的路。队友们仍肩并肩站在一起，却没有抬起头。

几个小时后，球队回到巴登巴登的酒店。我去吧台要了一杯啤酒，其他人都在用晚餐，但我真的什么都吃不下。一会儿，几个队友走过来，我们一起喝了一杯，打开了话匣子。虽然很疲惫，但在肾上腺素的刺激下，我没有睡意。每个踢了比赛的人都一样。我们回想起比赛的每个细节，宣泄着失利的情绪，谈论着场上的那些决策，还有罗纳尔多。

我打开手机，一大波短信涌了进来。他们安慰道：不是你的错，别灰心，你会从失败中站起来的……我知道他们是一番好意，但我真的很怕听到这些。我躺在床上，头脑依然清晰，我仿佛看到自己再次站在12码的位置。嘭，被扑住了。嘭，被扑住了。嘭，被扑住了！该死！

我满身疲惫地回到英格兰。当汽车穿过西伦敦时，我数着房子和轿车上的旗帜。阳光很好，街道却很空。失利的打击太大，我能体会球迷

---

① 兰帕德女儿的名字，意为月亮女神。

3

的感受。我也不想抛头露面。我回家后向父母倾诉，得到的只是更多的安慰。这没什么用，我依旧很自责。

妈妈让我别太苛责自己。我倒在床上，试图入睡。我睡着了，那该死的点球阴影却挥之不去。我环顾球场，红白十字旗在比赛中如火焰般四处闪耀，现在它们仿佛被浇了一盆冷水。特里和费迪南德坐在草地上伤心欲绝地哭泣。我有些恍惚，人们走向我，和我说话，但我什么都听不到。

我感觉有人在摸我的脸。一开始很轻，后面有点儿重。好像有什么东西压在我的胸口，然后温柔地拍打。我睁开眼，想看看自己是醒了还是依然在梦中。露娜在我身上乱爬，艾伦站在床边微笑。

"爸……爸，"我的小可爱喊道，"爸爸！"

我学着她说："爸爸！爸爸！爸爸！爸爸！"小可爱露出了最温暖的表情，兴奋地笑出声来。她听得懂！我笑了，艾伦也笑了，露娜笑得更灿烂了。她开口说了人生中第一句话，时机也再完美不过了。如果我也像女儿一样纯真，那该多好啊！

36个小时前，我经历了人生中最黑暗的时刻，而现在，阳光重新照进我的生活。我在罚丢点球时想：这恐怕完了。当我们的第三个点球也没能罚进时，我知道比赛真的完了。我的情绪从未这样低落，也不想再有这样的感觉。我甚至一度以为，输给葡萄牙就意味着世界末日。但我错了，那只是世界杯之旅画上句号而已。

宝贝女儿的一声呼喊让我认清了人生的真正意义，也让我意识到我依旧可以为自己祝福。我的职业生涯很成功——特别是过去的那两年，我们拿下了两届联赛冠军。即将开始的新赛季，我要和切尔西去争取更多荣誉，为英格兰队赢得进军2008年欧洲杯的资格。我还要为青少年抗癌基金贡献力量。更重要的是，我的家人、未婚妻和女儿都会在身边支持我，带给我好运。足球一直是我人生中的重要部分，但家庭才是我的全部。读完我的故事，我想你会懂的。

目录
CONTENTS

第 1 章　家庭时光

当我还是个小屁孩儿时，就喜欢挑战那些"头顶上方"的目标。其中一个在伯恩茅斯的桑德拉姨妈家——那是个鸟笼，被放在姨妈家的后花园里，离草坪有20英尺高。我的外公亲手制作了这个鸟笼，他是个出色的木匠，经常给女儿们做一些精巧的小玩意儿。尽管笼子里啥都没有，姨妈却非常中意它，就像中意她那精心收拾过的花园一样。

我很喜欢去拜访桑德拉姨妈和姨父哈里，因为在他们那儿，两件对我来说最重要的事——家人和足球——完美地融合在一起。哈里那时已经很有名气了，后来又成为我生命中的重要人物。当我签约西汉姆联成为职业球员时，他是球队的主帅。

我的爸爸是哈里在西汉姆联的助教，妈妈则是桑德拉的妹妹。他们经常把我和两个姐姐塞进车里，然后一家人驶向南海岸。大姐娜塔莉和表兄马克年纪、性格都相仿，两人也十分合拍。二姐克莱尔要小一些，我们都很享受前往哈里家的旅程。

对我来说，最开心的就是能和表兄杰米踢球。他比我大5岁，因此，我在孩提时代经常要仰望他——我指的就是抬头看而已。我们俩可以在后院中开心地踢好几个小时，大人或其他兄弟姐妹都不会来打断我们。

杰米和我经常玩抢球的游戏。为了拿到球，我得满院子追着他跑。在我如影随形的骚扰下，他依然能护球摆脱，接着从我身边趟过去。没关系，我享受的就是这个过程。虽然我偶尔也能碰到球，但大多数时候还是杰米控球，我追他。

我是个执着的家伙，从不会认输和放弃。我一直追着杰米，紧追不舍，直到我们累了。然后我们进入下一个单元，这是杰米的保留节目。他把球摆在特定的位置，和鸟笼形成一个角度，然后尝试射中它。

先是他踢，然后才轮到我。我很沮丧，因为自己太小了，踢不到那么高，根本没法击中鸟笼。杰米则不同，他在这组较量中简直太讨厌了。无论球摆在哪儿，无论我给他指定什么样的位置，他每次都能正中靶心，把鸟笼射得咯咯作响。

不知不觉中，可怜的鸟笼被踢了个粉碎。桑德拉姨妈有些不高兴，杰米和我却没有停下的意思。

我挺佩服他的。他经常尝试一些新的妙传和假动作，还苦练颠球和花活。他对这些很着迷，总是在练习。我恰恰相反，即便现在，我也不会在那上面花心思。由于这个原因，我偶尔还会遭遇一些小尴尬。

我曾参与过一则电视广告的拍摄，在百事可乐公司的召集下，一帮顶级球员汇集在巴塞罗那，导演是个美国人。我不确定他是否真的懂足球。在我出场前，罗纳尔迪尼奥等人的舞步已让他沉醉，亨利则秀了一把极速狂飙。

导演被震撼了。我脱去外套，走进片场，等待他的指示。

"好的，弗兰克，"他说，"来你最拿手的。"

我看着他。

"来啥？"我问。

"就是你的招牌动作，最出名的那些。你懂的。"

我想了一会儿。

"你是要我铲球，射门，还是中场远射？"

这显然不是他想要的答案，但足球也并不是只有假动作和花活儿啊。罗纳尔迪尼奥和亨利是华丽的球员，皮球在他们脚下可以发生神奇的变化。小时候，我也羡慕过杰米的技巧，但我早就被教导基本功才是立身之本，那不需要太多花哨的动作。爸爸非常清楚一名合格的现代球员应该是什么样子。

妈妈坚持我应该尽可能多地拿球和触球，爸爸则一直在确保我按正确的方式踢球。他在花园里陪我练习，教我如何踢得更合理些，也鼓励我自信一点儿。

对当时的我来说，爸爸只是一个熟悉和亲密的家庭成员，我并没有意识到他的另一个身份。在启蒙阶段就能跟随前西汉姆联队和英格兰队后卫练球，这可不是每个人都能有的经历。但爸爸的球员身份只会让我把父子关系搞混，就像其他同龄男孩儿一样。

我有些害羞，也非常内向，宁可和父亲或者姐姐练传球，也不愿意出去加入其他孩子的队伍。因此，在决定参加人生第一场比赛前，爸爸劝了我很久，我也给了自己很多鼓励。

我们步行去纪德公园，那儿并不远，离我父母在罗姆福的房子只有5分钟路程。我以为就是和平常一样去踢踢球，只不过场地大点儿而已。回想起来，爸爸当时已经有所安排了。那儿有一支当地球队在训练和比赛。爸爸和教练聊了聊，问他能否让我加入。

我有点儿激动，也很紧张。那些孩子踢的是五人制比赛，他们都比我大一点儿，看起来差不多7岁。而我只有5岁。教练的名字是克里斯·斯诺斯柯尔，他的儿子丹尼尔已经在场上了，我也获准上场。我接下来的表现让人难忘。

我兴奋到难以自制，那实在是太蠢了。有人传球给我，我转身向后，球门就在那儿，我起脚射门，球进了。那是直觉，是本能。我开心地看向队友，希望得到他们的认可，但我发现事情好像不太对。几秒钟后，我从他们的眼神中读到球踢进了自家大门。太尴尬了，一个孩子开口问："踢进乌龙球的这个家伙是谁？"

我踢完了比赛，那个失误让我很难受。人生第一场比赛，我乘兴而去，败兴而归。第一场……时至今日，那仍是段痛苦的回忆，但我并没有太放在心上。

我加入的那支球队叫希思公园。之后十年，这家俱乐部成为我生命中的重要组成部分。我在第二周接着参赛，虽然严格说来，我还是太小了，但我并不在意。事实上，我在一年后留了下来，因为我融入了那帮孩子。我从中学到了很多，也得到了很多快乐。在希思公园的日子，我们几乎每年都赢下了联赛冠军，当我们打盹儿时，冠军就变成森拉布——我们在地区内的劲敌。

埃塞克斯历来是一块盛产足球运动员的沃土，在我那个时代也不例外。森拉布的球员大多来自伦敦东部，出身也要贫寒些。他们基本都是工人阶级的孩子，迫切地想成为职业球员。而希思公园的孩子则有些不同，因为我们来自埃塞克斯。

慢慢地，希思公园和森拉布的名气都大了起来，因为在这两家俱乐部，球员们实现职业生涯的成功起步的机会更大。阿什利·科尔、莱德利·金、李·鲍耶、杰洛伊德·萨缪尔都曾在森拉布度过青葱岁月，还有一位天才少年也出自那里，他的名字叫约翰·特里。约翰比我小3岁，因此我们没有真正交手过。但那时我就已经听说过他的事迹了——他是多么出色，多么强壮。

在我的家乡，足球融入人们的血液和基因，我也不例外。大家无时无刻不在讨论比赛，各个阶层的人都兴趣盎然。今天，10岁以下的孩子去职业俱乐部的梯队参加学习和训练，其他人则可以选择俱乐部或足总开办的训练课。当我在那个年纪时，周日的比赛就是训练课。

在联赛交手中，森拉布击败我们的次数好像多一些，但我们在杯赛较量中更胜一筹。幸运的是，我们在联赛中有赢球的习惯。我们联赛折桂，通常是因为我们稳定性更好。我们的优点是团队精神强，他们的个人色彩更浓一些，也很喜欢用那种方式比赛。两队之间的竞争很激烈。球员们都忠于各自的球队，观众则讨论着谁更出色，谁有可能成为职业球员。

人们的猜测从未停止，但在希思公园，弗兰克·兰帕德不是讨论的焦点。我的队友迈克尔·布莱克才是公认的未来之星。他技术出色，控球娴熟，很难被防住，是我们中的佼佼者，是那个时代的埃塞克斯"鲁尼"。任何一场比赛，他都能破门得分并成为全场最佳球员。我看着迈克尔，暗暗下定决心：我要以他为目标，至少变得和他一样好，甚至更强。这就是我当时的想法，后来我意识到，我的人生和职业生涯一直在重复这个旋律。

希思公园和森拉布常年统治着伦敦东区，瓜分了大多数的冠军。我很享受属于自己的那份荣誉。尽管我是姐弟三个中最年幼的，也是唯一的男孩儿，只能分到家中最小的房间，但这并没有妨碍我在房间各处装上用来放奖杯的架子。躺在床上时，我把所有的奖杯和奖牌盖在身上。

球队在周中训练，周末比赛。教练会帮我们保持健康，加深我们对比赛的理解。但在比赛中，场边不只有他的声音。

基本上每个队员的爸爸或妈妈都会出现。他们总是对球队有不同的看法，有些人还放声大喊。你也许会认为我爸爸是边线军团的核心人物，凭他的背景和阅历，其他人只有安静听讲的份儿。事实上，他从不这么干。

他有意地站在人群后面，竖起衣领，保持绝对的沉默。他清楚，自己挤到边线并开口说话会造成怎样的后果。更重要的是，他晓得那样干会让我多么不安。光是他到球场观看比赛，我就够紧张了。爸爸深知这一点，也很善于隐藏自己。

他有时躲在树后面，有时藏在栏杆后头，这样我就看不到他了。他在暗处游荡的样子一定很奇怪，就像足球版的克鲁索探长[①]。不过他也藏不了多久。当我回家后，他会问我踢得怎么样。如果我回答"非常好"，他一定会摇头，然后指出我应该改进的地方，或者我错过了哪次机会，我就知道他肯定去过球场了。

在足球上，爸爸是我的标杆、教练和导师，也是我的灵感和动力。虽然有时会恨他，但我对他更多的是感激。很小的时候，我就知道自己要成为一名球员，那是我全部的梦想。爸爸也知道，而且我认为他的愿望和我的完全一致，也许在那时候还要更强烈些。

他带给我规律的训练制度，帮我完善体能和力量。他教会我自律，这是顶级球员的必备素质。训练有时很快乐，妈妈却有不同意见。在我家的休息室里，爸爸经常把垫子铺到地板的不同位置上，再拿一个球往下扔，我必须抓住球并快速起身，接着他会往另一个方向扔球。我们会练上很长时间，直到我累了。妈妈常常从门口冲过来，大声地斥责我们。

"小点儿声，"她说，"别再把这些地方弄乱了。"

我们只能保持沉默。

"老实说，你们觉得地板会自己变干净吗？"

当爸爸觉得可以开口时，他会说："弗兰克想变得更敏捷，这些训练就很重要。"他希望用这个理由来回应妈妈有关家务活的抗议。妈妈假装生气地转身离开，随手关上了门。父子俩相视而笑，重新投入训练。但事情也并不是每次都能这么有趣。

---

① 电影《粉红豹》中的人物。

当爸爸在西汉姆联当学徒①时，他买了双跑鞋，为了在全队训练结束后自己加练冲刺。我没有拿到他的鞋子，却继承了他的习惯。我记得自己大概10岁时就开始"冲刺"。我在花园中跑完一段距离，然后折返。学会冲刺十分重要，它能帮你在比赛中追上对手或者摆脱防守的人。

我几乎每天都练习，妈妈为此烦恼不已。因为她修剪了一块漂亮的草坪，上面长满嫩密的绿草，我的训练会把它弄得很难看。训练有时在爸爸的监督下进行，有时不是。当他外出回来后发现我在房间里写作业或者看电视时，就会问："你跑步了吗？"如果我练过了，会得意地回答："是的。"偶尔我也会忘记，可他不会强迫我。相反，他有妙招儿，并非那些常见的惩罚手段，而是告诉我不训练的后果。噢，不，那太糟了——我没法变得更快、更敏捷，体能也没法变得更好。换句话说，我离一名球员的标准还差得很远。

对我来说，这太可怕了，因此无论天气怎样我都会跑步。即便在成为职业球员后，我依然保持这个习惯。在西汉姆联的查德维尔西斯训练基地，我习惯偷偷跑，因为我怕被人看到后会不好意思。老队员在训练后都回家了，我就在训练场外绕圈跑。爸爸有时会看到我，他就坐在马路对面的办公室里。我能看到他在微笑或点头。我变得痴迷于此。毫无疑问，让爸爸一直来提醒我是没有好处的，即便在我升入西汉姆联一线队后也是如此。他不想对我下指令，他更希望我自觉地去做。

受到他这种影响的不止我一个人。当里奥·费迪南德和我在西汉姆联当学徒时，爸爸会在训练结束后让里奥再练一个小时的头球。里奥天

---

① 学徒：英格兰球员在17岁前可以参加各职业足球俱乐部组织的青训营，接受指导和培养，但不能与俱乐部签订职业球员合同，其身份为学徒球员。

赋非凡，他能完成很多别人完成不了的脚下动作。但作为一名后卫，他的头球还不够出色。爸爸指导一段时间后就不管他了，里奥会找别人来帮助自己练习。学会自律才是重要的事情，这是通往顶级球员的必修课。

在切尔西俱乐部，吉安佐拉·佐拉会在每天训练结束后加练一百多次射门。其他人都冲澡去了，吉安弗朗哥全神贯注地站在球门前。嘭，嘭，嘭，他就像一台机器。即便是像佐拉这样厉害的人物——我共事过的天赋最高的球员，也知道训练的必要性。精英总是严于律己，松懈只是普通人的专利。在英格兰队，鲁尼也是如此要求自己的。我也一样。

在爸爸的循循善诱下，我慢慢学会自律，这对我的成长极为关键。现在，我偶尔会碰到那些年轻的孩子，他们以为拿到了切尔西的合同就是成功。他们都有好车，训练结束后就迫不及待地坐进驾驶室，飞快地离开。还有一些不错的小伙儿会留下来多练一会儿。我经常加练射门或任意球，有一两名梯队的孩子愿意跟着我学习。他们得到了进步的机会。我还会自己做冲刺和敏捷性练习，接着在场上进行几个小时的有球训练。

签约西汉姆联之前，爸爸就会在其他球员放假时把我带到查德维尔西斯基地，训练我的其他技能。他朝着训练场的一面墙踢球，并让我背对墙站好。我要在听到球反弹的声音时转身，并对面前的一切做出反应。爸爸知道，敏捷性是中场球员的立身之本，因为他必须拿到球权。有时，这是我最不愿意做的事情，特别是在那些冷风冻雨的日子。但我坚持下来了。爸爸坚持不懈，我渐渐也上了瘾。那年我才14岁。

我记得托尼·科蒂当时是西汉姆联的一员。爸爸说，托尼的老爹也带他到训练场做同样的练习。他是想刺激我更努力地训练，大概就是"他这么练了，看看他的回报吧"的意思。我记得自己当时想，如果托尼能做到，那我也要做到。14岁的少年一般不会干这些事，我当时就意识到自己的人生和其他孩子不一样。

我是幸运的，爸爸帮我发现缺点并把它们消灭在萌芽状态，大部分同龄人不可能有这种待遇。

这也是他在场上先人一步的原因，他能根据飞行路线判断皮球的最终落点。在他踢球的20世纪70年代，比赛是另外一个样子的，速度、技术、对抗和竞争性都要弱很多。现在的球队在身体和技战术上都要胜出一大块。爸爸独具慧眼地预见了这些改变，并反复告诉我应该提高速度和力量。我对他的唠叨感到厌倦。11岁时，我在一场比赛中发挥欠佳，他很生气，但我不知道哪儿做错了。他让我坐下，画着图给我解释在中场跟住无球队员是多么重要。在那之前，如果对手从我身边踢二过一，我会全力去断球，导致那个无球队员从我身后溜过去。

11岁时，我就被灌输了其他孩子接触不到的理念。跟住无球队员一点儿都不好玩，我很讨厌这事儿。在小孩子眼中，抢到球就可以了，漏掉无球队员又有什么关系呢？随着年龄的增长，他们会知道其中的重要性。我本和他们一样，但爸爸让我提前开窍了。

我好胜心很强。考虑到爸爸的影响，这一点儿都不奇怪，妈妈也一直鼓励我进步。从一开始，爸爸就能准确地指出我在哪些地方应该改进和提高，妈妈则会鼓励我做自己该做的事情。我曾在训练营中拍过一张照片，妈妈一直都记得。无论怎么看，那时的我都算不上可爱，圆圆的小脸，难看的牙齿。"谁能想到呢，你居然能成为切尔西和英格兰的队员！"她总是这么说。

在家人中，我也没有独享为国效力的光荣。爸爸和表兄杰米都曾身披三狮战袍。在成长过程中，我并不在意球迷和热心人的关注。这有啥啊？我一直都是这么想的。我以为我们和别人家一样。我错了。

博比·摩尔经常来我家做客。我走到会客室，看到他和爸爸在谈论足球和西汉姆联，妈妈在一旁忙着准备茶水和点心。我从未意识到，坐在沙发上的那个人，可是捧起过雷米特杯的英格兰队队长啊。

即便是在姨父哈里家，我也没觉得有什么特别和不同的地方。我们每年都去伯恩茅斯度假，就像去海滩游玩一样。表兄马克也是个出色的球员，他的职业生涯毁于一次严重的膝盖伤病。我们在一起时基本都在谈论足球，很少有例外。

哈里姨父家的夏天是美妙的，杰米的生日就在夏天。他会搞一个为期两天的大派对。我一到那儿就沦为了追星族。因为许多利物浦队队员都会到场，罗比·福勒和特雷沃·辛克莱尔也会来。但大家都知道谁才是当晚真正的明星——"辣弟"组合①的成员们精心打扮，这是属于他们的时间。杰米很时髦，总是走在潮流最前沿。每次从伯恩茅斯回到家中，我都会告诉妈妈，买哪些新衣服能让我看起来更棒。在那场盛会上，小伙子们身着拉夫·劳伦的衬衫，搭配定制的牛仔裤。

花园里有一场烧烤。到处都是迷人的靓女，杰米吸引全场目光，姑娘们争相和他搭讪。那场面太疯狂、太不可思议了。杰米和队友们穿过人群，四处攀谈。我年纪小很多，有点儿难为情，但我不怪杰米没有注意到我的出现。事实上，他经常照顾我。很难想象，如此耀眼的表哥在派对上都这么细心，他真的很有兄长风度。和这样的家伙一起长大，你一定会把他当作榜样。17岁时，我在塞浦路斯度过了自己的第一个男孩儿假日，同伴包括杰米、唐·哈奇森，还有一些杰米在伯恩茅斯时的队友。我开始有些犹豫，但后来还是说服妈妈放行。

那个夏天，我先跟父母去了一趟百慕大。爸爸和前西汉姆联射手克

---

① 媒体给麦克马纳曼和小雷德克纳普等队员的称号，讽刺他们华而不实，场上不够卖力，场下花里胡哨。

莱德·贝斯特在户外教人踢球。我往脸上抹了一些防晒油，结果起了很多疹子。我不敢相信，我要带着满脸的疹子和利物浦的招牌球员以及他的队友们一起去度假啊，这实在太糟糕了。杰米是大明星，本没有义务带我这个拖油瓶。但他还是带我去了，并担起了照顾我这个大花脸的责任。在那儿，我们去了镇上的大广场。一大帮人突然出现，他们向杰米索要签名跟合影。

杰米对围过来的每个人都很和善，我现在知道那挺不容易的，毕竟你和队友去那儿是为了放松一下。事实上，我见过其他球员在相同处境下做出完全不同的反应，有的人甚至非常粗鲁，会冲人群说"滚开"或类似的话——几杯啤酒下肚后，情况更糟。杰米的彬彬有礼给我留下了深刻印象。我欣赏他的为人处世，并告诉自己如果能踢到他的高度，一定要表现得和他一样。毫无疑问，名气越大，你就越难给每个人腾出时间。你急着赶场，还要照顾孩子，签名是你最厌烦的事。直到现在，我都会想起杰米在小镇广场上的笑脸，他教会我很多，这是榜样的力量。

面对球迷的要求和其他压力，杰米没有回避还应付自如，尽管他那时才22岁。他去了利物浦之后，两地的距离让我们无法经常在一起。但他时常和我通电话，给我好的建议。只要愿意，我随时可以打给他。他对我总是有时间，也想知道我过得怎么样。

我18岁时依然从他身上学到新的东西。他在利物浦受伤了，回到查德维尔西斯基地进行恢复训练。我们在健身房的一面墙上画了一个球门，球门四角画上和球一般大的圆圈。每个圈都标上不同的数字，右上角是1，右下角是2，以此类推。当我结束训练后无所事事时，我们俩就溜达到健身房。他开始用球射那些数字。

"1"，一击中靶。

"4"，不同的角度，一样的结果。

"2"，还是一样准。

接下来轮到我。我射中球门就不错了，更别说圆圈了。杰米没有取笑我。他让我停下，走到面前给我建议。这就是杰米，总是在想着帮我。我们俩后来在赛场上碰面时会感觉怪怪的，我想那也许就是原因。

我曾代表西汉姆联对阵利物浦，和杰米在中场短兵相接。他狠狠地给了我一下，那个球有点儿犯规。他迅速起身，紧张地问我有没有受伤。和我一样，他相当在意家人。我从没认为他是故意的，而他只担心我是否有事。

几年后，我们俩换了一下角色。他转投热刺，我们又一次交手。我的鞋钉伤到了他，还差点儿毁了他漂亮的脸蛋。我惊慌失措，就和多年前的杰米一样。他的嘴后来缝了30多针，还得接受手术治疗。每次他提起这个，我都会不好意思。

我爱杰米，过去几年成为同事后，我们俩的关系更密切了。我们总是在交谈，谈得最多的就是他的性格。尽管饱受伤病和厄运的折磨，但他没有一丝负面情绪，反而始终保持着乐观的心态，并一直鼓励着我。

杰米愿意真诚地了解别人，倾听他们对比赛的看法和意见，在生活中也是一样。这就是他在电视上看起来如此自然的原因。如果他选择从事管理工作，也一定会成功。

杰米是我能想到的最佳榜样。随着年龄的增长，我通过足球培养出的好胜心开始显现，并渗透到我所参加的每一项运动中。我还会打板球，水平也不错，加入了埃塞克斯U12到U15级别的梯队。

那段时间，我的每一天都被运动填满。我在周一晚上去切姆斯福德和埃塞克斯板球队训练，周二参加西汉姆联的训练，周三参加校队比赛或训练。周四是阿森纳，周五是托特纳姆，接着在周六又有一场校队比赛，周日则为希思公园出场。

在十一二岁时，我对板球的兴趣和足球一样浓厚。爸爸曾是英格兰少年板球队的队员，打得也非常好——可能比我还要好。他给了我很多鞭策，但他也担心板球在我心中的地位赶上足球。我喜欢击球和投球的感觉，大部分时候都扮演多面手的角色，这让我很开心，也是我那时爱上这项运动的原因。

我14岁时在板球比赛中首发出场，比我在足球场上成为首发还要早一年。这似乎说明我的板球天赋比足球高，事实并非如此，真实原因也许是板球队不够强。我是个固执的小击球手，虽然力气不够，没法随心所欲地击球，但我会顽固地拦下那些无法打得更远的球，以确保自己尽可能久地留在场上——杰弗里·博伊科特[1]风格。

长大一点儿后我变成了外野手，也就是在那时，我失去了对板球的耐心和兴趣。缺少耐心是我的缺点之一。爸爸也开始谈一个事实：职业足球运动员比板球手挣得多。听上去有点儿奇怪，但随着年龄的增长，孩子会懂得金钱的价值和作用。更何况足球不止在收入上胜过板球，在荣誉上也一样。足球才是一项国际化的运动，是世界第一运动。

我不确定自己在板球上能发展到什么程度，更无法想象自己成为弗莱迪·弗林托佛[2]，但那个时候我真有点儿受不了了。爸爸妈妈去布伦特伍德的学校接我放学，然后开车去切姆斯福德，中间有15分钟路程。我得在后座换好板球服，这实在是太讨厌了。我记得自己变得闷闷不乐，开始找借口不去练板球。

我告诉父母的理由都是一些精彩的小故事，但背后真正的原因——我追求完美。在板球中有许多人比我强，我也自认追不上他们，这让我

---

[1] 板球名宿。
[2] 板球明星。

很气馁。而足球就不一样，我觉得自己很棒，可以做得比其他人更好。老实说，这就是我放弃板球的缘故。我承认自己的不足，但这并不意味着我要在每一次比赛时都面对它。

我把精力集中在足球上，并在14岁时前往利勒夏尔参加年度选拔。当时，利勒夏尔是英足总为年轻球员开办的英才学校，提供一场为期两年的住宿式培训，内容涵盖学习和专业训练。我很兴奋，也有点儿不安。几个月前我弄伤了手臂，一直担心自己还未完全恢复。这次选拔一共有32个孩子竞争16个席位，我们要进行两天的测试、训练和比赛。

我进入了前24名，这说明我还有希望。接下来是耐力测试，需要球员在两个电子记录器之间全速折返，直到跑不动为止。最好的成绩大概是14次，我用尽全力也才11次。我很想知道他们是怎么评价我的，但我办不到。

测试结束后，我只能精疲力竭地回家，选拔结果会用信件寄过来。两周后，信到了。我紧张得要死，也做好了落选的准备。我告诉自己，如果错失这次机会，只能怪受伤的手臂。但我心里清楚，这不是原因。

我猜对了。我很失望，也很难受。我当时已被认为是埃塞克斯最好的球员，我想变得更强，结果却被告知入选不了全国16强，这是个沉重的打击。我后来在西汉姆联青年队的队友李·霍奇斯通过了测试，但他拒绝了他们的邀请。

我想知道爸爸会怎么看这件事。后来我才知道，他并没有那么在意。利勒夏尔的训练以老派、传统而著称，毕业生们都对它赞不绝口，但那儿不一定适合我。不可否认，利勒夏尔走出过乔·科尔和欧文这样的天才，他们都成了顶级球星。可回想起来，那次落选对我来说可能并非坏事。

10岁起，我跑遍了西汉姆联、托德纳姆热刺和阿森纳的训练营，有机会接触到不同风格和层次的训练体系。他们各有优劣。

西汉姆联的做派相当守旧。他们不会求着你加入，他们傲慢地认为：作为本地球迷，你就要自觉地为球队效力。这非常不人性化。热刺应该是最好的。我每次去训练都睁大双眼，那儿的孩子在很多方面非常出色。我指的不是花活儿，而是那些足球中应知应会的东西。比如说，想要击败对手，你就应该跑起来踢而不是站在原地。我在碰到这些孩子后想：我要做到和他们一样。热刺管理球员的方式与众不同，他们在训练后安排一次用餐，饭桌上每个人都友善地给别人鼓励。

阿森纳兼具两者的某些特点，尽管那儿的训练强度更大，但我很喜欢。他们很好地掌握了最新的技术，说话也很有分寸。我常年游走在3家俱乐部之间，而爸爸很清楚我最终应该去哪儿。

西汉姆联一直是我们父子心之所系。我在那儿度过了青年队的岁月，同时还为希思公园和校队出场比赛。虽然忙碌，但我乐在其中。

我开始意识到，在我加盟其他球队并结识新队友后，通常不需要太久，某些孩子就会对我有偏见。那无关我的速度，无关我踢球或打板球的水平，也无关我的口才和长相，仅仅因为我是弗兰克·兰帕德的儿子。

大部分人很友善，我交了许多好朋友。但也有一些粗鲁的孩子，他们经常忌妒我的出身。我从不隐瞒自己的父亲是谁。还是面对现实吧，起了这个名字就很难低调，我也为此饱受攻击。孩子们有时想尽办法来打败我，原因就是我有一个球星爸爸。

不只是孩子。希思公园有一个踢中锋的家伙叫丹尼，他也加入过西汉姆联青年队，还进了不少球，但一年多以后，他便销声匿迹了。他的父亲过去经常来看球，会骂每一个人，除了自己的儿子。他经常挖苦我，因为我叫"兰帕德"。那真的很烦人。我记得有一场比赛，他儿子进了7个球，我进了8个，但他一直在喊："快点儿，兰帕德，传球啊！"

迈克尔·布莱克和我只会私下骂他，这就是我们的应对方式。但有一天，迈克尔受够了，告诉他"滚开"。这家伙第一次安静下来。迈克尔当时只有13岁。我更愿意保持沉默，继续踢自己的球。老实说，大多数时候我并不在意，我已经习惯了人们的各种反应。当我在参加足球比赛或是其他运动会时，大多数人都非常友好。但也有少数时候，我感觉某些人带着异样的眼光看我。

我害羞，但我不会为此羞愧——绝不会。在某种程度上，它对我有利，因为它给了我更大的决心去做得更好。我不是为了证明他们是错误的，而是要证明我比他们更强，也要反击他们对我爸爸的恶意中伤。

我的球踢得已经不错了，但那不够，我想把每件事都做好。我承认有时候那并不是正确的心态。记得有一次我要在放学后参加越野跑，我很在意能否跑出好成绩，压力让我头疼了一整天。到起跑的时候，情况更糟了，我的心怦怦直跳。我应该告诉老师并弃权的，但我决心已定，没有退缩，选择参赛并获得胜利。到终点时，我都快站不住了。

一直以来，获得胜利并不是我唯一的目的。像大多数那个年纪的孩子一样，我参加了一些别的运动项目，并从中得到了快乐，也收获了友情。但不可否认，对胜利的渴望才是我最大的动力。我记忆中有许多的片段，比如那个乌龙球，它们给我注入了竞争的基因。这对我球员生涯的发展至关重要，对人生也是如此。

我7岁时参加一场200米的跑步比赛。赛道上有一个比我大的家伙，大家都认为他可以轻松获胜。我看了他一眼，觉得自己有机会。我要打败他！比赛开始，我落后了，接着悲剧发生了：我极力追赶，却在半路滑倒。我崩溃了，只能被抬出跑道。

这太令人难以接受了。回到家时，我仍在流泪。在那天余下的时间里，我把自己锁在房间内与烦闷相伴，任何人的安慰都没有用。我很尴尬，更糟糕的是，我尝到了失败的滋味。

在我的生命中，运动通常是排在第一位的。但我也清楚，只有比赛的人生是不完整的。我知道，对很多即将成为球员的孩子来说，在学校的回忆会和旧球衣一起被收进箱底。但我的经历有点儿不一样。

爸爸在球员时代收入还不错，他和妈妈都希望我赢在起跑线上。他们把我送到私立学校去接受良好的教育，以帮我找到自己的路。去布伦特伍德上学是一次很好的机会，我很高兴。

那是一所相当漂亮的学校，以盛产杰出人物而闻名。罗宾·戴爵士、喜剧演员格里夫·林斯·琼斯，还有诺尔·埃德蒙兹都毕业于此。踏入这个以"美德来自礼仪"为校训的地方，任何人都会肃然起敬，更何况我还是一名来自埃塞克斯的球员的儿子。

学校并没有我想象中那么刻板，我很快就融入了这儿的生活。与我相反，校内的其他孩子并不痴迷于足球，但这没有改变我对足球的热爱。这儿有来自各种家庭的孩子，有些人的父母在城里工作，还有一些是富家子弟，他们从事建筑行业的老爹收入不菲。我意志坚定，对自己的定位也很明确。我还是那个埃塞克斯男孩儿，我的父母都是工薪阶层，我爱足球胜过一切。

这是一个有趣的新环境。家里那条街上没有其他人在此就读，所以我有着和邻居孩子不同的服装——包括夏天的短裤和帽子。这是非常传统的着装，但我并没有为此尴尬太久。或者说，几乎没有。

我的父母和学校中某些人在一起会有点儿不自在，他们真的不是那种愿意参与会议和行政管理的人。这没有困扰到我，只有一次除外——如果他们当时多关注一下事情的进展，情况会好很多。

妈妈和往常一样开车送我去学校，但经过校门时，我发现有点儿不对劲儿。所有的同学都穿着不同的制服。事实上，他们的着装统一——

优雅的黑色短裤和衬衣。只有我一个人穿的完全不同。我像个罪犯一样在车里猫下腰，告诉妈妈继续开。为什么我还穿着呢绒衣服和长裤？显然制服已经换成了夏装，但我家却没人收到通知。我很难堪，请了一天假，妈妈则出去给我买新衣服。

这个有点儿傻的故事，妈妈到现在依然会为此发笑。还有一个很严重的问题——人们总是拿我上学的地方取笑我，希思公园所有的队友都这么干，主要是因为我周六要上课，在其他人出去踢球和比赛的时候，我坐在教室里学习法语和代数。

这真是让人烦恼。和大多数孩子一样，我一度对上学感到厌倦。但现在，我很感激那段经历。新的朋友，更加完整的世界观，这些都是布伦特伍德送给我的礼物。

总的来说，我是一个非常好的学生。每个孩子都会在学校经历一些小磕碰，但奇怪的是，我的问题直到入学第四年才出现。我第一次在足球比赛中首发登场，因此得罪了一伙儿比我大的男生。我还是个小孩儿，却已经可以上场比赛了，我想有些人在盼着我出丑。

但我没有。他们在期末舞会上向我表达了感受，一帮高年级的家伙晃到我面前，问我在那儿干吗。这更多的是挑衅而不是邀请，所以我没理他们。我什么都没做错，只是用球技把他们的鼻子气歪了。我击倒了跨级别的对手——这正是我生涯中常干的事情。

负责校队的老师是个好人，他来自奥尔德姆，名叫克里斯·伯克利。他关照着我，即便在那些大孩子想要恐吓我时，他依然鼓励我上场比赛。有些孩子试图拿我与他们不同的出身来做文章。但我也有自己的一帮朋友，我并不是唯一来自"暴发户"家庭的人，我们在布伦特伍德有一个大同盟。我们经常要去一些非常奢华的学校踢客场比赛，比如伊顿。那对我来说是个完全不同的世界。我们学校也有出身富豪或权贵家庭的人，但依然无法与伊顿相提并论。

在学校里，你会找到自己的路，建立自己的社交圈子。我没有经常和那帮家伙闲晃。我们讨论政治和历史，在午餐时间踢足球。我喜欢学习，但足球依然是我的第一志愿。周六的课对我来说很难熬，因为我既要为校队上场，还要为西汉姆联青年队出赛。两者发生冲突只是时间问题。当那一刻来临时，场面甚是壮观，后果让人头疼。

爸爸带着我溜出学校，去为西汉姆联踢青年足总杯比赛。我当时真的没想太多，我只是渴望上场，也以为自己可以逃过惩罚。不管怎么说，是爸爸带我来的。我上场了，我们踢得不错，赢下了对手。很完美，我是这么以为的，但我错了。第二天到学校后，我听到了一个可怕的传言：我被发现了！校队在前一天也有比赛——一项杯赛的1/4决赛。我们输了。本来我的缺席只是个小问题，现在麻烦大了。

我坐在教室里，就像一个等待宣判的罪犯。我十分内疚，看过我表情的人都不会怀疑。我祈祷有好的结果，校长的出现打破了我的幻想，他喊道："兰帕德！跟我来。"

我被他带到办公室。我很惭愧，静静地坐在一边。他取过一份当地报纸，在我面前打开，我有点儿纳闷，接着，我看到了自己为西汉姆联庆祝胜利的照片，而我之前说的理由是我生病了。学校把逃课看得很重，他们认为每个人都应该对学校和同伴保持忠诚，担起责任。校长说我辜负了学校，辜负了队友，也辜负了自己。其实不用他说，我自己也知道。但更糟的事还在后头——他让我去给伯克利先生道歉。

我真的很喜欢伯克利先生。第一次训练时，他就给了我很多的关照；在我怀疑自己的时候，他依然要我对未来保持信心。我害怕看到他。我让很多人失望了，但最不愿面对的还是他。见面后，他并没有过多地指责我，这让我更加难过。

周六下午，我被留堂两个小时，还要以"忠诚重于利己"为题写一篇检讨。这太糟糕了，我很生气。我想了一会儿，决定耍一把小聪明："是的，忠诚非常重要。但有时你也要照顾到自己的利益，因为没人会替你这么做。"这就是我的结论，我很满意。但老师并不这么认为，我又挨了一顿骂。

在学习上，我还是挺用功的。我觉得自己天分还行，也把好胜心带到了课堂上。我上了十门普通中等教育证书课程，拉丁语成绩是A+，另外还有三科是As，五科是Bs，一科是C，还得继续学习并为中学高级水平考试做准备。学校试图说服我留下来学习，并许诺让我担任足球队的队长。伯克利先生则指出，无论我在足球上有怎样的抱负，有一份好学业做基础总不是坏事，不妨先拿到A再去踢球。

我认真地想了很久。我在考试中努力取得好成绩，也喜欢学习法语和西班牙语。我回家征询爸爸的意见。几个月前，我就知道自己可以去西汉姆联做学徒，这似乎是顺理成章的事情。我最大的梦想就是踢球，成为职业球员。但现在，一个继续学习的机会摆在面前，我有点儿犯难了。

爸爸点拨了我，他坚持认为我应该接受西汉姆联的合同。并不需要他过多的劝说，我想通了，我已厌倦学校，只想踢球！我之所以会动继续学习的心思，只是担心自己不能在足球上获得成功。讽刺的是，这是因为父亲总告诉我成为职业球员的过程有多么艰辛。足球是我一直以来的梦想，当学校给我指出另一条道路时，我确实有一点儿动摇，但也仅此而已。爸爸很清楚：假如不去做学徒，我将学不到赛场上真正的基础知识。你必须了解足球的另一面，尽管那意味着你要去擦拭别人鞋子上的泥浆，要去清洗更衣室的地板。这与足球的魅力无关，却是职业赛场不可或缺的一部分。

我从来没有后悔过。许多朋友去了别的学校，他们继续学习，拿到了A，然后去上大学。有了更多的经历后，老实说，我认为除了科技类专业，很多学科并不需要继续深造。不像医学和法律，大学是必修课，要达到的目标也很明确。我不是在宣扬势利观点或下什么结论。我曾在一些队友上大学时去看望他们，我不喜欢那儿的生活方式。他们在大部分时间里好像都无所事事，尝试药或是类似的事情。必须承认，正是由于上述见闻，我不一定会送自己的孩子去上大学。

很多人在大学里不知道自己要干什么，而且一会儿一个想法。在我看来，接受高等教育是一件相当体面的事情，也可以带来很多好处。但如果你不能正确地认识自己，上大学就难免变成浪费时间，还会让你养成坏习惯。直到现在，我和队友比利·詹金斯还会为此争论，他曾在杜伦大学待过5年。我们5岁时就认识了——他是前西汉姆联队医罗伯·詹金斯的儿子，我们一直走得很近。

在受教育这件事情上，中学对我来说已经足够了，那是一段积极的经历，让我成为一个自信的人。现在，除了报纸底版的足球消息外，我对头版的政治新闻和全球时事也颇感兴趣。

我刚入行时就看到过很多球员，他们不再是一副"人傻钱多"的传统形象。我意识到，想获得别人的尊重，你就要有更多的内涵，要表现得与其他球员有所不同。你要清楚，在我们这一行中，不幸多于足球本身，我们的生活圈子很封闭，很容易与外界脱节。

当一些孩子与别人意见不合时，他们不知道怎么处理，总是做出糟糕的反应。我喜欢和人探讨政治，有时，我跟队友为了当天的时事能争论到凌晨5点，话题可能是布莱尔的政策或者伊拉克的战事，等等。我喜欢这种辩论就像喜欢足球一样，这是我在训练和比赛之外的兴趣，我用不着跟任何人道歉。我喜欢思考，在公开场合说话时自信满满、口齿清晰。这在球员中并不多见，我们这行有很多人是不幸的——特别是一些年轻的孩子——他们很难说好一句完整的话。这在更衣室倒没有什么，但球员毕竟还要面对社会啊。也许俱乐部和足总应该担起更多的责任，引导年轻球员更好地表达自己。

拥有上学的机会让我比别人更幸运，但我依然需要用功学习。我的爸爸就没有那么幸运了。就像我把他当成标杆一样，他也有自己的偶像，他的爷爷和叔叔乔治都是军队里的球员。爸爸跟足球一起长大，他5岁时就和9岁的孩子一起踢球。这是文化的一部分。在他成长的地方，想要过得更好，每个人只有3条路可以选：去位于银镇码头的塔特莱尔糖厂干活；在可能的情况下凭脑子挣钱过日子；成为职业球员。这些就是仅有的出路，而爸爸在幼年时就立志要成为一名球员。我们父子都无法想象，如果他没有做出这个决定会有怎样的后果。他在15岁时签约西汉姆联，而其他队友都去码头干活了。他每星期能挣到5英镑——和那些以扛麻袋为生的家伙一样多。

在职业生涯中，我磨砺出了专注力和决心，这些品质也都可以在爸爸身上看到。即便在他年轻的时候，他本可以溜出去和朋友们喝一杯，但他抵制住了这些诱惑，因为他知道足球才是最重要的事情。

虽然教育经历不一样，但父亲在很早的时候就做出决定要走足球这条路。他一直在告诉我要用正确的方式做事，要付出才能得到回报。还有很多孩子的父亲也是职业球员，如果这些孩子认为自己儿时没有受到过强硬的鞭策，那绝对是在说谎。

我就受到过这种鞭策，爸爸也从不回避这一点。我一直在按他说的做，可结果并不总是和他要求的一样。但他确实知道怎样帮我调出最好的状态，也真的让我经历过一些痛苦时刻。他毫不留情地批评我在比赛中的表现，有时候，我只想离他远一点儿。爸爸也承认。父子俩会在某些比赛后猛烈交火，到家时他甚至只能把我留在屋子里，自己去旁边的公园走一走以便冷静下来——因为事态已在回家的路上失去控制。

我记得最坏的一次经历发生在我14岁时。在一场比赛失利后，我们就场上的情况和我的表现发生了激烈争吵。我忘了细节，但记得我回来时满脸泪水。为了让我冷静下来，他把我带到纪德公园，我们待了二十多分钟。他知道我伤心欲绝，也知道如果妈妈看到我的样子一定会骂他。我试着深呼吸并擦干泪痕，然后回家。

掩饰当然是没有用的，妈妈能感觉到发生了什么。我跑进浴室，锁上门坐在浴缸里。我控制不住情绪，只能任泪水肆意流淌。一个小时后，我仍在啜泣。在这些时候，妈妈清楚应该怎么办。她知道，在和我说话前应该先让我忘掉这场争执。我最终还是走出了浴室，她开始安慰我。但这场比赛带来的不止是争吵，我开始怀疑自己：我还能踢好足球吗？

被父亲说踢得烂已经够糟了，自我否定是更痛苦的事情。我在场上犯的每一个错误都出现在脑海中，我知道自己做了什么。在这种情况下，妈妈对我的帮助很大。我欠爸爸的太多了，我在职业生涯中一直得到他的帮助；而我欠妈妈的同样一点儿也不少，失落的时候，是她抱住了我。她知道应该说什么，也知道正确的时机：什么时候让我自己平复心情，什么时候给我开导和抚慰。我从不责怪爸爸所做的一切。他有正确的理由：他是为了我，为了确保我发挥潜能并实现抱负。

我认为他之所以会如此鞭策我，是因为他没有从自己的父亲那里得到过同样的鼓励。在他2岁时，他的父亲开着卡车在离家半英里的地方和一辆大巴发生事故。从此，他失去了父爱，他的爷爷还有叔父肯恩成为他生命中的男子汉。他总是感到不安。没有了父亲，他不知道自己是否已做得足够好。讽刺的是，我有时也会感到不安，原因却是父亲一直在身边。

妈妈是润滑剂。她有自己的一套方法，能处理好一切。她见证了我所取得的成功，也听到了球迷对我的恶意辱骂。但她表现得冷静平稳、宠辱不惊。每当事情变糟时，她都一直在那儿给我最有力的支持。小时候，爸爸会在糟糕的比赛后严厉地批评我，妈妈则会柔声细语地调和事态。当我在西汉姆联过得不顺时，她听到了很多闲言碎语却从未表现出来，还一直试图保护我免受伤害。

这就是让我无比骄傲的妈妈，她总是在尽力保护我。当人们在她四周中伤我时，我可以想象她是多么痛苦。可她只能默默地忍受，保持着尊严。我需要她为我的生活所做的一切，就像我幸运地拥有爸爸作为职业导师一样。

爸爸的脸皮很厚，这是职业球员必需的东西，我的脸皮也不薄。但我还继承了妈妈的秉性，这让我在某些情况下变得更为敏感。特别是经历了在西汉姆联发生的一切后，我们都学会在性格中建立强硬的一面，这也让我们之间的关系变得更紧密。

我有两个姐姐，她们享受到的支持和关爱和我一样多，我真的很想知道妈妈是怎么办到的。我和姐姐娜塔莉、克莱尔非常亲密。和其他家庭一样，我们也会有孩子间的小"战争"，当我第一次剪刺猬头时，她们笑话我，称我为乌泽尔·冈米奇①。但我在少年时代从姐姐那里得到的更多是保护，当我在埃塞克斯初次踏上社交之路时，是她们在照顾我。

只有那么4年时间，我们三人之间仿佛出现了鸿沟。我在12岁左右时讨厌与异性有关的一切，只想到处踢球。而她们也让我知道，在两个快要成年的女孩子看来，这实在是太无聊了。

我们都在家里住了很长时间，偶尔也会触到各自的神经。我的少年

①　英国少儿小说中的稻草人形象。

时代普通却充满田园般的诗意，我和姐姐形影不离。圣诞节对所有人来说都是个特殊的日子，在我家，我们和外公外婆一起过，这感觉真的很好。事实上，我们每个周日都有这样的感觉，妈妈会让全家一起用晚餐。

这是她的一个秘密武器。无论我们谁和谁之间发生了什么争执或风波，她都知道让家人在一起才是最重要的。每一晚，兰帕德家的成员都会准时坐在一起吃晚饭。每一晚都是如此。有例外但没有借口，这个规则一直有效。

长大后，我开始更加欣赏娜塔莉和克莱尔。她们很理解我，尽管我在很多时候是个讨人厌的弟弟。我想，也许是因为足球，因为我是家中唯一的男孩儿，爸爸给我的关注更多一些。他对女儿们也很好，但有些时候，她们肯定感觉自己被忽视了。显然，这又需要妈妈来从中斡旋。

我很高兴她们没有抛弃我。许多男孩儿都会从某一时刻开始欣赏姐姐的为人，我也是，我爱她们。我清楚地记得，自己对她们的感觉在15岁时发生了改变。在那之后，我从未失去她们的爱和支持，从来没有。

作为家中最小的孩子，我尊敬她们。我很幸运，在很小的时候，我就明白拥有她们的意义。娜塔莉非常好斗，有很多例子可以证明这一点。比如我在西汉姆联遭到中伤时，她卷入了纷争，不只是和球迷。她喜爱足球，也很有主见。她经常在英格兰队比赛后打电话问我："为什么埃里克森总是在别人踢得如此差劲的时候把你换下？"

我们都很幸运，因为我们仍然可以长时间和父母、孩子聚在一起。我们一家人从未分开，而且我们的队伍还在慢慢壮大。妈妈一直是家庭的中心，现在她和孙辈们在一起，也为他们操碎了心。

然而，家庭生活有时也会有激烈的矛盾，就像我们的比赛一样。但妈妈是一针镇静剂。如果我某场球踢得不好，我一般会打电话给妈妈而不是爸爸——他只会告诉我哪里做得不好，可我已经狠狠地批评过自己了。而妈妈不一样，甚至不用谈到足球，只要和她聊聊天，我就会好受很多。这并不是说她不关心我的表现，我知道，当我在西汉姆联无法上场时，她曾和哈里有过探讨。他们之间的谈话肯定不是简单的"为何我的孩子上不了场"，她的方法比那高明得多。她只会轻描淡写地说其他某个中场球员踢得不够好，哈里立刻就会明白她的意思。并不是她一个人会这样做。某个晚上，她的父亲——我管他叫波普——去哈里家吃晚饭，当时我正好无法上场。波普和哈里聊起了足球，并试着谈到我以及为何我不在队伍里。最后，他不耐烦了，直截了当地发问："好吧，哈里。为什么小弗兰克现在一场都上不了？"

"这是我的决定，这就是为什么。你的外孙，他不是马拉多纳。"哈里回答。

我很喜欢哈里的回答。听完这个故事，我更好地了解了家人对足球的感情。我没有任何怨恨，一点儿都没有。我很自豪，我来自一个热爱足球的世家，我们从不掩饰自己的感情。看到波普，我就知道妈妈的才智从何而来。而在必要的时候，她也可以和波普一样直率。

在我获得足球记者协会2005年度最佳球员的那个晚上，我们坐在皇家兰开斯特酒店的一张桌子前，一位记者在和妈妈交谈，他说我踢得有多么多么好，等等。在我加盟切尔西的第一年，此人曾用极其恶劣的文字报道过我。妈妈礼貌地听着，偶尔赞赏地点头。直到他讲完，妈妈一针见血地揭穿了他："你并不总是这么评价他吧，对吗？"

咄咄逼人不是我的天性，也不是妈妈的。但在保护孩子的时候，她会去做任何自己认为对的事情。我只和她吵过一次。那是在一家购物中心，当时我还是个小毛孩儿，想要做一些她不允许的事情。我们吵了差不多20分钟，直到我哭着对她说我再也不想和她吵了。之后，哪怕是在那些最坏的时光里，在我犯傻或者顽固不化的时候，我们也从未争吵过。当《世界新闻报》曝光了那段新闻——我和队友前往阿依纳帕度假，我们被拍到跟一些女孩子在一起鬼混，妈妈没有责备我。爸爸狠狠地训斥了我，我无法告诉你他说了些什么。但我却非常清楚地记得妈妈是怎么做的。

我坐在公寓的浴室里，感觉很不好，也很自责。妈妈打电话过来和我说，卷进这种事件的球员最终都会毁掉自己的职业生涯，穷困潦倒。她很激动，虽然没有哭，但我能从语气中感觉到她有多么沮丧。我可以坦诚地说，在整件事情中，她的反应对我触动最大。

我很自豪从父母那里继承的一切。没有妈妈的仁慈、敏感和洞察力，我走不到今天这一步；而少了爸爸的雄心、视野和工作态度，我也成不了职业球员。我必须在两人之间找到折中之道。

我一直担心假如我找不到这条折中之道会怎样。幸运的是，我找到了，这也让我更加快乐。我知道，在厄普顿公园时，我永远无法撕掉"某人的儿子，某人的外甥"的标签。走出亲人的影子实在是太难了，而且他们还是你的教练和同事。

我一度反感自己的血统，但现在我不这么认为了。我明白家人是多么为我骄傲，同样重要的是，我也为他们自豪。

第 2 章　足球学院

走进"足球学院"①的感觉跟我想象中的不太一样。西汉姆联培养了一批英格兰历史上最好、最成功的球员——约翰·邦德、马丁·皮特斯、吉奥夫·赫斯特，当然还有博比·摩尔。俱乐部沉醉于昔日的辉煌，也为此荣耀而自豪。

上述球员中，有3人是1966年世界杯冠军英格兰队的绝对核心。因为他们的成就，西汉姆联的紫红色和蓝色球衣变成了象征荣耀的标志。爸爸、哈里和摩尔一样为西汉姆联效力，他们当时的主帅是罗恩·格林伍德。

我奶奶住在离厄普顿公园一英里远的地方，在我出生前，她经常去现场看爸爸比赛，俱乐部的人都认识她。在那些曾被她赠予糖果的孩子们眼中，她是如此慈祥，他们现在仍会回去看她。这些孩子中就有我，还有我的两个姐姐和表兄弟。长大后，我偶尔在回去比赛时给她捎点儿馅饼和土豆泥，有时也专程去看她，她会给我做一个塞满起司和泡菜的三明治，然后跟我聊聊足球，说说家常话儿。她是西汉姆联的邻居，伴着俱乐部成长。在选择人生伴侣这件事上，妈妈和姨妈一样。她们不只是为自己确定了一段婚姻关系，也把自己和俱乐部拴在了一起。

所有这些都不奇怪。当你成长在一个拥护自己球队的社区——比如

―――――――――

① 英格兰媒体对西汉姆联的称号，因为它为各级英格兰队输送了多名富有才华的青年球员，是名副其实的造星工厂。

支持西汉姆联的东伦敦时，家庭和足球的关系就像夫妻。我和两个姐姐继承了父母的选择，我们忠于自己的信仰。

在我家里有一些小纪念品，它们把旧日时光如电影胶片般印入一个男孩儿的脑海，这个孩子正好出生在球队1975年和1980年两次足总杯冠军之间。我看那些照片不下千次，并要爸爸一遍一遍地告诉我为"铁锤帮①"踢球是什么样的感觉。白天，我努力训练；晚上，我想象着追随爸爸的脚步，穿上西汉姆联球衣的画面。可现实远不如想象的美好。

杰米在我之前和俱乐部签下学员球童协议。这是哈里的意思，因为那儿是他学艺的地方。按照我们的家风，这是顺理成章的事情，毕竟血浓于水。

杰米在西汉姆联没有留下太多印记。埃迪·贝利掌管着青训事务，讽刺的是，你很难找到一个比他更保守的人。球队的训练水平低下，其意图也不在于开发和培养球员的天赋。管理层年纪都很大，他们似乎还在坚守管理我爸爸、特雷弗·布鲁金和保罗·艾伦时的套路。这很好，可问题是，足球训练在身体健康、肌肉发育和执教技术等方面已经有了明显的进步，这是1994年了。

这种变化非常值得重视，他们却心存侥幸地沿用低劣的训练制度。因为俱乐部认为社区每周都会给予自己无数的支持。东伦敦的球迷把西汉姆联当成了家，这儿的风气历来都是"要管好自己的事情"。然而，拥有专业眼光的学徒并不这么认为。

杰米的思想很敏锐，他很早就认为在这里学不到自己想要的东西。他才华横溢也不畏惧赛场的艰辛。他离开这儿转而加盟热刺的梯队，随后和他们签下青训合约。哈里尊重杰米的意愿，但我不确定他是否对杰

---

① 铁锤帮：hammers，西汉姆联的绰号，来源于其队名westham。

米的所作所为感到震惊。我对杰米的决定感到惊讶并问他为什么，他和我谈了一点点儿。他注意到了西汉姆联的某种态度，我在首次和俱乐部谈论学徒事宜时也曾有相同的感觉。每当我询问为何自己要选择他们而不是其他俱乐部时，得到的答案总是换汤不换药：我们有培养本地球员的悠久历史，我们能更快地给年轻球员创造机会，我们是"足球学院"。

我没有被说服，而且事实就摆在眼前：杰米加入了敌人的阵营。我在西汉姆联青年队踢了好几年，接受着粗放的训练。我也去过热刺和阿森纳，他们的训练更具针对性，并且我感觉自己的技术得到了提高。还有一个重要原因：大部分16岁的球员总是感觉不安，不确定自己能否在这条路上走下去，他们需要指点，需要鼓励和培育。在阿森纳，我从史蒂夫·罗利等人那里得到了很多关心。罗利是个经验丰富的家伙，现在还担任抢手的首席球探。他会来家里接我，带我去科尔尼训练基地踢比赛。我记得自己一度想要签约阿森纳，原因就是我在那儿受到的待遇。他们十分专业，还富有人情味——这是最打动我的地方，他们让我感觉到被需要。

他们在一些小事情上下功夫。罗利会在赛后带我吃晚餐——通常是香肠和薯条——并讨论场上的事情，哪些地方我做得不错，哪些地方我还要改进。后来，他去家里和爸爸妈妈交流关于我的发展。他有自己的方法，能让你感觉到被关心，感觉到阿森纳是一个希望你成长的地方。他发现了我，然后花大把时间和我在一起。而且不只是我，他对其他孩子也一样。这就是他在阿森纳如此成功的原因。

所有这些都跟我在西汉姆联的经历形成强烈反差，我开始思考自己能否在这里获得所需要的支持。从某种程度上说，不难理解为何那些伟大的球员最后都转投阿森纳，比如托尼·亚当斯，比如雷·帕洛尔。他们两人都是埃塞克斯本地的孩子，雷和我一样来自罗姆福。他们是西汉姆联球迷，他们的家人也不例外。他们俩都曾在西汉姆联青年队踢球，后来都没有留下。

约翰·特里比我小几岁，他和他的家人、朋友一样与西汉姆联同呼吸共命运。爸爸记得，特里14岁前都在俱乐部训练和比赛，后来去了切尔西。其他人有留下的，也有离开的，这是不争的事实。我忍不住想，如果俱乐部的态度不那么傲慢，也许局面会有所不同。

当时的球队主帅是比利·邦茨，哈里是一名助教，爸爸是兼职球探，没人和青年队有直接联系。在最终选择签约哪一家俱乐部的时候，我犯难了。

我非常想为托特纳姆热刺效力。那儿的训练水平更高，他们是第一支发现我的球队，我也通过杰米和他们建立了联系——尽管杰米后来由于思乡回到伯恩茅斯俱乐部做学徒。我看到我们那儿有很多球员去了热刺，也看到了新建的训练基地，我承认自己十分动心。他们还给我准备了更高的薪水。事实上，除了个别地方不同，阿森纳给我开出的合约条件更好，而西汉姆联在财政上并不宽裕。

我真正的底线并不是钱，那从来都不是决定因素。我是西汉姆联的球迷，一直都在支持这支球队。爸爸感觉到我的犹豫不决，他找来了吉米·内波尔，让他和我聊一聊。吉米在俱乐部负责管理球童，他年轻时是西汉姆联队中一名技术娴熟的边锋。我那时并不知道他是被爸爸请来的，他告诉我俱乐部需要我，而且我是一名有前途的年轻选手，有希望成为出色的职业球员，对此他一点儿都不奇怪。

这些话对我很受用。尽管等得有点儿久，但亡羊补牢，为时未晚，而且在我看来他来得正是时候。只有现在，我才真正明白，我在签约西汉姆联时冲动多于理智，没有从足球的角度去思考问题。这与爸爸有很大的关系，他一边设法让我尽可能自己做决定，一边又给我施压，他乐此不疲。他坚持那是我的生活，我的足球生涯，我应该做自己觉得对的事情。但是，如果感觉到我偏离他心目中的正确方向，他就会干预，比如叫来内波尔和我交流。这是他的典型风格。他指出我在西汉姆联能更早地进入一线队，因为这里的标准没有那么高。还有其他各种各样情感方面的理由——所有这些对我来说都是压力。

我签下了第一份青训合约，自己每周拿30英镑，剩下50英镑付给妈妈当房租。那时候，我刚刚学着独立，所有的钱可能在一晚上就花光了。好在妈妈会退给我一些钱——虽然有时还是不太够，她在这方面真的很好。合同里有一条附加条款，如果我踢得好，就能在17岁时转成职业球员。这可是实质性的改变。我在西汉姆联的第一份职业合同周薪为500英镑，第二年涨到550英镑，第三年是600英镑。但对我来说钱多钱少并没有太大关系。我青年队的一些同伴也签下了合同：李·霍奇斯，丹尼·什普，还有其他几个家伙。和朋友们在一起，我找到了家的感觉。

西汉姆联也是幸运的。当爸爸和哈里从比利·邦茨手中接过球队时，他们知道招募青年球员的工作中存在什么问题并且加以纠正。事情开始往好的方向发展，他们俩善于与人相处，也关心球员的未来，还明白所有操作都应该融入更多的人情味，这正是以前所缺少的。

他们几乎立马去拜访了乔·科尔及他的家人，谈论他的发展问题。乔被公认为是同年龄段中最有天赋的孩子，在国内的各家俱乐部中都小有名气。和我不同，乔不是西汉姆联男孩儿——他来自卡姆登区，那儿并不忠于这家俱乐部——爸爸和哈里意识到，想要招募乔，就不能拿区位关系作为切入点。他们看得很准，也很有说服技巧。西汉姆联基本上不是乔·科尔的第一志愿，但他们在和科尔一家讨论签约问题时就指出了问题的关键。科尔的父母知道自己的儿子经历过什么，知道当孩子处在十字路口时，父母应该如何帮助孩子做出决定。我要再说一遍，这些都是小事情。乔被邀请参加球队的客场之旅，他有一天的时间和一线队在一起。在孩子眼中这绝对是件大事，对俱乐部来说却是举手之劳。但这些都不重要，重要的是，他们的动机是正确的。

爸爸和哈里很好地推销了西汉姆联，找来托尼·卡尔担任青年队教练。值得注意的是，在我签约几年后，我和里奥都叩开了一线队的大门。他们最终履行了诺言，证明了俱乐部关心下一代，可以为年轻人提供机会。他们把西汉姆联变回了本来的样子，变成了一个有家庭氛围的地方。这种感觉曾一度消失。见证过厄普顿公园历史的球迷也许会感到不解，这里曾经是英格兰培养年轻天才的摇篮，后来却长时间没有任何产出。爸爸和哈里让一切都变了样，包括我、里奥、乔·科尔、迈克尔·卡里克、杰梅因·迪福，以及后来的格伦·约翰逊，一波球员相继涌现，帮助西汉姆联成为一支出色的球队。

在上述这些人当中，里奥和乔是颇有天分的。里奥还要略胜一筹，体格上的优势让他可以更快成名。这正是乔需要加强的地方，他也一直在努力。卡里克的技术天赋可能是最好的，迪福是一个天生的射手。里奥和我在英格兰队集训时讨论过这些，我不免思考自己的特点是什么。也许是集各家之长吧，一点儿天赋，一点儿技术，再加上一点儿得分能力。里奥同意这个观点，我认为自己的比赛风格也是从那个时候开始形成的。坐拥这样一帮青年才俊，西汉姆联真是处在了绝佳的年代。他们后来卖掉了这些零成本的球员，获得了丰厚的回报。当然，这是另外一个故事。

签下合同后，我无比开心。我终于开始了梦寐以求的生活。无论吃饭、喝水，还是睡觉，我时刻都能和足球在一起，还能拿到薪水，还有比这更好的事吗？在青年队的第一年，你体会到与足球有关的所有的快乐。你有队友间的小圈子，暂时还接触不到一线队的残酷世界，以为自己就是真正的职业球员。这是一段从学校走向职场的过渡时期，它的环境兼具两者的特点。我们训练，也知道这是工作和教育的一部分。虽然还要干很多杂活，但我不介意。我已经是一名球员了，一名西汉姆联球员。但很快，在第一次季前训练时，这种优越感就离我而去了。

比利·邦茨对待年轻球员一直非常不错。他知道你的名字、你的状态，也经常和你开玩笑。不幸的是，他还是一名长跑高手。事实上，他比俱乐部中任何人都要厉害。在跑步这件事情上他是最棒的，也喜欢秀一把。

每个队员都认为，无休止的长跑是季前训练中最痛苦乏味和最让人反感的部分。我在学校时是一名合格的赛跑者，所以从不为此过多担心。但我知道有些家伙宁愿在比赛日后清扫球场厕所，也不愿加入比利的马拉松队伍。我们的路线是沿着海诺特森林，上山下山，穿过小溪流。我们从埃平森林出发，比利一路领跑，不时会到队尾给那些家伙一点儿"鼓励"，他太了不起了——就像穿着足球鞋的史蒂夫·奥维特[①]。

我可以跑完，但会累到精疲力竭，双腿就像灌了铅。在学校里绝不可能出现这种情况，因为你可以停下来并告诉老师自己跑不动了，他们会听你的。这儿不同，我们像在接受军事训练，除了继续跑别无选择。这种无情的训练持续了两到三周，我很快意识到自己走进了另一个世界，这里只有男人，没有男孩儿。我必须适应它，但我忍不住想，这实在是有点儿过时了。

克劳迪奥·拉涅利是狂热的跑步爱好者，可他也没到那种程度。直到穆里尼奥成为切尔西主教练后，我才接触到一种理念：过多的季前跑

---

① 英国田径名将。

步训练并不是成功赛季的必备条件。我们的体能教练鲁伊·法利亚形象地说："如果我和一位音乐会钢琴演奏家一起工作，难道我要让他绕着钢琴跑到崩溃？这能让他弹得更好吗？"我不确定那些越野长跑能给自己的球技带来多大提升，但我咬紧牙关坚持了下来。这段宝贵的经历磨炼了我的意志，也让我试出了自己的极限。

接下来是短跑冲刺，在有球训练前，这是我们做得最多的事情。后来，我们练习头球，来回顶球，带球跑，还练习传球和射门。这就是我们的训练，这就是我想要的生活。托尼·卡尔是我们的教练，他对我非常好。在我看来，他定下了一个正确的基调。他从不偏袒我，该批评我的时候也绝不犹豫。因为爸爸和哈里，我会陷入潜在的困境，是托尼帮我解了围。

托尼对我们这些青训球员的日常管理非常严格，他要求我们每天比一线球员早到一个小时，上午8点半到达基地，9点就要出现在训练场。逢周一和周三还得全速跑一公里——绕场5周。这一点儿都不值得期待。周六也要训练，只有周日休息。我们每周都在急速奔跑中开始，没有任何松懈，想一想就让人头疼。

跑完后，我们径直回更衣室为一线队准备训练器材，确保他们的球鞋都刷干净了。当他们进来换衣服时，我们去外面把训练设施弄好。这些都是日常工作，其中最难办的就是在训练后捡球。主要是因为朱利安·迪克斯有特殊的爱好，他喜欢把球踢得尽可能地远。看过迪克斯比赛的人都知道，他射出的球就像特快列车。在训练场上，他也会不遗余力地把球踢往各个角落。他还喜欢搞些恶作剧，当我们把大部分球都捡回袋子里时，他会偷偷溜回训练场，再次把球踢开。只要有一个球"失踪"，"搜救队"就得沿着场边的栅栏找下去。

我喜欢基地里的这些工作。按照传统，每个新人都要为好几个"老家伙"服务，得把他们的鞋擦到一尘不染。我的"客户"是迪克斯和李·查普曼。迪克斯的要求格外古板，只要发现某只鞋子上有一丁点儿脏东西，就会叫你过去，把鞋砸在你身上。这项工作中最让人期待的就是圣诞补贴，老球员们挣着大把的钞票，他们会在圣诞节时塞给我们几英镑，作为全年工作的回报。我得到了迪克斯的承诺。他在赛季开始时说过，如果干得好，他不会在发奖金时亏待我。我答应了他，他也很守信。就在圣诞节前，他叫我过去，给了我100英镑。迪克斯是个慷慨的家伙，也尊重达到他要求的人。这真不是个小数目，我十分感动，也很开心。

我从没想过他会给这么多小费，这提高了我的期望值，也让我干活时更卖力。李·查普曼是队里收入最高的球员，收拾他的鞋子时，我会一直清洗、擦拭和抛光，直到手指磨掉皮。他给了我20英镑。真倒霉，但我没有抱怨。我怎么会呢？这些家伙是我努力想成为的人啊，哪怕只是被他们叫到名字，我也会高兴万分。我现在会为青年队的球员做这些事——试着记住他们的名字，记住他们的脸，花一些时间和他们相处。我还是那个年轻的球员，我从未忘记那时的感受。

迪克斯有时对我也很刻薄，但绝没有伤害的意思。我也从不介意，因为他至少关注了我。无论如何，他都是一个传奇，他的左脚技术应该和保罗·马尔蒂尼的防守一样出色。我们其他人都会老老实实地热身，一起拉伸和放松。迪克斯不会，他会独自扛着一袋球到球门前。当我们摸脚趾时，他开始抽射、爆射、搓弧线——用各种方式把球送进网里。

在场上，尽管迪克斯可能更多地用脚射门而不是铲球来制造杀伤，但他仍获得了硬汉的名号。他是个出色的球员，可以轻巧地卸下传球，过掉防守人。在球迷心中，他是绝对的偶像——我们的队长和主心骨。也许有那么几次，他做的有点儿过，时常独来独往，不和别人打招呼。

长大后我才明白，他其实是个非常敏感的家伙。他是独行侠，有自己的一套方式，我欣赏他。

因为爸爸和哈里，某些年长的球员会用特殊的方式对待我，我无法知道他们是真的出于好心还是别的什么。但迪克斯告诉我像他一样让这些家伙"滚开"，他根本就不在乎我爸爸是谁，我尊敬他。

给迪克斯和其他人清洗球鞋远不是最难干的工作。我们还要打扫餐厅、走廊和更衣室，在其他人离开后擦健身房的地板。每天结束时，我们要在餐厅里静候卡尔检查工作完成情况。这是一个需要耐心等待的紧张时刻，哪怕只有一点纰漏，全部人都要留下来，直到问题解决。如果有人做不好自己的工作，那将是一件极其讨厌的事情。我知道教练的意图，他是想教给我们团队精神，教会我们不要让队友失望。

听上去有点儿怪，我们被留下来往往是因为里奥。多年后，埃里克森教练公开表示里奥"有一点儿懒"，他错了。里奥不是"有一点儿懒"，他是彻底的懒汉——我指的是场下。在训练中，在赛场上，在业余时间里，我很少看到有人像他一样对比赛充满热情且从未改变。他热爱足球，痛恨杂务，总是设法逃避清扫健身房之类的工作。他有时会溜掉，有时却被邋遢的鞋子和混乱的浴室搞得火冒三丈。这真的很好玩。

当然，这没有阻止他为邀功而好好工作，这把我乐坏了。里奥是个如此可爱的家伙，以至于你最后会把大部分属于他的活儿一起干完，而他则在一旁逗你笑。我爱那无忧无虑的日子。当时的友情是独一无二的，它来自冒险开始时的兴奋，也来自我们对彼此志向的了解。后来，我再也没有找回那种感觉。

我们会拿每天训练中发生的事挖苦和捉弄对方，这样的打闹会延续到日常杂务中。从里奥加盟西汉姆联开始，我们俩就成了朋友。尽管年龄比我小一岁，但他很快就被提拔到我所在的梯队。因为他很棒，已经够格了。

　　我们经常在室内踢二对二比赛，我们管它叫"D's"。参赛队员是我、里奥、霍奇和乔·基斯。规则非常简单：你只能碰一次球，然后队友把球踢回给对方，击中画在地板上的"D"。比赛很有趣，也充满了竞争性。事实上，我们会嘲笑轻易失误的人，可以笑上好几天。在这抬头不见低头见的环境里，我认为还是不要沦为笑柄的好。

　　第一年，霍奇一直是我们中最强的选手。他能踢中场所有的位置，还能当影子前锋。他强壮有活力，是当时的热门人物。他曾为英格兰少年队出场，水平远远超过我们。他拥有真正的得分嗅觉，不是那种老套的嗅觉，而是点金术——他是我们队里的"金手指"。他的球一般都是从30码①外凌空抽射直挂死角。我很遗憾，因为一次严重的膝盖伤病，他过早地结束了职业生涯。还好，我们的友情没有中断。

　　那真是我生命中的美好时光，足球、生活都是如此。那一年，十六七岁的我们在周日上午比赛，接着去麦当劳吃午餐。汉堡和薯条是完美的赛后补给，也是我们的最爱。司机斯坦把小巴开到那儿，我们买好食物，一路吃着驶回厄普顿公园。最让人期待的事情就是西汉姆联的主场比赛，我们都会在开球前几个小时到达球场。

　　作为菜鸟，我们只能待在幕后。赛前，更衣室和球员通道内弥漫着紧张的气氛，我沉浸其中。我们也有工作：器材管理员需要有人跑腿帮忙和传递信息。开球的时间近了，总是爆满的看台开始躁动起来，我享受这种感觉。看着上场队员换好球衣，走进场地，球迷们欢呼喝彩，高唱着《我们总在吹泡泡》②。我陷入了幻想，眼前仿佛出现自己成为首

---

① 码：英式长度单位，1码=0.9144米。

② *I'm Forever Blowing Bubbles*，西汉姆联队歌。

发队员的画面。尽管只是想象，我也难免一阵心潮起伏。

我很快回到现实中来。倘若球队在半场时落后或者更糟——输掉整场比赛，你就要小心自己说的每一句话了。哈里会进入狂怒的状态，一旦看到谁闲晃着和别人开玩笑，他就会咆哮起来"你笑什么"。一般都能收到他预期的效果：把我们吓得大气都不敢出。尽管我们只是小孩子，但他真的动怒了。

哈里不只爱足球——还把它看作生命。他把失利看得很重。无论你来自一线队还是青年队，他都不会区别对待。这是他的天性，历来如此。有一天，我记得我们正在健身房开心地玩"D's"，他走了进来，心情不太好。他叫停了比赛，并揪住一个人开火："你应该去外面练练你那该死的头球，而不是在这里玩游戏。"我们不由自主地低下了头。他总是往坏的一面想，但我们知道，他的担心是对的。"D's"充满了欢乐，也确实能练技术。然而，我们忽略了比赛中的其他部分，它们没那么有趣，却同样需要提高。

当出现情况时，哈里似乎是随叫随到。作为主帅，他对俱乐部里发生的某些事有第六感觉，对大大小小的工作都有强烈兴趣。更重要的是，他认识包括青年队队员在内的每个人。人们说哈里是一个属于球员的主帅，其实，他是属于每个人的主帅。无论你是主力、替补、教练组成员或者洗衣房女工，他都一视同仁，并且确保你知道自己对球队成功有多重要。

每当哈里雷霆震怒时，我们都知道，他是想让大家做到最好，因为他在乎这个。他也很擅长说笑和逗乐，仿佛他是我们中的一员。作为年轻队员，我们渴望吸引他的注意力，哪怕要面对他的暴怒，那至少说明他注意到了自己。

我们不知道也不需要应付在一线队比赛的压力。把所有事情搞定并成功躲开哈里后，我们就会回家，并在天黑后飞速出门。我们这支青年队有个优点，就是集体外出活动，不搞小团体和派系。这是我们的精神，一种特殊的团结。现在，我才真正意识到那是我职业生涯中最快乐的时光，不用面对后来生活中如影随形的压力。

里奥比我小一岁，因此晚一年进入青训营。他会穿一些奇装异服，还会在训练场上搞怪，因为这个，他没少挨罚，那是他应得的。不用介意他在周六晚上总是最后一个出现，因为他得穿过城市到佩卡姆，然后再回来。

生活中，我们很容易怀念过去。每个人都有回忆，在某些时刻，你会勾起心底的一丝情绪，往昔的画面清晰可见。在我心中，那些周六是最特别的存在，一直都是。你能想象吗？每天醒来，你就知道自己要为心爱的俱乐部踢球，然后看心爱的球队比赛。结束了所有的工作，你就能和好友一起外出过夜，还有漂亮的姑娘相伴，那种感觉……我一定是生活在梦中，在梦中。

我们的守门员叫尼尔·芬恩，他，还有霍奇和我是队里的"头目"。芬恩现在依然是我的好朋友。他从未在一线队站稳脚跟，只踢过一场一线队比赛。那年他17岁，还没有做好踢成年组比赛的准备，只是作为卢德克·米克洛什科的替补随队出征曼彻斯特挑战蓝月亮。但卢德克在开球前一晚退赛，芬恩被顶上了首发。我在赛前和他的父母聊天，他们为儿子感到骄傲，我能理解他们的心情。但我还想知道我的门将朋友在开球前有多么紧张。

那本应是芬恩的梦幻时刻，我当时还有点儿忌妒。现在，我则会和芬恩开玩笑，因为他们在比赛中被尼埃尔·奎因打入两球，最终1∶2败北。芬恩很不幸，丢第二个球时，他往下扑，但对手把球挑过了他。那应该是尼埃尔生涯中最漂亮的进球，我不会让芬恩忘了它的。他现在为低级别联赛球队罗姆福德效力，也再未像过去那样出丑。如果现在我还拿他当时的表现来取笑他，芬恩就会提醒我：至少他去了那儿，为一线队出场过。

"攻击"别人的同时，我也会受到别人的攻击，而且多数是来自背后。因为爸爸和哈里的存在，这也许是无法避免的。我没有明确的证据，更多的是感觉到一些事情发生在我身边——一些小插曲，还有队中某些人暗地里制造的摩擦。我从未被这些事情影响，还是按自己的想法前进。但我知道，有几个队员乐于此道。

我的回应？我只会用场上表现来赢得他们的尊重。爸爸的反应有一点儿不同。如果踢得不好，他会送给我许多嘲讽，以证明我没有享受特殊待遇。我明白，也习惯了爸爸的这种方式。

我最关心的是怎样学到尽可能多的东西，成为一名更好的球员。我们的青年队很棒，非常棒。第一个赛季，我们赢下了青年队联赛冠军，踢中场的我打入25球。我感觉不错，也没有换过位置，尽管对于青年队员来说，更常见的做法是尝试不同位置。我是个例外，我一直都踢中前卫，一直都是。我记得里奥踢过前场和后卫，我却一直忠于自己的信念。我现在还能感觉到早期经历带来的好处。然而，事情也不是一成不变的。

我在身体和心理上都更接近一名球员了。我当时意识到一些非常重要的事情，我想成为的不止是一名控球者，拿球，传出去，让别人接管剩下的工作。我想统治我的区域，然后前插得分。

一开始当学徒的时候，我发现几乎每件事情都比以前难。我对身体的要求更高了，我得去健身房练力量和耐力，这样才能和队友竞争。爸爸一直在重复强调，把中场球员的基本功变成第二天性。他说，学会基本功，再练剩下的部分，美好的事情会随之而来。他是对的，我现在随时都能自如地拿球，部分原因就在于此。我花了一段时间学习中场脏活——盯人，抢断，还有铲球。之后，我才把精力集中到射门练习上，并开始在比赛中进球得分。想统治中场，就要学会脏活，这是其他一切的基础。我需要变得更强壮、更坚忍。

青年队的训练比一线队单调得多，我往里面加了点儿个人元素——一套自己的训练内容。我经常把球往墙上猛踢，再全力接住反弹的球，一遍一遍地重复，以提高反应能力。我还会变换花样，先把反弹回来的球让过去，再全速追它。我会反复练习，让自己保持压力。其他孩子会晃到健身房去做一些有意思的事——就像我们之前玩"D's"。比起辛苦乏味的训练，人们还是更喜欢做轻松活泼的事情。

我知道，西汉姆联可以吸引一些精英球员，因为我和他们一起训练。有个小伙儿在17岁时加盟球队，成长轨迹却跟我和霍奇不一样。他叫马丁·穆林斯，是苏格兰青年队队员，西汉姆联在苏格兰"老字号"双雄①和其他国内俱乐部的眼皮子底下带走了他。这个大家伙到俱乐部时带着一副自信满满的神情，说明他知道自己有真材实料。我听说他是一名好球员，看上去也确实训练有素。有一次，其他人结束了一天的训练，但我还没有。天气有点儿潮，我走到外面练短跑。湿漉漉的草坪正好适合练习"小疯狗"——在两个固定的标志之间来回冲刺，我可以在接近一端时用滑铲触标，接着起身折返——你在任何教练手册上都找不到这种方法，是爸爸让我这么做的，我也知道自己应该这么做。穆林斯穿着雨衣走出来，看到我在泥泞中奔跑滑行。"你在干什么？"他难以置信地问道。我没有答话，稍微停了一下，马上又跑起来。我为加练感到不自在，尽管我很清楚自己在干什么，但我太害羞了，没法向任何人

---

① 苏格兰联赛两支传统强队流浪者和凯尔特人的合称。

解释。穆林斯是闪电小子，认为自己具备一切成功所需的条件。他不屑地看了看我，摇着头走开了。我有些不安，但这没有阻止我第二天接着练，我知道自己的目标是什么。

爸爸负责维护制度，发明创造则是我的拿手好戏。我在两个禁区间做折返跑，先把目标定为8组，快到终点时再加两组。接下来，我带球跑以增加难度。进入一线队后，我休息日也去基地做同样的事情。可能会有点儿尴尬。当我到场地时，托尼·卡尔会在那儿带青年队训练。突然，我感觉到他们都在看我，但这和穆林斯事件完全不同。托尼仅仅说：休息日，你来啦。他们可能以为我疯了吧，我不知道。我只知道自己想变得更好，想要更多、更苦的训练。人们更希望天赋满满，而不是努力达标，后者走的是一条辛苦路。

爸爸经常告诉我通往职业球员的道路充满艰辛，所以我一路走来从不期望别的什么。我知道，从到西汉姆联的第一天起，自己就有许多地方需要改进。开始的时候，每周两次的一英里跑就是一场噩梦，因为我曾经很厌恶全速跑。托尼·卡尔和预备队教练弗兰克·巴罗斯帮我练力量。我吃尽了苦头，因为我的身体没发育到和某些队友一样，两条腿还跟不上训练的节奏。霍奇等人已经是男人了——我知道这是因为他在浴室里展示了私处的体毛。

我16岁时随青年队训练。签下青训合约的第一年，我是在青年队和预备队之间度过的。那对当时的我来说是扎实的一步——我真是这么想的。那一年，我们在两回合制的决赛中赢下了预备队联赛杯冠军，这个奖杯有双重意义。

首先是我们击败了切尔西，第二是里奥。首回合比赛，我先下一城，但球队1∶4落败。当时已是赛季末，一线队在两回合比赛的间隙去澳大利亚旅游了。俱乐部在惨败后已放弃了决赛，我猜你也不会反对他们的做法。结果，许多年长的预备队员退出，一些年轻的青训队员入队出征斯坦福桥。每个人，包括切尔西队队员，都认为次回合比赛只是走走过场。

我们没想着挽救比赛，也卸掉了包袱。在没有任何赢球希望的情况下，教练把一个年轻瘦高的小伙儿——里奥——放在两名前锋身后。奇迹出现了，里奥爆发了。他变身罗纳尔迪尼奥，完成着那些花活和妙传。有那么几次，我站在后场完全看呆。其他人踢得也很好，但里奥踢出了他足球生涯代表作。我们先进两球，接着是第三个。他们随后扳回一球。没有关系，我们状态正火，无法阻挡。

双方常规时间内踢出了5∶2，比赛进入加时赛阶段，最终拖到点球决战。我们鼓足勇气，罚进了那些球。我们赢了，俱乐部选择让大部分的主力休息，把我们这帮毛头小伙儿留下来自生自灭，但我们以西汉姆联的名义拿下了胜利。我第一次感受到冠军的荣耀，那感觉如此特别。在切尔西的主场击败他们，这赋予了比赛更多的意义。里奥欣喜若狂，我也是。那是一段令人难以置信的经历，只可能发生在足球里，我们正好身处其中。

爸爸有一点儿震惊，却并不意外，他为里奥在球队的成长做了很多。里奥说爸爸曾出现在他佩卡姆的小公寓——他在那儿和妈妈、弟弟安东一起住，里奥立刻被感动了。爸爸有一辆黑色的大奔驰车，里奥家附近的孩子从没见过这样的车。里奥第一次来我家时的样子也很好玩，他认为这也许是某座大厦。我们家是挺富裕的，我知道这一点。但当里奥走进前厅并四下张望时，他的表情仿佛在说，自己被扔到了火星。

签下里奥是西汉姆联的一着妙棋，他真的前途无量。他努力提高协调性，每个人在成长过程中都面临这个问题，我当然不例外。我记得曾去看过他的比赛，并为他的大长腿感到惊讶。他既有身高又有速度，但还不像现在这样优雅。他是个好球员，这一点毋庸置疑。他当时踢的是中场，但很不确定自己的体形。我完全理解他的感受，因为我有过突然长高的经历，也知道那是多么的迷茫。

"我不想长高，我不想长高。"里奥会一直这么说。他有一点点儿笨，也许他的担心是对的。他克服了不安，并在进入青年队后站稳脚跟。接着，无论出于什么原因，他总能在联赛杯决赛次回合出任核心球员——这没有问题，这是天才的战术安排。

之后，里奥快速成长。他的控球技术一直很出色，一脚停球的功夫更是浑然天成。他得到了进一步提高，哈里说想让他回到后场。这让人有一点儿措手不及，里奥和我面面相觑，但我们习惯了执行命令。哈里相信，凭借里奥的体形和能力，他有潜力成为一名伟大的控球型中卫。西汉姆联在这个位置上是有传统的，当里奥被拿来和已故的、伟大的博比·摩尔相提并论时，我常常回想起哈里做出决定的那个时刻。

人们对哈里的评价有好有坏，但他在里奥身上展现的洞察力对俱乐部和国家队都有着巨大的意义。他是对的。即便在那时，里奥也很棒，就像他如今在曼联和英格兰队的表现一样。他一直都可以把球带出后场，老实说，从青年队一路走到一线队，我印象中里奥还没有做不到的时候。偶尔有那么几次，他丢掉球权，指责就尾随而至。这就是英国人的方式——不是鼓励他，而是批评、贬低他，并要求他开大脚。但里奥非常有主见，他知道自己做得到，而且足球对他来说不止是防守。里奥的防守得到提高，更多的应该是在他由西汉姆联转会利兹联之后。大卫·奥利莱[1]是个醉心于防守艺术的人，他对里奥有帮助。里奥也许还应该提高自己在比赛中的专注力。

---

[1] David O'Leary，前利兹联主帅。

在里奥离开厄普顿公园之前，他把自己看成非常全能的球员。然而，所有的球员都需要学习和进步，包括我和里奥。在他北上后，我们之间少了一些曾经的亲密感。但当我们在英格兰队重逢时，很快就找回了往日在西汉姆联的感觉。

还是回到那时，每个人都谈论着里奥是那个将成为伟大球员的人。我有点儿忌妒，我也想成为人们谈论的焦点。里奥已经很优秀了，甚至是在中场。我和他不同，里奥享有神奇的天赋，我知道自己得更加刻苦地训练。我们俩的体质也不一样。我当时是个小胖子——现在也是，我曾为此感到尴尬。但我的脚下技术和球感还不错，因此我可以凭自己的意识和随之而来的才华进很多球。可当我初到西汉姆联时，情况变得不同了。我为提高机动性而挣扎，在跑位上也遇到麻烦。我很快发现，自己很难进入禁区，也很难在那个等级的比赛中进球。当赛季交替时，新的变化随之而来，我的青训合约进入了第二年。

幸运的是，自然规律起作用了，也帮到了我。我有一点儿晚熟，16岁时，我又长高了一点儿，体重也变轻了。我更加强壮了，我记得自己当时认为"我已长大成人"。但那个赛季教会我还有一段路要走。确切地说，是往返于斯旺西和伦敦的路。

我记得很清楚，哈里告诉我他想把我租借出去。那是一个训练后的下午，我躺在父母家的床上休息。电话响起，妈妈去接了，然后把话筒递给我。

"听着，弗兰克，"他说，"你有个机会被租借出去。"

"去哪儿啊？"我紧张地问。

"斯旺西。我知道那是低级别联赛，但那对你有好处。能让你进步，孩子。"

我很不确定，那种感觉就像被人拒绝。我把一切都献给了西汉姆联，却被告知留下来的最好机会是先被租出去一段时间。我也很困惑，我不想离开家，哪怕只有几星期。如果一切顺利，我是不是会在那儿待很长一段时间？家人对我一直很重要，我想告诉哈里这一点。他会理解的，毕竟他是我的姨父啊。

"我不确定，哈里，"我答道，"也许，我待在俱乐部会更好吧，多练一练，多去去健身房，或者做点儿别的。那样，我就能变得更好。"

我不知道他能否听得进去。我太慌张了，没表达出千方百计请求开恩的意思。

"你明天就得到那儿，"他把话说开了，"你没问题的，那对你有好处。"

我刚刚通过驾照考试，甚至不知道斯旺西在哪儿。找出地图后，我才意识到，在厄普顿公园和威尔士之间永远都有一段很长的路。

爸爸在成长途中也经历过相同的事情——但他认为我去的地方比他曾去过的水平高很多。他18岁时被已故的前西汉姆联主帅罗恩·格林伍德找去，收到前往托基联的通知。和现在不同，对那时的年轻球员来说，"租借"和"出售"差不多是一个意思。他做了反抗，尽管对他来说那是一件非常艰难的事情。爸爸非常看重和尊敬自己的教练，把他视作心目中的男子汉，因此很难拒绝他的要求。西汉姆联当时是一家成功的俱乐部，他们仿佛在青年队和一线队之间架起了传送带，把年轻英才直接输送到场上各个位置。爸爸知道自己想要什么，他埋头苦干，加练短跑。他知道，要到达目的地，就得经历一段分外艰难的过程。他的心中只有西汉姆联，没有别的地方。

爸爸和哈里年轻时，格林伍德偶尔出现在青年队训练课上，并告诉他们俩"天才源自简单"。这也是爸爸最爱说的一句话。在公众眼中，格林伍德的技战术领先于时代，在爸爸口中，他还拥有小学生的心态。

爸爸和哈里17岁时曾返回以前的学校，去给14岁的孩子当教练——我在相同的年纪做过相同的事情，通过教别人，把学到的东西融会贯通。也许我的天赋更好，爸爸依然想把相同的职业精神灌输给我，这对我是有好处的。我理解了爸爸坚守西汉姆联的决心，但他没有给我选择的机会，他也说我必须去斯旺西。

我对离家充满恐惧。我才17岁，刚刚拿到自己的福特嘉年华轿车，还不太敢上高速公路。场上的事情也让我焦虑，我的位置是控球型中场，长处是拿球组织——因为身体还不够好。斯旺西踢的是乙级联赛，他们是什么风格？我应该怎么做？没有不敬的意思，我当时真的很迷惘。我现在认为，斯旺西之旅是生命中最美好的经历，让我在身体和心理上都变得更好。我去的时候还是个男孩儿，回来时已成长为男人。我很自豪，也很感激。

我在很多方面都需要成长。首先，我告别了朋友，住在一家有点儿破的宾馆里。而我之前一直住在家里，处处被家人关照，和父母一起吃晚餐，和姐姐们打闹以消除压力。

斯旺西的训练基地有点儿简陋，设施之匮乏让我感到震惊，他们的踢法也有所不同。有一个从狼队租借过来的爱尔兰小伙儿——罗比·丹尼森。他是个老球员了，由于看多了比赛中的消极面，有些玩世不恭了。我不知道他一开始是怎么看我的，但后来我们的关系还不错，在那些奇怪的夜晚曾共饮过几杯啤酒。

尽管大部分时间里都在想家，我仍从这里的训练和比赛中学到了很多。队友只知道足球是个苦差事，他们认为去哪儿可以挣足够的钱来支付账单才是第一要务。我学会了尊重这些同行——无论他们的能力怎样。

和西汉姆联相比，这里的一切迥然不同，大部分事情甚至让我感到惊讶。如果你在训练日到得早，就能看到器材都堆在一起，来晚了就什么都拿不到。我们要为每一件事而战斗，去训练场要走上几百码，天气一直是冷雨绵绵。我对大多数队友都有点儿新鲜感，他们都是合格的球员。比赛前，我们先在球场里训练，然后去练力量——学院派的做法。西汉姆联的待遇就要奢华得多——个人器材从来都是摆放整齐，所有事情都有人帮你准备好。在斯旺西，每周都由一名球员负责管理和清洁器材。我设法逃过了这项杂务，因为我住在宾馆里，也没有在那儿待太长时间，不是每个人都注意到了我的存在。

我在那儿度过了两个月，踢了几场比赛。我还在对阵布莱顿时进球，帮助球队拿下比赛，却来不及赢得任何荣誉。一到周末，我就开上深蓝色的嘉年华，穿越千里驶回罗姆福德。我一路听着舞曲频道，想着里奥和霍奇在做什么，想着我一回家就能听到错过的故事。斯旺西的队友们也很好。离开前的一段时间，我们在比赛后去镇上共度了好几晚。当我和罗比还有其他人在一家特别的酒吧时，一个威尔士的大块头凑到我面前，我想他知道我是谁。"你为什么不滚回伦敦去，你这个伦敦杂种。"他咆哮着。我比他瘦小多了，我实在不想掉光自己的牙齿，也不想把其他人牵扯进来。我只是说："好吧，我走。"我真的走了。

我在倒数第二场比赛中坐上了板凳，因为他们知道我不想延长租借期再待上一个月。当时已临近圣诞，我想回家，也是时候说再见了。我在那儿只赢了两场比赛，最多也只有几千名观众来看我们为保级苦战。但那是值得的。里奥同意我的看法：他去了伯恩茅斯，回来时变得更好了，我也是。我现在看到切尔西那些17岁的孩子，知道他们在那个级别的比赛中待不过5分钟，那时的西汉姆联可能就够他们受的了。而我去了斯旺西，坚持下来，并以更强的姿态回归。只是强得不那么明显。

我的腿还是很瘦，我知道自己得长点儿肌肉。爸爸也知道，他总是让我在禁区间折返跑。典型的中场球员路线：跑过去，跑回来，跑过去，跑回来。这种训练让我进步不少，也帮我找到了在竞争中生存下来的办法。我当时18岁，正好进入了西汉姆联一线队，已有能力收获10个进球，这都是拜跑步所赐。我当时是个特别的球员，踢法和现在完全不同，只是一味前插接应传球。

为了增强四肢力量，我踏踏实实地做了许多练习。预备队教练保罗·希尔顿的"魔鬼课程"也帮到了我。他让一组人以3/4速度在60秒内绕场一周，第二组跟上，跑完后进入下一轮。他真的是个好人，但我们恨死他了。因为当大部分人都练到吐时，他看上去却很好，还站在一旁冲我们吼叫。我可以轻松做完那些训练，经历了职业生涯的磨炼，我的身体素质已远超当年。达不到这个水平，就不要想进入一线队的事了。

我现在知道，多年来是爸爸帮我在日复一日的训练中瞄准了这个目标。还有哈里，为了这个目标，他让我去斯旺西。我当时还没有准备好为西汉姆联出场——不只是身体，也许还有心理——他们意识到了，我当然意识不到。年轻球员有一股藐视一切的信念。我不知道自己是否可以为一线队出场，但我有这个自信。

也许幸亏如此，我的首秀意外到来了。西汉姆联主场对阵考文垂，我坐上了替补席。比赛中，考文垂的戈登·斯特拉坎和我同时被换上场。斯特拉坎已经38岁了，我比他小了20岁，也是我第一次为自己的主队出场。哈里感觉到了我的紧张，他抱住了我们，拿年龄开了个玩笑。"别下狠手。"他对斯特拉坎说。我们俩都在中路，难免短兵相接。斯特拉坎的职业生涯已近暮年，但他所取得的成就无法忽视。刚刚起步的我则要全力演好首秀，我很兴奋，事实上应该是害怕。我看过爸爸和哈里为西汉姆联踢球，听着他们的回忆长大——有好日子，也有坏时光。现在，他们和我都在球场内：爸爸坐在教练席上微笑，看上去跟我一样紧张；哈里在和我交代上场后的注意事项。从幼年到青年，我无数次地幻想过这一刻。号码牌举了起来，显示着上场球员的号码。我第一次跨过那道白线，听到了球迷的欢呼。

这是来自球迷的热烈反应，是一段美妙的记忆。即便现在，回首一路走来——我经历了西汉姆联、切尔西以及英格兰队等不同的舞台，还努力取得了一些成就——当时的感觉依旧无法忘怀。我在那场比赛中没有太多表现机会，仅仅跑了几分钟和触了几次球而已。我得到了喝彩，球迷们为弗兰克·兰帕德的儿子即将登场而兴奋，这才是最棒的事情。我知道，自己已经摸到了梦想，但还没有实现它。

不出所料，在接下来的比赛中，我坐回了板凳。首秀是我成长中的一小步，后面的路还长。有些球员的首秀表现让人无法相信，比如韦恩·鲁尼在英格兰对阵土耳其比赛中所做的事情。可我不是鲁尼，我知道，自己只是进入了一线队，但还没有站稳脚跟。想长久地留在出场名单中，我还需要一点儿时间。

我第二次出场对阵的球队是斯托克港，那是联赛杯首回合在主场的比赛。有人在比赛日上午受伤——我记得是约翰·莫库尔，我接到了爸爸从球场打来的电话。

"弗兰克，来这儿，"他说，"你要上场了。"

事实上，我正在父母家对面的公园里热身，做一些拉伸和冲刺运动。我挺后怕的，如果当时练过头了，会对比赛带来怎样的影响？其实大可不必担心，我踢得不错，但印象最深的还是比赛的激烈程度。我觉得自己就像一个男孩儿出现在了男人的对抗中。那真的是一场艰苦的战役，双方最终1：1打平。我错过了一次得分机会，感觉很沮丧，下场时只想吐。

球迷们批评了球队。我们在主场被逼平，在客场输给斯托克港，而且破门乏术。由于压力，队员们在更衣室里变得有些暴躁。我作为新人经历了这一切。那场之后，我没有获得太多机会。赛季结束前，我又以替补身份出场7次。对阵斯托克港是唯一首发。

新赛季来得比想象中快，在苏格兰经历了一段艰苦的季前备战后，我觉得自己的身体比过去更强了。年轻球员中，只有我和里奥参加了备战。我们真的很紧张，特别是和伊恩·道伊、伊恩·毕夏普这些家伙在一起时。我享受着那段时光，在几场热身赛中的感觉也比以往更自如。

客场对阵阿森纳的赛季揭幕战相当艰苦，我首发出场，但在第70分钟被换下。这里从来就不是西汉姆联的福地，对很多球队也一样。我们0∶2落败，我感到失望，为球队，也为自己。我想有所作为，可这儿是海布里。温格上赛季刚刚接手阿森纳，现在他们的战术开始成形了。

我一直把自己放在压力之下，那个赛季对我有了更深一层的意义，因为我即将续约。我必须展示出自己的能力，这非常重要。但随后的7场比赛我都没有首发。比这还糟的是，我开始受到球迷的批评。此前我就知道了。在我首秀之后的几场比赛中已经有迹象了，我听到了球迷辱骂我。一切发生得太快了，我不知道为什么。我坐上替补席也没让情况有所改观，因为有人认为这是一种妥协。身为弗兰克·兰帕德的儿子，我得遵守和其他球员不一样的规则。如果是其他人坐上替补席，那只是一件普通的事情——他们可能在养伤，或者恢复状态，或者是出于战术调整的需要。轮到我，一部分球迷认为我不够格进入首发阵容，成为替补也是得到了某种偏袒。每一次起身做准备活动时，他们都在告诉我这些。

显然，当我踢不了球的时候，他们就会消停下来。那个赛季（1996—1997赛季），我在对阵阿森纳之后又上场了两次，但没有什么亮眼的表现。我刻苦训练，但新年刚过，我就在展望休赛期和规划升级的方法了。我比以往任何时候练得更刻苦，可我似乎依然没有做好准备。1997—1998赛季揭幕战，球队客场对阵巴恩斯利，我知道自己还得坐板凳。几分激动，几分失望。我渴望首发，却依然需要等待。我知道剧情如何发展，但在机会出现前，我只能坚守替补席。

我不知道是否可以为违反规则找个理由。我不是第一个打破规则的人，也不会是最后一个。但这是我的第一次。爸爸一直说，如果周六有比赛，周四晚上绝对不可以去喝酒。当然，我也从未去过。芬尼——青年队门将，实际上是3号门将——打电话问我是否想出去吃晚饭。那天是周四，我们去了，还喝了好几杯啤酒。周五训练时，我感觉很内疚。更糟的是，我被明确告知将坐上替补席。为一场季前赛把身体和心理都调整到位是很难的。我的身体很好，脑中却有个声音在说：我肯定达不到比赛要求，因为我在两天前的晚上外出了几个小时。那是爸爸的声音，也是我自己的。

那不是一场正式比赛，我不在乎。我对每一件事都倾尽全力，我的目标就是做到最好。不是偶尔，而是一直如此。比赛中，我没有太多事情可以做。我按教练要求去热身，同时想着自己有没有机会登场。场上那些人踢得不错，比分是1∶1，我不知道自己的名字能否被叫到。我听到自己的名字。此刻，我需要说服自己。我短暂地回想起周四的晚上，但我知道，现在唯一要做的就是把精力集中到场上。

我的确做到了。我铲下了一些球，当机会出现时，我起脚打门，皮球飞入了网窝。我得分了，却不知道该干点儿什么。赛前，我一直在担心已经发生的事情，却没有考虑可能发生的事。我转过身去，看到了里奥。他早就在中圈里自己熟悉的位置上了，刚刚毕竟是我们的进攻回合。跑向他是很自然的事情，我们是朋友，我想和他分享这一刻。接下来的事情完全出乎我的意料。

里奥正等着我——我也不想他离开自己的区域——我们开始跳舞。这完全是自发的，后来有人认为我们是有意而为之，但我们不是。那年夏天，我们去了趟塞浦路斯，里奥当时就爱跳这种疯狂的舞蹈。他抬起一只腿，那样子就像发癫的火烈鸟。我站在他面前，模仿这个动作。事实上，他现在晚上外出时依然会跳这种舞。我一点儿都不在意他领我跳的是什么，我还沉浸在第一次为球队破门的喜悦中。

我们平静下来，比赛重新开始，我望向教练席，爸爸的脸上挂着微笑。我想，刚刚的庆祝中，自豪的成分应该多于娱乐，也可能两者都有。这是个不可思议的高兴时刻，不幸的是，随之而来的就是一段意料中的低谷。

接下来的几场比赛，我依旧是替补，也没有机会露脸。直到中场有人受伤，我才获得了连续登场的机会。我还只是个愣头儿青，我急于上场表现自己。有时，我也得面对无球可踢或者别的情况，但我一直竭尽全力踢球。哈里把我留在了场上，很快，我打开了进球的阀门。我在对阵沃尔萨尔的比赛中上演了帽子戏法，这是我第一个完整赛季中的梦幻时刻。19岁的我很开心，哈里也是。整个赛季下来，我收获10个进球，也成为一线队的常客。老实说，我认为梦想已经实现，但我错了。

爸爸去见了俱乐部主席特伦斯·布朗和哈里，商谈我的新合同。主席先生有看球迷杂志的习惯，还喜欢听取极端球迷的意见——就是那些已经开始攻击我的人。我知道这些，但我试着不去理会，专心于自己的比赛。极端球迷的阴谋论：主教练总在比赛后半段派我上场，是为了让他的外甥赚出场费。其他球迷读到了这些消息。我认为，他们中的一小撮人已经想好，只要球队踢得不顺，就会把这个作为原因。最早这么说的是一些认为我走了捷径的本地人。类似的声音如癌症般在球场内外扩散，吸引了一批跟风的人。老实说，我从未想过主席会是他们中的一员。

我又错了——布朗给这些荒谬言论加了把火，称有人在搞裙带关系。他要求哈里做出解释。

"你在说些什么？"哈里愤怒地回应道，"你认为我派一个球员上场，就是为了让他挣500英镑？弗兰克是一个非常优秀的球员，我们需要用一份长期合约留下他。"

听到这些后，我又惊又怒。我把一切献给西汉姆联，渴望为他们做到最好。我是一个地地道道的西汉姆联男孩儿，从小就来这里支持球队。因为这个，我才加盟的。

我第一次怀疑俱乐部的管理层，从那之后，我再也没有信任过他们。我开始审视他们对待我、哈里还有爸爸的方式。我认为布朗是个诚实的好人，但他不懂足球，我们都叫他"死亡先生"——当时《哈里·恩菲尔德秀》中的人物。每次来更衣室时，布朗都穿同一套细条纹西服，还带着一副十分严肃的表情。

在他说出"裙带关系"后，我对身边发生的一切更加敏感。当我被叫去热身或上场时，有好几次听到休息区后的球迷在低声抱怨。更糟的还在后面。从我两个赛季前完成首秀开始，事情就一直在恶化，只要我起身做准备活动，休息区后面的看台上就有一部分人发出嘘声。这还不是厄普顿公园最糟糕的地方，休息区对面就是"鸡棚"①。不是我疑神疑鬼，仅仅是坐在替补席上，也让我感到折磨，简单地说，我不想处在这样的环境中。我依然为自己骄傲，依然有成功的决心，但我不能告诉哈里我的感受。客场听到球迷骂声的感觉很好——因为那不一样，那是

---

① 东看台西汉姆联死忠球迷聚集区。

你期望的。但我在主场啊，我感受着正在发生的一切，如此的真实，随处都可以听到"你坐下"和"和你爸爸坐到一起"的喊声。

有时，我认为这就是最坏的事，我无比的痛苦。我甚至更愿意坐上看台或者回到家里，而不是在这儿受罪。有一场比赛，霍奇和我一起坐在替补席上。哈里叫我脱去外套，几乎同时，场边响起了奇怪的喊声和隆隆的抱怨声，我一点儿都不意外。霍奇抓住了我的手，"你得马上从这儿离开，伙计，"他说，"你不需要这些糟糕的抱怨声。你很棒，这不是你应得的。"

我什么都没说，我知道霍奇是对的，但我不能就这样抹去童年的回忆啊。这是我支持的俱乐部，我为她献出了自己的爱。我想做得更好，为西汉姆联，也为爸爸和哈里，他们的职业操守正遭受质疑。我感到难过，不是为自己，而是为他们。多年以来，他们一直都是出色的球员，忠实的卫士。他们为球队带来了成功，又全力守护着成功。我也是。无论愿不愿意，我们都一起面对这些。一想到有一些值得我托付生命的人在为我战斗，我又恢复了信心。我也可以毫不犹豫地为他们付出一切，他们知道的。

我理解，他们处在一种尴尬的境地。他们都是坚强的人，有时也会很焦虑。小时候，我在哈里面前总是小心翼翼，我很敬畏他。在我8岁到14岁时，我们两人并没有真正因足球产生联系。和大多数那个年纪的人一样，只要话题变得严肃，我就会和成年人保持距离。尽管他是我姨父，但在我眼中，他的形象和外人所说的完全一样：直言不讳的性情中人。尽管我很想学习有关足球的知识，他也是个非常可爱的长辈，但我还是不敢在他面前多说话，因为我害怕出丑。长大后，这变得更加困难。

当他成为我的主帅后，我对他从未真正丢掉那种天生的畏惧感。在内心深处，我还是那个小男孩儿，他还是姨父哈里。在俱乐部，我偶尔也会对他不满，就像其他球员一样。但毫无疑问，每件事都会因为我们的关系变得更加复杂。

有一次，我想知道自己为何踢不了比赛。我没有像其他人那样径直敲门去问他，而是在他办公室外踱步。我害怕走进去，也知道这是儿时相处留下的阴影。我感到很压抑。

他和爸爸之间也有分歧。好几次，当我掉队时，爸爸会提出我可以上场的理由。当哈里维护自己主帅的立场时，爸爸站在我这边，这是人类的天性。

我理解这一点。当哈里为一些和我有关的事感到不自在时，我能察觉到。球迷的发难让事情变得更复杂。现在想起来，我对当时那种处境中的哈里有了更多的同情。当他觉得有必要时，他会保护我。当特伦斯的介入让事情产生实质影响时，他站出来为我说话。这是我们的天性，源自家族。东伦敦的文化是"要管好你自己的事情"，这很好。但来到职业足球这个更为残酷的环境中，情况就变了，你得采取不同的做法。尽管家人试图瞒着我，但他们有时候真的很难受。

人们只看到我爸爸和姨父掌管着球队，而且把事情往最坏的一面想。这就是混乱加剧的缘由。看到西汉姆联存在特殊情况，他们不开心了。我知道与之相对的是什么。现在，杰米会在赛后和我交谈，他的观点中亲情多于客观。这是我们的立场，兰帕德-雷德克纳普家的立场。

这种立场是无法避免的，我们陷入了一种奇怪又紧张的处境。现在，和哈里交谈时我有了完全不同的心态，我才理解当时事情是多么混乱。我们终于可以在一种更为平等的基础上对话了。在我离开西汉姆联之前，这是不可能的，但我感觉自己赢得了他的尊重。当我2005年获评足球记者协会最佳球员时，他打电话给我说"干得漂亮"。我意识到，在西汉姆联影响我们关系的障碍已不复存在。这是彻底的解放——

不只是对我，对所有人都一样。

在颁奖晚宴上，哈里和桑德拉坐在台下。当我回忆起他们曾给我的帮助时，我可以看到桑德拉非常的激动，她和妈妈很像。她给了马克和杰米很多支持与鼓励，当我造访时，她分出同样多的时间给我。她和蔼、善解人意，哪怕是在我和杰米踢碎了她心爱的鸟笼后。我现在才意识到，当时不只是我和哈里的关系受到了影响。我能理解桑德拉，她的角色和妈妈一样。在生活中，当足球给她的家庭带来变动时，她是家人间的黏合剂，我尊重她所做的一切。我很遗憾，在那些日子里，我们没法享受和普通人一样的亲情。我发觉自己被迫和一些儿时很亲近的人拉开了距离。现在，我们放松下来，有了更多的交谈。令人羞愧的是，和西汉姆联紧密相连的那些年，我们一直被压力包围着。

我的经历和爸爸、哈里不一样。从童年到球员生涯，我一路走得并不轻松。因为爸爸是个球星，在西汉姆联历史上极负盛名，我活在他的影子里。还有姨父和表哥，我也难免被拿来和他们相比较。杰米和我同辈，在某些事情上确实是我的目标和榜样。有个像他这样的表哥对我而言是一种很大的动力。我和他共度了一些时光，并努力向他看齐。然而，就在我很难跻身一线队的时候，我发现人们把他作为参照物，称我为"弱版杰米·雷德克纳普"。如果牵涉到爸爸和哈里，这只是西汉姆联内部的事情。把杰米拉进来，那影响就大了，因为他是超级明星。

我想达到杰米的水准，赢下联赛冠军，但真的有很大的压力。从某种意义上来说，我花了相当长的一段时间去克服这种压力。我没那么自信。在人们眼中，杰米是个天赋异禀的球员，而我必须要刻苦训练才有出路。直到现在，他们还会说杰米更有才华，我只是努力罢了。我知道原因，但是说真的，这种评价是不负责任的。天赋异禀的球员确实能惊掉你的下巴——我指的是罗纳尔迪尼奥那种赛场魔术师。

然而，难道像罗伊·基恩和约翰·特里这样的家伙就没有任何天赋可言？就因为他们没有惊掉你的下巴？天赋不只是做假动作或过人的能力。是的，这些技术确实很神奇，更不是人人生来就会。但世上还有另外一种天赋，那就是你做到最好的决心有多强。当人们说我刻苦训练的原因是天赋不够时，我感觉受到了侮辱。我的天赋就是我现在所展示的一切，包括我付出的努力，学到的东西，收获的进球，还有踢过的比赛。

我不同意那种笼统的观点，也许同意过，那是因为我当时没有认清天赋的真正内涵。基恩的能力和天赋不比小罗差，他已经证明过。在职业生涯中，他用坚毅、努力和求胜欲鞭策自己前进。这些，都需要真正的天赋。

我理解关于鲁尼的那些争论。他16岁就登上了足球舞台，这简直是上帝赐予的天赋。17岁时，我可不具备为英格兰队出场的力量和心智，但也没有规定说每个人都得在年轻时打出最好的表现。极少有人做得到——特别是在英格兰队中。天赋是与生俱来的，不是光靠努力就能得到。

要成为职业球员，我必须提高身体素质。我认识到了这点，但很多人没有，他们被赛场淘汰，因为他们认为仅凭技术能力就能办得到。我和很多优秀的年轻球员比赛过。他们拥有出色的脚下技术，高超的得分能力，却从未意识到：想成为球员，光有潜力可不够，还要去做一切必要的事情。

我有一定的能力。上学时，我以跑在别人前面为乐，在一线队和青年队，我毫不费力地打进20多个球。后来，当我想要更进一步却又在场上处处碰壁时，我意识到了之前所说的道理。我是个小胖子，体格还不足以在对抗中胜出，速度和敏捷性也不够。我花了很多时间努力提高自己的速度和敏捷性。我常常会去家附近的公园，在爸爸的陪伴下做些训练。我们会练习射门或者跑步，只为让我变得更好。这是一段有益的经历，部分原因在于，它让我从小就成为热爱训练的人。然而，并非每一次训练都是美好的。

在我14岁时的一天，爸爸给我起球传中练习用头或脚射空门。我所有的尝试都失败了，没能踢中任何一个球，我不知道自己是不是"生长突增"或者生病了。我无法忍受自己做的不到位，心中生起巨大的恐惧：我不够好，成不了球员。我对未来和自己能否拿到青训合同产生了怀疑。我哭着回到家中，爸爸问我为何不练了，但我正沉浸在无法成功的恐慌中。第二天，我重新开练，情况好多了。

我知道，总有一些时刻，我会发现自己需要对比赛的某些环节或身体的某些部分加以提高，这样才能保持竞争力。我一直努力克服各种障碍，如果失败，我会加倍努力。很明显，我在每一件事情上都是这么做的，我敢肯定很多人都能看出来。对我来说，最重要的目标就是拿到西汉姆联的合同，进入预备队，进入一线队。我为此而奋斗。

有时，我也许没有为下一步做好准备。可能像鲁尼这样的球员能够很快地迈出这一步，但我不能，我还需要付出更多。某种程度来说，我又庆幸自己的经历，因为我学会为达成目标而付出更多的努力。我可以踢得很好，进很多球，我所有的成就都来自努力。一旦停止努力，我知道自己无法保持状态。如果在训练中偷懒，我就知道自己肯定进不了那么多球，在比赛中也拿不出好的表现。

现在，如果我踢了一场平淡的比赛，我会问自己一堆问题：我练出最佳效果了吗？我在抢球训练中做了足够的铲断练习吗？我在训练赛中跟紧自己盯防的人了吗？我跟上节奏了吗？我必须做出回答，如果找不到满意的答案，我是不会入睡的。其他时候，如果我知道自己没有在比赛中打出最佳状态，我会试着加快节奏，以保持竞争性。也许偶尔可以侥幸过关，破门得分并拿到全场最佳，但我知道，如果自己没踢出应有的水平，就要沉下心来，重新开始。

在我看来，加倍努力是一种自然循环。我在西汉姆联成为职业球员的第一年，爸爸让曼尼·奥莫因米和我一对一训练。曼尼快如闪电，控球娴熟。他生吞活剥了我——带球冲向我并过掉我——连续10次。第十一次，我稍微碰了一下球；第十二次，我把球断了下来；训练结束时，他已经过不掉我了。这是一堂精彩的训练课，它提醒着我：你一定能找到解决问题的方法。我一直是这么做的，即便现在也一样。当我在赛季前休假时，我偶尔会出人意料地现身五人制比赛。某些人曾说过我是个慢热型的球员，我不这么认为。我尽一切努力确保自己比对手先行一步，确保做得更好。我清楚，只有压力才能让我踢出最佳状态。

每个人都有不同的需求。和穆里尼奥共事最大的好处就是，他尊重手下的顶级球员，承认他们最清楚自己需要什么。克劳迪奥·拉涅利经常告诉我去做这个或者那个，哪怕我感觉自己需要的是其他东西。他在射门训练中有一套方法，他告诉我不用射100个球，唯一要做的就是在脑中画出射门的场景，想象自己击败了门将。我理解，这是运动心理学中一种相当常见的练习方法。但不同球员有不同的需求。我永远都会选择花半个小时射球入网，而不是只在想象中画图。"做到位"就是积极思考，我一直都是这么理解的。穆里尼奥会严格要求年轻球员，因为他们需要学习。但他对老球员的需求依靠一种直觉，在和他共事前，我从未有过这种经历。

和爸爸、哈里共事的感觉变得越来越复杂，生活也变得颇为不易。儿子是球员，爸爸和姨父都在同一支队伍中担任教练，这样的剧本在英国足坛是独一无二的，对我来说有利也有弊。在西汉姆联的那些日子，我们之间的交集应该比我记忆中的还要多。好的一面是，我在发展过程中获得额外的指导，如此亲密的关系让事情变得很美妙。他们俩能看到我比赛中所有的优点和缺点，因此我从不用为缺少关心而发愁，他们会告诉我应该做什么。

在西汉姆联时的我还很年轻，把场外的东西看得一文不值。不幸的是，在应对某些事情时，我的勇气和知识还不够，因此只能依靠别人。最糟糕的一次经历发生在一场球迷见面会上。当时，我和伊恩·道伊、马克·里佩尔、彼特·斯托里，还有哈里一起坐在台上，没人想了解我。我是个排在队尾的年轻人，我对这种待遇习以为常。球迷主要关心季票的价格，或者询问老球员对球队表现的看法。老实说，我甚至不知道自己为什么会在那儿。他们发出了一些批评声，但我认为没人注意到我。然后，一个家伙站起来向哈里发难。

"对西汉姆联来说，弗兰克·兰帕德还不够好。"他声称。

"哦，好吧，又来了。"我想。

"你为什么用他？因为他是你的外甥吗？"

我在心里说："这是什么话？"就算我不认同，这家伙也有权发表自己的观点，可让我生气的是，在场的球迷没有一个人出来反驳他。虽然我开始怀疑他们对我的看法，但我依然是一名西汉姆联球员，我内心深处认为大家是一条战线上的——包括所有球迷。难道真如他所说，我不应该获得这些机会？我还只是个孩子，表现得不够好。不可思议的是，提问的家伙是另一名青年队球员的叔叔。那名球员比我年龄大，没有在队中得到机会。我没有犯错，身份却再次莫名其妙地成为问题。我崩溃了，这打击了我本就脆弱的自信心。我没有说话，哈里冷静地做出了回应。

"特里·维纳布尔斯在1996年欧洲杯前只征召过4名年轻球员进入

英格兰队，兰帕德是其中之一，"他说，"特里说他前程远大，是未来的队长。我们感到非常幸运，他把自己的能力带到西汉姆联。这和他的家庭出身无关。他是个出色的年轻球员，而且依然在进步，你就等着瞧吧。"

我感激哈里的声援，我懂他的意思。简而言之，不只是我的爸爸和姨父认为我行。后来，他们说会禁止那家伙到主场观赛，我再也没有见过他。

但我现在很想见见他。他真是个懦夫啊，当着300多人的面站起来攻击一个孩子。就是从那时起，我的心开始和西汉姆联产生隔阂，也是从那时开始，我真正意识到霍奇说的是对的，我必须离开。

第 3 章　神奇时刻

搬出父母家后，我仿佛拿到了打开新世界的钥匙，觉得自己应该更独立一点儿。我可以买一间公寓了，找准地方后，就出手了。我更多的是觉得自己应该这么做，而不是真正想要这么做。在家里我过得很舒服，也喜欢家人在身边的感觉。但我的一些朋友自己住，这看起来是正确的选择。确实是吧？嗯，我认为是的。很快我就发现自己不是获得了自由，而是有了大把的时间，可以去做任何想做的事情。问题是我真的不知道该做什么。

首先，我做了最熟悉的事情：回到父母家，在那儿吃饭，和姐姐们一起玩耍。几周后，我搬回去住了几天，因为我太寂寞了。妈妈什么都没说，她知道发生了什么，也知道应该让我自己摆脱这种感觉。我开车回到伍德福德格林的公寓，决定和朋友们在一起。我很无聊，但真的不知道为什么。那些时刻管着我的条条框框突然间不复存在了，以前每次出门时，父亲都会盘问我"去哪儿""干什么"，现在没有了。我有一点儿失落。

一些朋友住在我公寓附近：山姆——我们叫他泰尔、比利·詹金斯、亚历克斯、芬尼、班格，还有HK，都是好伙伴。他们大多数人上的是其他学校，但这并没有妨碍我们在15岁左右相遇并结下友谊。周日晚，我打个电话就可以召集大家一起看球，这是再自然不过的事情。我需要陪伴，朋友们想要看比赛，没有其他人的打扰。这时候，我感觉好多了。我们一起玩闹、大笑，有生以来我第一次做了大部分同龄人在做的事情。我享受着这种生活，一种工作和足球之外的生活。

我们晚上会去酒吧喝几杯，那儿挤满了正享受周末的人。如果周中没比赛，周一就放假，这会让我偶尔有种周末还很长的感觉。这时，我们会去一家夜总会，再喝几杯啤酒，和姑娘们聊聊天，待到很晚才回家。

我绝不会在比赛前这么做。我曾想过，但我不是傻瓜。这些事一般发生在周六比赛后，或者周日，或者可能在一个星期的早些时候。我想这是大多数年轻球员都要经历的。我不会说节制是有好处的，但那确实是有必要的。直到你发现自己在训练中找不到应有的状态时，就会知道放纵的危害。如果你的身体疲惫不堪，还要努力摆脱宿醉的痛苦，你就没有办法保持原来的水准。我敢承认，放纵对我的职业生涯绝对没有好处，而且我也从未体验过。我的童年和青年与大部分人不一样。

有些人在15岁时和朋友外出，去购物中心或当地公园里闲逛，从某些地方搞来一罐啤酒，试着喝上两口。在求学生涯的末期，我曾这么干过，但次数极少，因为父母管得很严厉。他们总要搞清楚我去哪儿、干什么，并指出我还有训练要完成。我不需要他们一直提醒。一些朋友在步入社会的途中堕落得很厉害，但我已经走上了职业球员的道路，这是我最想做的事。可以自由外出是我独住后感到如释重负的部分原因。任何时候，只要我想，没人可以阻止我外出或是和朋友相聚。

伙伴们可以做任何想做的事情，而作为球员，我不可以。但有时我会在周日喝点儿酒，冲散前一天比赛中发生的事情。这对我来说是一种放松，特别是在我遭受无数攻击，对西汉姆联感到万分失望的时候。能和朋友一起喝上几杯，会让我安心下来。除了比赛，我们无所不谈。交谈中，我得到了放松，卸掉了压力。我需要做这些，也需要搞清楚什么时候才能做这些。我以前想外出活动，现在依然想，区别就在于我现在知道正确的时机了，我必须考虑身体条件。

人们谈论我连续踢了164场英超比赛，中间没有轮休。我是如何做到的？我过得好，吃得好，休息得好，在比赛后或者没有比赛的那一周，我还喜欢和朋友们出去喝几杯。这与平衡有关，但有时为了找到平衡，你得偶尔越界。这就是我在离家后所做的事情。

我在那个年纪经历的事情和大多数人一样，但作为球员，我的体验稍有不同。我会被认出来，当里奥和我外出时，这是不可避免的，但也挺好的。我们赚不少钱，受到关注，可以轻松地进夜总会，还能把朋友们带进去。这感觉棒极了，我们有这么做的资本，只要愿意，我们可以每晚都外出。我自由了，想要探险，过去，我通过朋友对这种生活有很清楚的了解，却从未融入其中。而后来，我也许太放纵了。有那么一段时间，我深陷于外出玩耍，乐在其中。我要体验不一样的生活，这是唯一的方法。

我偶尔会玩过头，和其他人一样，而太过头就会带来一些尴尬。某场比赛后，我在周六熬夜到很晚，周日也起得很晚。因为我们赢了，我想要开心一下。我睡了几个小时，醒来后依然感觉很难受，我决定打电话给经纪人斯蒂夫·库特纳谈点儿事情。

我18岁时认识了库特纳。当西汉姆联试图从阿森纳收购史蒂夫·鲍尔德时，爸爸和库特纳打过交道。鲍尔德有意转投厄普顿公园，库特纳是他的代理人。虽然那次转会未能成真，库特纳的一些行为却给爸爸留下了印象。我当时没有经纪人，正打算找一个。所以，我和爸爸去查德维尔西斯旁的斯沃罗酒店见了库特纳。

我们3人交谈了一番，我开始认识到拥有一位合格经纪人的意义。库特纳对我来说非常重要。他不爱出风头，也不耀眼。他的公司很小，他专注于处理客户的每一项需求。现在我看到年轻球员们签约的一些代理机构，他们的名册上有200多位客户，因为他们认为这样能给人留下深刻印象。我还看到一些球员从经纪人那里得到可怕的建议，因为那些经纪人动机不纯，不是为了做最有利于球员职业生涯的事。联手库特纳，我不止是有了最好的经纪人，还得到一位善良、忠诚的朋友。我们之间没有利益冲突，因为我们在有了商业关系后才成为朋友。有些球员雇佣自己的朋友当经纪人，在我看来，这是自寻烦恼。我讨厌从朋友那里得到糟糕的建议，却也绝不介意正好由一位朋友来打理我的生意和职业生涯。我们有一些分歧，但我可以肯定的是，最终结果一定是对我最有利的，而且我们谁都不会觉得做出了让步。我知道自己在他心里的位置，他也一样——我们携手并肩。有些人在初次见面时觉得他有点儿怪，他非常有个性，非常古怪，他的穿着会带来一些尴尬。而且，他通常十分直率。但无论如何，我觉得自己可以信任他。对我来说，这是最重要的事情。

回到前面的话题。在那段时间，库特纳有一项例行活动，每周日上午和乔治·格拉汉姆打网球。乔治是当时热刺的主帅。我踢得不错，热刺对我非常有兴趣，已经着手和西汉姆联谈转会费了。那天，乔治刚把报价提到500万英镑以上。我拨通了库特纳的手机，开始讲述昨晚的事情。我当时听上去肯定有些醉意，也很大声。平常，他会冲我吼，骂我一顿，但这一次，他非常平静。几分钟后，我意识到他挂掉了电话，我没有感到不安，事实上，我应该感到不安的。

几个小时后，库特纳打回给我。

"你已经清醒了？"他问。

"是的。怎么了？"

"上午你打过来时，乔治·格拉汉姆正坐在我的车里，我开了免提。这位主帅刚刚为你开价超过500万英镑，我可不想让他听到那些。"

"哦，见鬼。他知道那是我吗？"

"谢天谢地，我听出了是你，挂断了电话。乔治那儿没事。他只是说：'史蒂夫。这是谁？'我告诉他：'这是一个我音乐上的伙伴，这家伙真应该挨一顿鞭子。'"

我放下电话，感觉有点儿恶心，也有点儿发蒙。这种事是不可避免的，但我不希望它成为我生活的常态。一名成功的球员，会在正确的时间做正确的事。我还没有做到。库特纳没有教训我，他不需要这么做。从他的语气中，我已经听出了他不太满意。他现在依然喜欢讲述这个故事，我甚至听他给乔治讲过。谢天谢地，乔治没后悔用500万英镑签下我。但我得到的教训是，成功和失败只有一线之差。

有时候，你得吃一堑才能长一智。作为一名球员，生活中要遵守和大多数人不一样的规则，有些事情可以做，有些事情不可以。一部分是因为工作的需要，另一部分是因为名声——你必须清楚这一点。

我一直非常注重健康和形象，但第一次和朋友们去度假时，我没有把后者放在心上。17岁时，我和杰米去了塞浦路斯的阿依纳帕，我们一行人都很理智，但我还是要向妈妈保证斯坦·科利莫尔没有和我们同行。

1996年，如果你还年轻，想找点儿乐子，阿依纳帕值得一去。我没有失望，之后5年，我每年都去一次。和吉米去的那次，我是个无名小卒，不用面对被人索要签名的压力。那时，我只是个孩子，对一切充满敬畏。

接下来的几年中，泰尔、比利和我一起去了那儿。后来，我又和里奥两人去了，我们当时还不是大人物。我入选了英格兰U21青年队，我们都在西汉姆联完成首秀，但以我们的名气还不用担心会被人骚扰，也肯定不是任何一家小报的目标——我们就是两个享受假期的年轻人，和别人没什么两样。

一年后，里奥、泰尔和比利回到那里，度过了美好的一周，但我在回到家的几天后被震惊了。我在阿依纳帕遇到了一个女孩儿，她向报社出售了一段八卦，那真令人尴尬。我19岁去度假，做了每个同龄人都在做的事，我不想让父母在周日早餐时读到这些八卦。

我被吓到了，但我依然天真，阿依纳帕是个好地方，是我知道的最好的地方。其实我应该去别的地方，因为太多年轻球员把这儿当成了目的地。我不知道英超联赛是否推出了旅行套餐，但它给人的感觉就是，在海滩，在大广场，你能看到如此多熟悉的面孔。

不可避免的是，英国足坛的年轻才俊们去哪儿放松，花边小报的记者们就会在哪儿出现。在那些场合，小伙子和姑娘们一起开怀畅饮。回想起来，那就是终极的甜蜜陷阱，中招儿只是时间问题。

我们在2000年再次造访时，我警觉了不少。开始时，当我们在酒吧里，别人认出我们并走到跟前时，我都会感到紧张。当然，在喝了几杯之后，我感觉舒适和放松多了，也找到了度假的节奏。一天晚上，我和一帮朋友外出，和我们同行的还有另一个家伙。我们见过他和另外一群朋友在一起。

我们遇到了几个姑娘。我们从酒吧到夜总会，然后回到酒店。我们开心地打闹，忘乎所以地痛饮，享受着假日的自由。当衣物被褪去时，我们便开始鬼混了。我没有想太多，在那种情况下，我认为大多数人都会这么干。

然后，我发现那个不太熟的家伙在录像，还风趣地做着现场评论。好吧，这在当时看起来还挺有意思的。第二天，我们全都累趴下了。当我们走到阳光底下时，仍在谈论昨晚的事情。我们不担心任何结果，因为我们没做错什么。

几天后，我们带着愉快的心情飞回家了。周六，我去了科芬园的"潘趣和朱蒂"酒吧，和泰尔还有其他几个朋友吃午饭。我们刚吃完，爸爸就来电话了。他的声音听上去有点儿慌张，由于周围太吵，我没听清楚他说什么。于是我走到外面，听他说出了我最不愿听到的事情。

他说，一家报纸拿到了一段录像，内容是阿依纳帕的那个夜晚，他们将在第二天发出报道。爸爸很生气，也很失望。

"你怎么能这么蠢呢？"他说。是啊，我怎么能这么蠢？

我惊呆了，双膝发软，感到一阵不适。我不知道该怎么应对这件事。我打给库特纳，他解释说，那晚的录像被世界新闻报买下，我、里奥和基隆·代尔——他在另一个事件中被拍到——将成为第二天的新闻头条。

我觉得自己很蠢，也很丢脸。我不需要知道那些画面有多难看，我就在房间里，我知道。现在，整个国家都将知道，这是个噩梦。我把自己和家人推到了一个如此难堪的境地，我试着做好准备迎接这一切。

第二天的报纸出版后，情况比我想象的还要糟。他们不只详细地写出每件事（还配有图片），还站在道德的高度指责我们"不尊重并侮辱了女性"。这完全就是胡扯，每个人都是自愿的，我做的一切都不违法。因为某些人对金钱的贪欲，以及公众对桃色丑闻的渴望，我成了受害者。

这都是可以预见的。任何有关球员以及他们行为的报道必然包含负面和恶毒的观点。我不奢望得到公平对待，但我发现一家报纸在其周评上的论调有点儿过头。不幸的是，我无法反击。

其他报刊也蜂拥而上。一个星期以来，每个人都在发表意见，关于我，关于球员，关于文明社会的沉沦。对我来说，这一切似乎太过头了。但我没有为自己辩护，因为我出现在录像中，受到了公开指责。

这一切都俗不可耐，一生中，我从未感觉如此受辱。我因难堪而病倒，有好几天，我反胃恶心，肝肠寸断。爸爸是对的，我怎能这么愚蠢？我不想被称作不负责任的堕落青年。那不是我，我想成为一个正派的人，让人们把我看作一个有着良好声誉和光明前途的年轻球员。

父母不想把我培养成一个被报纸中伤的人。那时，我本应对可能产生的后果有更清醒的认识，但我做出了错误的判断。我对自己感到失望，也从未如此低落。

最难面对的是妈妈。我想，这是一个儿子所能做出的最令妈妈痛心的事情。她不生气，只是很受伤。

"你让我们失望了，弗兰克，最重要的是，你让自己失望了。"她说，"这不是你，这不是你的所作所为。这样的事会葬送一个年轻球员的职业生涯。"

我一动不动，任泪水划过脸庞。我的脑中出现千万个念头，却无法开口说一句话。我知道她是对的，她感受到了极大的耻辱。我让他们伤心透顶——妈妈、姐姐、奶奶，还有外公。

足球告诉我，一些最好的教训要在犯错后才会学到。此刻，我就经历着这样的过程。检讨之前的所作所为，我绝不应该把自己置于那样一个不道德的境地，我甚至都不应该去阿依纳帕。不用说，后来我再也没有去过。

这是我第一次体验到报纸能带来怎样的伤害，能做到多么残忍。我现在很高兴，经过这么长时间后，我可以谈起这件事了，任何类似的事情都不可能再沾染到我。然而，我和报纸间不愉快的经历没有就此画上句号。更糟的是，当现代历史上最臭名昭著的一天——2001年9月11日——到来时，他们又开始蠢蠢欲动。

就在那天上午我们准备开始训练的时候，有关纽约发生恐怖事件的报道传了过来。那时，我们无法搞清楚到底发生了什么。回到更衣室后，我们感到一阵紧张，好像知道会发生什么。

一些工作人员非常不安。知道事情的严重程度后，我立刻离开了哈灵顿基地①，并在惊恐和恍惚中度过了那一天剩下的时间。我守着新闻频道，试图了解事态的发展。我接到俱乐部的电话，他们告诉我原定本周晚些时候开球的欧联杯比赛可能会取消，但我还是要和平常一样回训练基地报到。

世界仍处在震惊中。我开车前往希思罗机场附近的训练基地，路上明显安静多了。拉涅利告诉我，因为血检结果显示缺铁，我需要休息一天，让本就阴沉的气氛雪上加霜。我讨厌没有训练，特别是在我需要把精力集中到某件事情上以转移注意力的时候。

我钻进车里，给比利打了个电话，然后往东驶上M25高速公路去他家。我们去跑了一个小时的步。回来后，我收到古德约翰森的信息，他说所有人都在周四放假，有几个家伙正要出去吃午饭。

比利和我去训练基地那条路上的一个酒吧里跟他们碰面。我们到达时，特里、莫里斯、古德约翰森和辛克莱尔已经吃完了。我们留在那儿喝了几杯，随后来到另一家酒吧。在那个地方，不需要走多远就能找到一家酒吧，我们在一张桌子前坐下，要了一些啤酒。

那儿和往常没什么不同，还有一些人也在吃饭和饮酒。当世界仍在悲痛中时，那里的一切似乎很正常。我们渐渐地兴奋起来，每喝过一轮，我都感觉噪声在变大。我非常怀疑，我们是不是那天这个国家中唯一在寻求宣泄的人。可是我们选错了方式。

伙伴们变得更加疯狂，很想换个环境，因此我们动身了。也许我们应该到此为止的，特别是有人还提醒我们被一些报社的记者跟踪了。不幸的是，以我们的状态已无法做出正确的判断。

---

① 前切尔西训练基地。

很快，我们又去了另一家酒吧，然后，决定前往位于M4公路希思罗出口附近的假日客栈。时间刚过5点，我们在那儿待了几个小时。他们在角落里播放着天空新闻频道，一些人坐在旁边等待消息，就和世界上其他地方一样。我不认为我们进去的样子有多么好看，但我们找了一张远离中心区域的桌子，这样就能继续打闹而不影响别人。我们要了一些食物和酒水，我们依然有心情大笑。

这是一个错误的决定。那天，如此多的人在美国丧生，我们做了一件愚蠢的事情。现在回想起来，我才意识到将自己置于那种境地多么幼稚。没有任何借口，作为受人关注的球员，在那样一个敏感时期外出喝酒，实在不是个好主意。

但是，我可以坦白地讲，我们绝对没有辱骂酒吧里的任何一个美国人。我们没冲他们大吼，也没有戏弄他们。我们最为内疚的是太大声和太吵闹了，但我们克制了自己。当然，这不是出现在报纸上的内容。

两天后，我们被俱乐部经营主管科林·哈钦森叫到训练基地的健身房开会。《世界新闻报》把事件的细节——包括"目击者"关于我们的证词——带给了俱乐部。与科林一起等着我们的还有来自报社的一名记者和一名摄影师。科林告诉我们，由于违反俱乐部规定，我们将被罚去两周的薪水。

他还解释道，记者来这儿是想听一听我们对事件的看法，因此我们起码有机会在报纸上为自己辩护。真荒唐，我们经历了整件事情，也知道那看起来不太妙，但我们至少希望他们能把某些东西写出来。"某些东西"指的是：任何证明我们有罪，且支持"目击证人"说法的内容。

而刊登的照片看起来更糟。在每一张公布出来的照片上，我们看起来就像已经被定罪的犯人——在那周早些时候的训练中，我的眼睛被狠狠地打了一下，伤痕恰到好处地说明我是一个特别有嫌疑的人。紧跟报道而来的是一些不可避免的谴责，关于球员，关于所有的羞愧和耻辱。

我懂的，因为没有人比我感觉更羞愧。更让我抓狂的是，几天后，埃里克森教练打来电话，说我将无法代表英格兰队出战即将到来的世界杯预选赛。他解释是足总把我排除在名单之外的，但他会在所有风波平息后和我联系。

我感到气馁，我让自己身处窘境、名誉扫地。这一刻，我的职业生涯也受到影响。我非常失落，但我向自己承诺，经过这一次，我会变得更好、更强。世界给我塑造了一个极其负面的形象，我决心展示出真正的自己。

库特纳总会在我需要他的时候给我提醒。他告诉我的都是他内心所想——不是胡扯，也不是欺骗，都是为了我和我的职业生涯发展得更好。多年以来，无论在足球还是生活中，我已经懂得什么才是对自己最有利的选择，但我仍从身边的人那里得到很多帮助。我现在本能地知道什么时候才可以外出。我踢了如此多比赛，其中部分原因就是我有了分寸。有些球员酗酒，而我见识过这么做的后果。也有人滴酒不沾，不吃自己认为不应该吃的食物。我不迷恋食物，但我胃口好，吃自己想吃的，也不过分挑剔。

找到平衡很关键。这需要时间，我当时依然在寻找平衡点。我的职业生涯没有按我预想的方向前进。1998—1999赛季是一段美好时光，我的个人成绩却不理想，6个进球的数据算不上出彩。之前的赛季很顺利，我确立了自己职业球员的身份。人们常说第二次会更难——身体上更难，心理上也更难，还有进步本身就很难。

这个赛季不像第一个赛季那样让人兴奋。我有点儿泄气，部分是因为找不到进球的感觉。但俱乐部仍充满欢乐，我们有一支很棒的球队。我、里奥、约翰·哈特森和埃雅尔·贝尔科维奇踢得都不错。人们现在还会和我说，如果留下了那个阵容，西汉姆联也许可以赢下一座奖杯。在那个奇怪的赛季里，卡里克和乔·科尔刚刚冒头，特雷沃·辛克莱尔踢得正顺。我们通常是在积分榜的中下游，但那个赛季，我们发现自己在节节攀升。我们树立了信心，成为一股不可忽视的力量。嗯，至少在主场是这样。

那段时间，球队里起了良好的化学反应，我们也具备一些优秀的品质。洛米、约翰·莫库尔等老将依然在，尼尔·鲁多克也加入进来。我们身上有了一种以前我没见过的力量，也有了一颗富于创造力的心。

我不是贝尔科维奇的铁杆球迷，但他是个好球员，我喜欢和他一起踢球。只要把球送到他脚下，他就会摆脱防守人创造得分机会。他长于此道，也在那年打出了状态。保罗·迪卡尼奥被谢菲尔德星期三扫地出门后转投厄普顿公园。看到他的出现，我们很兴奋。我们最终排名联赛第五，对西汉姆联来说，这是一项巨大的成就。回想一下，西汉姆联上一次拿到联赛第三名还要追溯到1985—1986赛季，当时，我们中没有任何一个人在场。在那之后，球队变成了联赛升降机。

哈里做得对。我们曾处在降级的边缘，但他有远见地签下了一些不寻常的球员——迪卡尼奥、贝尔科维奇、达沃·苏克。很少有人能像哈里那样慧眼识才，他现在的眼光依旧精准。也许那些租借来的球员正在变老，或者不被其他人看好——他们可能看上去不太合群、太年轻或者麻烦缠身。哈里有办法驯服各种类型的天才。

他偶尔也会出错。提到这个，迪米特里·拉杜乔尤、伊利耶·杜米特雷斯库、保罗·富特雷的名字出现在我脑海中。但哈里有资格在用人上进行冒险，平均法则也显示了不是每一次尝试都能获得成功。这些特别的家伙有一个共同的问题：他们成名已久，失去了渴望和追求。他们中有些人把公寓租在切尔西港，离我们的训练基地有一个半小时车程，你不禁要问这些家伙来伦敦踢球究竟是为了什么？我不认为他们清楚签约西汉姆联意味着什么，我们的足球追求更多的是意志品质而不是华丽风格，我们有一些强硬的角色也乐于维护这一立场。而他们在享受了几年伊比利亚半岛的阳光后，空降到查德维尔西斯的感觉不会太好。

为哈里说句公道话，当他想要因为那些家伙而抱怨时，主席先生可能会狠狠地回击他，但说到底他大多数时候是对的。还有，他不会为买球员花费太多。斯拉文·比利奇和伊戈尔·斯蒂马奇给我们的后防线带来了经验，尼尔·鲁多克也一样。

鲁多克绰号"剃刀"，他的性格和球技一样。他是我们的社交秘书，很善于在午饭后挑个好地方组织一场高尔夫比赛，接着在晚上外出活动。他也是个乐天派。

"剃刀"和谁都能处得来——不论是老队员、我、里奥，还是外援们。他不用刻意搞笑也能弄出很多乐子。在训练中，我们会做一对一练习，他会让乔·科尔带球全速冲向他。但他跑着跑着就慢了下来，被乔拉开距离，越拉越远。最后，乔非常接近球门，并在6码处把球射出，其他人笑得直不起腰。

还有一个队友是伊恩·赖特。赖特已接近职业生涯暮年，他来西汉姆联前就已经收获了很多进球和纪录。他不需要再证明任何事情，也不需要训练。但他没有偷懒，我为他的职业精神感到高兴。当我加练射门时，他会与我同行并在任意球上给我建议，还告诉我怎样才是最好的击球方式，他当时33岁。罗杰·克洛斯会从边路起球给我们练射门。我十分尊敬赖特，我在禁区周围非常机警，这部分归功于他的指点以及观看他的无球跑位后的心得。

还有一些球员的职业生涯受到伤病的困扰，但哈里信任他们。特雷沃·辛克莱尔就是其中之一。每个人都记得特雷沃在女王公园巡游者时是一个出色的边锋，但不幸遭遇了严重的伤病。他加盟我们并重塑健康，哈里给了他信心，他迅速成为右路和影子前锋位置的重要人选。我为他激动。他非常随和，一点儿都不装腔作势。因为爸爸和哈里的存在，我能感觉到有些球员不愿和我走得太近。而特雷沃不会，我们会在训练后走到一起，他说："兰帕德，告诉你爸爸，这堂训练课真差劲！"

我喜欢开这个玩笑，让人神清气爽。他和每个人开着同样的玩笑，毫不顾忌别人的感受，但我发现很少有人反感他的做法。有一年，队里搞圣诞聚会，我们先去了一家罗姆福德的酒吧，并决定在一家夜总会结束那个夜晚。去夜总会的路上，特雷沃认为我们应该先停一下，迅速去另一家酒吧再喝一杯。我看没什么不可以的——尽管我们还穿着奇装异服。我不确定我们闯进那儿时是什么模样，但我确定我们的样子很夸张。特雷沃可不在乎，他要了一些酒，邀请在场的每个人和我们共唱一曲。

20分钟后，全场所有人在西汉姆联右边锋的带领下高声欢呼，而他自己从头到脚都是一身抢眼的20世纪70年代装扮，电影《警界双雄》中的抱抱熊①会以他为荣的。我们冲出那儿，笑得前俯后仰。这就是特雷沃——很有趣，而且能把快乐传染给别人。在西汉姆联，我们需要这样的家伙来激发团队精神。哈里知道这一点，他收到了回报。他也签下了一些球星，保罗·迪卡尼奥应该是他任期内最大牌的引援。那个赛季的英超，厄普顿公园是一个人见人愁的客场。

在那个赛季之前，我们一直踢得十分痛苦，好像总在和球员做斗争，因为我们中某些人可能和球队不太合拍。我们实力绝对够，中场有

---

① Huggy Bear的扮演者是著名说唱歌手Snoop Dogg，喜好复古装扮。

许多像马丁·艾伦和保罗·巴特勒这样的悍将。他们都是好球员，虽然球风并不总是那么赏心悦目。伊安·毕夏普能拿球，但球队表现挣扎，他也一样。球迷们对此不耐烦了，他们想要更加简洁的风格，而毕夏普给不了。

洛马斯、我、贝尔科维奇，还有辛克莱尔加入了球队。洛米能站住位置，我可以上下翻飞，贝尔科维奇会把我们连接在一起。我们对球队和打法有信心，我们可以踢出成绩来。事实上，我们对未能获得直接晋级欧洲联盟杯的资格感到非常沮丧，我们只能先去踢国际托托杯。

我在第一个赛季回击了许多人的质疑。第二个赛季，我给自己施压，让自己做得更好。球队实力提升了，但我发现事情没有那么容易，这是截然不同的一年。我的球感变好了，也许好得还不那么明显。当进步不明显时，我想知道外界的看法是否和我的感觉一样糟糕。我在之前一个赛季可以自由前插，这让我进了许多球。我腿脚轻快，有时候，只知道自己要往前去接应队友的传球完成得分。

第二个赛季就不一样了。我感觉步伐变沉重了，有些乐趣也不复存在，防守也变得更吃力。那一年，我认识到自己不能只是一味前插，而要在时机的选择上更有规律。这是我第一次意识到克制这种欲望的必要性，这是为了团队的利益，比赛结果比个人出彩更重要。机会不会凭空落到我头上，我一直都在比赛过程中保持清醒，同时也很难界定自己哪些方面正在提高，这让我有些担心。

1998—1999赛季，我们多次用1∶0的比分赢下比赛，而我也真的经历了一条学习曲线。我几乎踢了每一场比赛，是个有经验的老手了。没有什么比上场踢球更爽的事情了。我们是一支状态出色的强队，我能感觉到训练中有了更多的热情和乐趣，回想刚加盟时——球队表现起伏不定，球迷呼吁哈里下课——这种变化实在是太神奇了。我们一帆风顺，运气也与我们同行。哈里买来了强援，青训营也涌现了一些好苗子，他们生机勃勃，充满热情和渴望，想要为俱乐部做出贡献。

我能感觉到，也能看到队伍中正在发生新老交替的变化。当我还是学徒时，像道伊、迪克斯和毕夏普这样的家伙就已经在为西汉姆联效力了，我尊敬他们每个人。他们都是出色的球员，也都非常有性格。但他们的时代已经结束了。他们极其传统，思维也非常顽固，而足球正朝着新的方向前进，在比赛后带着红酒和啤酒坐上返程大巴的行为似乎难以被接受。

他们都具有优秀的品质，在那个年代，西汉姆联需要他们这种球员来帮助球队走出困境。但他们已无法继续帮助俱乐部提高，球队年轻化是必然的趋势。哈里和爸爸认识到，如果赋予年轻球员更多的责任，他们以后就不会那么依赖老队员了。他们也做出了一些明智的交易。

伊戈尔·斯蒂马奇就是其中之一。他是个智者，我们的关系很好。他会来接我去训练，我们会谈论很多关于他球员生涯的事。伊戈尔是个强硬的角色，经历丰富，见多识广。很早我就知道自己可以从他身上学到东西。

伊戈尔为克罗地亚国家队出场50次，曾在他的祖国和西班牙的联赛踢球，也曾效力德比郡。他很聪明，很会与人相处。他有一套独特的方法：能和老队员们在大巴后面打成一片、谈天说地，甚至和他们喝上一杯，也能轻易地加入年轻人的阵营中。他还来过本地的酒吧，跟我和我的朋友们共饮，我们会去打台球或者干点儿别的。他也能闲适地坐下来，喝杯咖啡，聊聊天。尽管我们才20岁左右，而他已过而立之年，但他依然能轻松地跨越代沟，把不同风格的人拉在一起。

伊戈尔只在西汉姆联待了一两年，但他仍为球队注入新鲜血液。和他一样的还有达沃·苏克。达沃温文尔雅，游历甚广。他在皇马待过一段日子，加盟我们之前为高傲的海布里球场效力。他很快就成为我们中的一员，莫库尔给他起了东伦敦风格的外号"Dave-or"，他很喜欢。他是个伟大的球员——一名拥有黄金左脚的超级射手。我很快就喜欢上了他。和伊戈尔一样，他有自己的风格，我知道自己也能从他身上学到东西。达沃充满自信，他在签约我们之前已经有了成功的职业生涯，并积累了很多财富。

他有时还聊到最佳的理财方法。他在英国和克罗地亚都有财产，还特别喜欢炒股，而他最失败的投资发生在一家叫"神奇时刻"的公司。显然，达沃了解市场，也有很好的顾问。约翰·莫库尔在这方面就不太精通，当他找达沃要一些建议时，得到的答案是应该买进"神奇时刻"。达沃投入50万美元，让莫库尔动心了。他觉得这太明智了，认为自己也应该买一点儿。受到达沃的成功和豪华轿车的鼓舞，莫库尔投入了2万英镑。西汉姆联不是豪门，这对他来说是一大笔钱。

投资在前几个月进展得很顺利。每天早晨我们在训练前换衣服时，约翰会询问"神奇时刻"的走势。

达沃会说"很棒""涨了两便士"等等。

这单交易变成了更衣室里的日常事务。直到有一天，情况不妙了。事实上，应该是很糟糕。股市大跌，他们的股票贬值了很多。

"神奇时刻，"莫库尔说，"我看这更像是悲惨时刻。"

"我很抱歉，莫库尔。"达沃答道。

"Dave-or，你还好，但我连孩子都没法养活了，就因为这些股票。"

这不是达沃的错，他也亏了很多钱，但他从未抱怨。不像莫库尔，好几个月以来，他每天都会在其他人的笑声中念叨"悲惨时刻"。笑声之所以大，主要是因为哈里带来了一些本不太可能出现在这儿的人。

保罗·迪卡尼奥——不会再有第二个他了。他的表现非常职业，当然，是用他自己独特的方式。我不能说我认同他所做的一切，有些事情放在别人身上是错误的，可在他这儿就都是正确的。举个例子，他受伤时会回意大利修养两周，这会让我抓狂。但不可否认，他为自己所做的这些事在他看来对球队都是有益的。我们在查德维尔西斯基地训练时，经常会碰上寒冷和下雨天，我就会想：保罗在哪儿？他通常会在周四归来，带着自己已准备好在周六上场的消息。

他自己照顾自己，但他太自私了，无法成为一名伟大的职业球员。人们都认为他去享受阳光了，但我理解保罗。我知道，无论在哪儿，他都是在尽力恢复，以便早日归来。在西汉姆联，保罗有着和别人不一样的习惯，他会说自己想和体能教练做一些特别的训练。当我们在哈里的指挥下跑到吐时，他会在训练场的角落做一些花哨的练习。他是一名如此特别的球员，他可以"逍遥法外"。他知道这一点，我们也知道，而且认可。我们需要他和伊戈尔这样的人来帮助球队前进——逃离降级区，带着更大的野心达到可以赢下比赛的境界。在以后的职业生涯中，我开始更好地理解这种观念上的转变。

在切尔西，在穆里尼奥的指挥下，我们习惯了赢下每一场比赛。我们踏上赛场就不会想着失败。许多年来，我感受着这种心态上的变化。回想起来，在那个赛季，我可以看到西汉姆联也发生了同样的事情。和我现在的经验比起来，程度有点儿小，但它确实发生了。

我在西汉姆联已经待了很长时间，一直都没有离开过，但我从未见过队伍里有过这么多好球员：锋线上是保罗，边路是辛克莱尔，乔·科尔在我旁边，里奥和伊戈尔镇守后方。有些球员也和我一起经历着转变。斯蒂夫·洛马斯和约翰·莫库尔是传统型的球员，你可以在战斗中信赖他们，特别是在那些为生存而搏杀的时刻。约翰在和年轻球员相处时有自己的一套。他鼓励着我们，我想他也知道我们这批西汉姆联球员和他以前所习惯的有些不一样。我无比尊敬那批经历了20世纪90年代的球员，我看着他们的比赛和训练长大，最后也成为他们中的一员。

随着年龄的增长，我认为自己有了更高的追求，我不再仅仅满足于偶尔击败一支强队，或者经历一次杯赛之旅。有这想法的不止我一个，里奥和乔也雄心勃勃。我们很少会玩世不恭。在职业生涯初年，我们通常只会盯着高处的目标，这也许可以解释为什么我们更加喜欢这支焕然一新和蓬勃向上的西汉姆联。但俱乐部的思维却变得顽固，每个赛季都把保级作为目标。我们不一样，我们志存高远。老实说，也许我们已经有了离开厄普顿公园的想法。我们会谈到这个，对任何出自像西汉姆联这样一家俱乐部的球员来说，这是必然的趋势。足球里的"忠诚"跟20世纪六七十年代时相比有了很大不同，那个时候，你好像只能在一家俱乐部终老。

看看马修·勒蒂西埃，他有自己的理由，他终生效力西汉姆联的经历也值得称颂。但许多人还是想知道：他为何不去一家更大的俱乐部和一个更大的舞台——他的能力配得上这些。也许连他自己也会不时问起这个问题。我一直相信，一个人心中最伟大的力量，就是尽可能去发掘自己全部的潜力，竭尽所能地接近顶峰。这正是我和里奥能有今日成就的原因之一。这不是自大或自负，而是内心对成功的渴求。我曾看到和听到一些外国球员宣称自己是单场最佳、联赛最佳，甚至是世界最佳。哪怕他们只是说自己将要赢下某一场比赛，我也会感到担心。

即使我是那么想的，也绝不会说出来。外国球员觉得这样挺好，而我们的文化不认同这种做法，英国人不会把自己抬到一个很高的位置上。在英格兰，我们一般把这种行为视作自大。

不过，我认为我们还是会为此着迷。当拳王阿里自吹自擂时，我想我们都是带着由衷的敬佩和喜爱之情看着他。他的行为换来的是微笑而不是嘲笑。但总的来说，我们并不想在自己身上发生这样的事情。在我看来，鼎盛时期的克里斯·尤班科是拳击界另一种风格的代表。而现在的英国球员，他们的风格介于以上两种极端风格之间。如果说老派的做法是绝不自夸、脚踏实地、埋头苦干，那么新一代的风格就有所转变，但还达不到一些外国球员那种过分抬高自己的程度。

我知道野心是可以有的，那我为什么不能说"我是个好球员，但我还想变得更好"？因为这需要正确的时机和场合。我可以说自己想要变得更好、想去好球队并且赢下奖杯。可我当时要面对的问题是别人会怎样解读我的话。只要我说出来，就会被理解成"弗兰克·兰帕德想离开西汉姆联"。然后麻烦就来了。我会被指控不忠，因为只要你在这儿，你就要一生忠于球队，你不能全力为自己寻找更好的出路。

我的足球之路依然在西汉姆联延续。当我拿到1998—1999赛季联赛第5名后，俱乐部里又热闹起来。尽管错失了直接晋级欧洲联盟杯的资格，但我们可以参加国际托托杯①，有希望借此进入联盟杯。这是我第一次接触到欧洲大陆的足球！有些讽刺的是，我们在第一轮抽中了一支叫约克里特的球队。我们将从芬兰起步，去开启西汉姆联近20年来第一次欧洲赛场之旅。这很棒。

虽然图路球场简陋狭小，可我们的球迷并不在意，他们中的两千多人来到现场。当我们出去热身时，我简直不敢相信自己的眼睛。他们挥舞着旗帜和标语，他们唱歌时用尽了所有的力气，仿佛这就是一场欧冠

---

① 国际托托杯：欧洲足球国际托托杯简称国际托托杯，是欧足联于1995年到2009年间举行的一项夏季足球赛事，供未能取得主要欧洲足球比赛（欧洲冠军联赛或欧洲联盟杯）赛季单位的欧洲足球俱乐部参加。优胜球队可获得欧洲联盟杯的参赛资格。

决赛。多么少见的场面啊，我内心深处的自豪感被激发起来并熊熊燃烧。不管怎样，西汉姆联是我的俱乐部，看台上的球迷是我的人民。更美妙的是，我在比赛中罚入一粒任意球，帮助球队1：1逼平对手。次回合，我们在主场1：0击败他们，进入下一轮。

　　尽管对手实力不强，却仍然帮我们在赛季前保持了状态。我也发现了欧洲球队在踢法上的不同，他们更偏重技术，也更有耐心。在那种水准下，我还很难确切地指出两队踢法的区别所在。过了几年，我随切尔西历经艰辛才对此有了更深的体会。但那真是一段甜蜜的日子。我们在1999—2000赛季英超开幕前踢了托托杯第二轮的比赛，对手是荷兰球队海伦芬。首回合在我们的主场，我再次破门——我认为这是我在西汉姆联的最佳进球。我至今仍会在脑中回放当时的画面：25码外起脚，嘭，球击中立柱后反弹入网。我跑向球迷，他们疯狂了。我们赢下了欧洲对手，我破门得分，不可思议。他们比约克里特更强，但我们击败了他们。次回合，我们在客场再次以1：0获胜。在通向欧洲舞台的道路上，这也许只是一小步，但对像西汉姆联这样的俱乐部来说，这感觉就像彩票中奖。

　　俱乐部需要资金，球员希望积累更多经验，球迷想在其他地方看到我们比赛。每个人都开心了。我在英超揭幕战打入了个人赛季第三粒进球，对手是热刺——又是一场1：0。这风格有点儿像过去的阿森纳。

　　我们延续了这种赛果，在托托杯决赛第一回合中1：0战胜法国球队梅斯。不幸的是，这也是他们想要的结果，因为这是在我们的主场。我还罚丢了一个点球，这是我第一次在高水准比赛中失手，我非常沮丧，但还不是时候。我需要忘掉它并接着比赛。球迷也没有过多地指责我。他们已经在期待第二回合比赛了，我们依然有晋级的希望。走向球员通道时，我回味着那个点球，感觉很难受。

这在欧战中是一个糟糕的结果。我极度渴望晋级联盟杯，去体验一次真正的竞争。我们在接下来的几场比赛中踢得不错，我相信我们可以做到。如果点球的结果不一样——只要我踢得好一点儿，踢进那个该死的球——该多好。我们还需要再等待两周，我不知道球员和球迷谁更心急。与此同时，我们在英超仍然保持不败，客场战平阿斯顿维拉，主场击败莱斯特城。更衣室里有了一种信心：我们可以去法国拿到想要的结果。

球迷的感觉也一样，至少有些家伙是这么想的，他们几乎在对阵莱斯特城的比赛一结束就立刻离开厄普顿公园前往梅斯。几百人登上大巴，带着打包好的午餐、晚餐和啤酒。也许西汉姆联离开欧洲舞台太长时间了，球迷们都没意识到可以搭乘新的交通工具去客场：飞机、火车等等。但那就不是铁锤帮了，他们是坚守到底的传统主义者。我没有亲眼见到，奶奶告诉我那场面就像东区大逃亡——塞满球迷的大巴车队浩浩荡荡地驶向港口。

球队是乘飞机去的（谢天谢地），我还记得我们在那场比赛前享受了特殊待遇。我们去客场时通常是住宾馆，这真不是太高的规格，可我没有抱怨。这挺好的，我习惯了。而在梅斯那次，我们的住宿条件有了改善。

我们抵达了市区外的一座城堡，那感觉真是太棒了。俱乐部意识到了晋级的可能，也就阔气了一把。我们很感激。如果你总是在积分榜中游奋斗和徘徊，某些场次的记忆就会混杂在一起，并不是说它们不重要，但在西汉姆联的一些比赛，我是真的想不起来了。而对梅斯的这场不同。去球场的路上，我看到紫红色和蓝色的浪潮仿佛淹没了城市的街道，球迷们唱着歌，喝着酒，翘首以待。

我认为我们去芬兰和荷兰时带了很多人，可法国这次是另外一种规模。球场内有一大片的西汉姆联球迷，开场哨一响，助威声就响起了，球迷们情绪高昂。为球队先下一城后，我也兴奋起来。我们最终3∶1获得胜利。

赛后，我花了一些时间确认眼前的场景。到处都是欢乐的海洋，队友和球迷在一起庆祝，我也走过去加入了他们。因为足球，球员和球迷都会经历很多开心的时刻，他们有时候会有相同的情绪，可这种情绪极少是由看台传染到场上的。但在梅斯的那个夜晚，我们都变成了疯狂的球迷，共同见证着西汉姆联的这一段历史。我罚丢了点球，却完成了救赎。我们将登上欧洲舞台，多么美妙的感觉啊。

伊戈尔·斯蒂马奇对联盟杯第1轮的抽签结果很满意，对手是奥西耶克，他可以回克罗地亚了。又是我们先踢主场，我进球了，比赛也赢得令人信服。我不太确定，首回合的胜利是否给了伊戈尔理由，让他把回家比赛当成走个过场。但我愿意相信他对最终结果并不担心，而且还挺有把握的，因为他带队友们去了一家射击俱乐部。这是我遇到过的最奇葩的赛前活动，想象一下这午餐后的场景吧。

"在干吗？"

"准备去睡一觉，你呢？"

"可能看会儿电视吧。你有什么安排，莫库尔？"

"和伊戈尔去某个地方放几枪。"

他们打靶去了。突然间，那些遍布在房屋外墙上的弹孔露出了更加狰狞的表情。克罗地亚到处是这样的场景，这是个经历过战争的国家。这也是我第一次造访巴尔干半岛，我们住的宾馆很简陋，更像是一家旅社，房间一角摆着一张硬板单人床，床单僵硬，让人感觉不舒服，奢华的球员生活也不过如此嘛。尽管存在这些干扰，我们还是尽力保持专注，稳稳赢下比赛，进入第二轮。球队状态火热，让人兴奋。事实上，那是我在西汉姆联经历的最好的赛季。我打进了14球，我们在联盟杯没能走得太远，却仍然获得了一些成就。困难还在后面。

如何在联赛中打入前四？西汉姆联犯愁了。足球一直在飞速发展，除非你有资金，否则，想要球队进步只会难上加难。可资金不会从天而降。

我知道球队的潜力，也明白俱乐部的传统。我们拥有合适的球员，球迷当然可以有所期待，这也是许多非伦敦球迷盼望西汉姆联取得好成绩的原因之一。这种历史可以追溯到1966年世界杯，那次有3名西汉姆联球员参赛，所以，我能理解为什么有许多人偏爱这家俱乐部，他们的情感中附加了很多浪漫主义元素。不幸的是，第五名的成绩自然会让球迷对我们有更高的要求。

对西汉姆联来说，这是一个不太现实的理想。球迷盼望拿到联赛冠军，可我们从未染指过这项荣誉。即便回到摩尔和赫斯特的时代，他们也没有实现这一壮举。哈里经常开玩笑说，自己待过的那支球队有6到7名伟大球员，可他们总是徘徊在积分榜中游，可见他和另外4人是多么的差。

你可能会碰到这样的情况：某支队伍能踢出赏心悦目的足球，却赢不了任何荣誉。西汉姆联也许就陷入了这样一个怪圈。人们崇尚理想，但现实——比如球员，比如预算——会告诉你这是不可能的事。公平地讲，这不只是西汉姆联才有的问题。各地球迷对往日的荣光有一种自然的向往，他们希望并祈祷自己有朝一日可以目睹同样的事情，我在少年时也是如此。但这是一种过度的期望，在1999—2000赛季，我们碰到了这样的麻烦。

尽管我们已经完成了一些特别的事情——而且是在队中有如此多年轻球员的情况下——但大量的球迷还是把注意力投向前四。我再说一遍，这很好，追求好成绩和保持乐观没有任何错。

我和他们有同样的感觉，嗯，是同样的梦想。可现实极少称心如意，这会激起人群中的负面情绪。没过多久，我们在联赛中踢了几场糟糕的比赛，遭到了球迷的批判。有时候，你得先后退一小步才能继续前进，但这在西汉姆联是不被允许的。为了突破上赛季的成绩，爸爸和哈里竭尽所能帮助球队。对俱乐部的每个人来说，走上欧洲赛场是一次不寻常的冒险。除此之外，我稳定的进球率也无法被忽视。

有消息称我得到了英格兰队的征召。和以前一样，消息最先从报纸上传出，再扩散到其他媒体。我并没有太在意。在英格兰队，杰米被确立为中场砥柱，斯科尔斯和尼基·巴特等人也已有过出场记录。为了备战2000年欧洲杯与苏格兰队的比赛，英格兰队和比利时队踢了一场热身赛。赛前，凯文·基冈被问到关于我的问题。他在公众面前表现得很友善，但在一名主帅真正选择你并和你直接共事前，你很难知道他对你的想法。

我绝对不是英格兰队的新人，我曾为英格兰U21青年队出过场，而我首次和成年队有联系是在特里·维纳尔布斯手下踢球。当时，英格兰队集结在位于伯纳姆比奇斯的营地备战1996年欧洲杯，那是自1966年世界杯后这个国家举办的最重要的赛事，他们想让一些年轻球员也体验一下英格兰队的生活和训练。这段经历当然对我产生了影响。

我惴惴不安地来到酒店。在那之前，事情的进展不像教练想的那样顺利。球队访问香港时度过了一个狂欢之夜，随后又在返航的飞机上胡闹，招来了媒体的疯狂轰炸，这些都发生在欧洲杯开幕前。但我并没有感觉到队伍中存在太多的恐慌情绪，如果有什么的话，那也是凝聚力。面对批评，维纳尔布斯把全队紧紧团结在一起，并且拒绝开除任何一名涉事球员。

把球队置于"受围心态"[①]，这是一种战术，我在后来的日子里又经历了很多次。这确实是一种很有效的手段，即便我只是个闯入男人世界的年轻小伙儿，依然能感觉到他们之间牢不可破的团结，那给后来者的融入造成困难。还好杰米就在队里，而且正是他们中的一员。所以我被他们接受了，比我能想象的要容易得多。

还有另外一个大难题，我在英格兰队时就像一个追星少年。因为我才16岁，而查德维尔西斯可看不到这么多大牌。每次我在酒店里遛弯儿，都能碰到史蒂夫·麦克马纳曼或者罗比·福勒。我以前就跟着杰米见过他们，他们让我倍感亲切。我走到酒店前面的草坪时差点儿摔了一跤，那时加斯科因正在那儿打乒乓球——带着他踢球时的热诚和狠劲儿在打乒乓球。

他的另一边是一块用来给队员们玩头顶网球的场地，一局比赛正在进行中，可我甚至都没注意到有哪些人参赛。我被惊呆了，事实上，是完全被震住了，而且我不是唯一的那个。酒店员工站在一段安全的距离之外，观看着球台边的表演。加扎[②]有这种魅力，他不费什么劲儿就能把周围100码内所有人的注意力吸引过来。他就是一块磁铁，即便是一帮兼具天赋和经验的职业球员也无法逃脱他的吸引力，阿兰·希勒和托尼·亚当斯这样的家伙也和我一样被吸入了他的轨道。有些人只把他看作球场上的一股力量，他们完全不知道，加扎的影响力已渗透到足球之外的方方面面，真让人感叹。

加斯科因的存在感是如此之强，他不用现身也能吸引同样多的注意

---

① 这种心态令球队成员认为外界对自己存有敌意，因此可以更紧密地团结在一起，在艰难时刻展现出意志。

② Gazza，加斯科因的昵称。

力。只要知道他在什么地方，人们就会感到惊讶和好奇。第一天早上，全体队员聚集到球队专用餐厅吃早餐，这是每天训练前的惯例，我们去之前会穿好训练服和训练鞋。欧洲杯还有几周才开幕，餐厅里却已充满了各种期待的声音，大家讨论当天的事情，讨论接下来一个月可能会出现的情况。所有人都在场，甚至包括器材管理员和理疗师。但这个"所有人"不包括加斯科因。

我和杰米、罗比坐在一起吃麦片。维纳尔布斯去自助餐台时过来和我们打了个招呼，他挺重视这个的。他的问候让我很开心，但我也能感觉到有一些让我分心的事情。直到后来有了亲身体验，我才明白这种不适感从何而来。

很多老队员都知道，当伟大人物不在他应该在的地方时，麻烦就不远了。这麻烦通常还挺有趣——有时候好玩，有时候就不是那么回事儿了。时间一分一秒过去，加扎依然没有登场，我们处在紧张之中。终于，他现身了，也没有让在场任何一个人失望。他披着睡袍，抱着半个西瓜，一勺一勺地猛吃，还顺便给所有的餐厅服务人员起了好玩的外号。我不知应做何反应。我从来没有见过这样的事情，但我知道这就是他的风格。加扎统治了这个地方，可以做任何想做的事情，他是个受人爱戴的国王。在更衣室里，在其他俱乐部的老球员口中，经常流传着一些有关加扎的怪诞传说。我当然听过这些故事——其他人也一样。

我之前只见过他一次，还是从很远的地方。我当时只是厄普顿公园的一个孩子，他只是个穿着纽卡斯尔球衣的青年队员，身材瘦小，令人难以捉摸，可他偏偏就加入了一场属于男人的比赛，和西汉姆联针锋相对。这差不多就是我过去所接触到的"加扎现象"。而现在，我看着这一切在我眼前发生。

加扎发起疯来就是一辆卡车——不用怀疑这一点，但他的过激行为总能得到赦免，因为你不可能不爱他。每个人都喜欢他，每个人都有喜欢他的理由。他有着与众不同的性格，还有一颗与之相匹配的心，他是颗开心果，淘气又极具感染力。他总是搞出很多恶作剧，让你哭笑不得。"加扎在哪儿？"这是个常见的问题，当他不在时，人们更加想念他。作为新人，我盼望成为"受害者"，但也没等太久。我在房间里酣睡时，电话响了。

"喂，你好！"有人在电话那头吼叫，"我想你可以告诉我第四频道3点一刻有啥节目，是不是？小弗兰克。"

我半梦半醒地摸到电灯开关和一份报纸。我找到电视节目单并告诉加扎，那时将播放一部关于南极地区气候变化的纪录片。

"真的吗！"他热情地答道，"太感谢了。"

我放下电话，闭上眼，渐渐明白自己中招儿了。我想着明天早餐时大家会怎样取笑我。好吧，没事，我是"自己人"了，加扎已经耍了我一次。不幸的是，这还不算完。第二天早上，我仍在梦乡中，一阵巨大的敲门声吓得我从床上跳起来。是他，依旧穿着睡袍，他一句话都没有说，好吧，是对我一句话都没有说。他就这么从我身边走过，自言自语地说道："81，82，83……"我意识到他在数自己的步子。裁判在丈量任意球人墙距离时就是这么干的。

"加扎，"我问他，"你在干什么？"

"89，90，91……"

他已经绕了我的房间一圈并走向门口。他转过身来，把手指放在嘴唇上，示意我别说话，好像那样会打乱他的思维或步子。我看着他离开——依旧沿着走廊在数步子。这就是我的经历，有些离奇却又弥足珍贵。

其余的时间，我并不完全是在刷鞋子和搬装备，我也和队伍一起训练，直到和瑞士队的揭幕战之前，我回归了更加正常的生活——没有加扎的生活。但我学到了很多，我已经意识到，想要代表英格兰队在最高水平的比赛中出场，还有很多功课要做。我感激这份领悟，英格兰队的氛围让我很享受，我沉浸其中，它给了我更大的欲望。

那段时间，我还为U21青年队效力了3年，并在19岁时被彼得·泰勒任命为队长。在进入成年队之前，这是一段很有用的准备期，因为两者在技战术上非常相似。而在其他方面——如身体、心理、意识和竞争性——两者迥然不同。我在U21青年队经常能进球，也发现泰勒是一位能干的教练，一个可爱的人。他的思想很先进，不像他的继任者霍华德·威尔金森，在我看来，此人古板的方法和态度对年轻球员没太多价值。为了进入成年队，我在每一场比赛中都更加集中精力，我知道自己需要什么，但我必须等待——确切地说是等待3年。

当时，英格兰队发生了很多戏剧性的变化。维纳尔布斯在折戟1996年欧洲杯半决赛后下课，格伦·霍德尔被任命为新主帅，并带队踢完1998年法国世界杯。随后，基冈接过教鞭。我在1999—2000赛季开局阶段的状态不错，也时有进球——前12场比赛中打进5球。但当我10月份收到英格兰队的召唤时，还是感到一阵惊喜。我可以去桑德兰的光明球场参加那场与比利时队的热身赛了。

球队名单公布后，杰米是最先打电话给我的人。他也在名单中，和我不同，他的入选一点儿都不让人意外。杰米兴奋地期待着兄弟俩一起踢球的时刻。我们小时候就开过这个玩笑，那时想的是在某家俱乐部一起踢球，而不是英格兰队。随着年龄的增长，我们偶尔也敢于谈起这件事了。当我在1996年欧洲杯前和英格兰队一起训练时，许多队友开玩笑说，有一天我会和杰米一起出现在队里。我只是一笑而过，但在脑中幻想着这个画面。为国出战是每个男孩儿的梦想，而与关系最要好的表兄成为英格兰队队友——这太美妙了。

当我与球队会合时，杰米已经到了。对我来说，他的存在让一切变得简单，就像3年前一样，我在训练场上不会感到尴尬和不自在。足球是一把天然标尺，我极少在英格兰队碰到看上去没有真本事的球员。杰米在训练和休息时状态都不错，而我也没那么紧张了。我开始意识到，我们俩的这种感觉就像加里·内维尔和菲尔·内维尔。亲情和足球是我们割舍不断的牵绊，我们是表兄弟，我们来自一个绝对的足球世家。我像过去那样仰视着他。比起我，杰米更高大、更成熟、更聪明、更自信，球技更好，长得也更帅。而他眼中只有一件事件是重要的，那就是帮助我做到最好。嗯，还有一件事，帮助英格兰队获得胜利。

和往常一样，我对他的指点心存感激。比赛在临近，我越来越紧张。尽管在训练中的感觉不错，我依然不敢奢望首发，这可是在英格兰队，而且我才刚刚被征召啊。比赛前一天，基冈的助教亚瑟·考克斯把我拉到一边，他说我应该去告诉家人我将在比赛中首发出场。我不知该说些什么，脱口而出一声"谢谢"。看到我有点儿吃惊，他又做了一番解释，让事情听起来更加真实。保罗·斯科尔斯（他在对阵波兰队的预选赛中上演了帽子戏法）将坐上替补席——他已确定入选正式名单，因此主教练想让我上去试一试，看看会发生什么。好吧，斯科尔斯退场，兰帕德顶上，这很棒，不要有压力了。我花了很长时间来消化这一切。其间，我在脑中预演了所有可能发生的最好或最坏的情况，接着就去找杰米并告诉他，我们儿时的梦想——在同一支队中踢球——将要实现了。

我那天晚上兴奋得几乎一夜没睡。被告知离梦想成真还剩24小时，这至少可以说是一种很神奇的经历吧。在生命中的某些时刻，每个人都想过彩票中奖是什么滋味。那么，如果现在就通知你将在明天下午3点彩票中奖，你能想象这种感觉吗？不幸的是，我并没有中到最想要的头奖。

我们赢了——这是最重要的。事实上，杰米用标志性的左脚射门打入制胜一球。我跑向他一起庆祝，但脑中记得的景象却和我的直觉有些不符合。我们俩都笑了，我总感觉少了些什么。我现在仍会为此心烦意乱，回忆起那一刻，心中没有任何兴奋。我试图找回一些丢失的喜悦感，但它就是不存在，它从未存在过。人们说，你在那天完成了英格兰队首秀，这应该是相当大的一件事啊，确实如此，可我对这件事的感觉非常奇怪。我才21岁，我如此专注于有好的表现，如此害怕失败，因此我并没有真正融入比赛，没有让自己享受这段过程。

我能听着国歌并回想起自豪感激荡在胸中的感觉，但我对那场比赛没有什么特别生动的记忆。战术布置是这样的：保罗·因斯在我和杰米身后踢防守型中场，两个边卫是基隆·代尔和斯蒂夫·古皮，阿兰·希勒和凯文·菲利普斯顶在最前面，一些改变确实是在那天发生了！杰米在比赛中帮了我大忙。他已经保持顶级水准好几年了，在每一次移动和每一脚传球中都给我暗施援手。当情况允许时，我的思绪从比赛中飞回到过去，飞回到杰米家的后花园中：我们猛击着姨妈的鸟笼，直到它碎成一片。现在，我们一起为英格兰队出场，这感觉有些不真实。另外，为国出战是我年轻时的终极梦想，而一旦身临其境，却立刻感觉这跟平常没什么两样。

那是一个需要保持自律和专注的场合，我本不该走神，有时候，我会为此感到内疚。我后来才意识到当时发生了什么，但太迟了。回想起来，我对那一天没有美好记忆的原因之一，就是那场比赛与我在英格兰队的其他时刻完全分离开来了。

参加完1996年欧洲杯集训后，我的名字从未被霍德尔想起。我的第二次英格兰队出场经历是在基冈离任以后，那是2001年2月埃里克森上任后的第一场比赛，英格兰队在维拉公园对阵西班牙队。爸爸在比赛中和拉涅利碰面，直到签约切尔西一年后，我才知道他们当晚是在考察我。回到前面的话题，1999年对阵比利时的那场比赛后什么都没有发生，我还要再等两年才能迎来下一次出场机会。但这仍是美妙的一天，因为我和杰米一起出场，妈妈、爸爸，还有哈里和桑德拉都坐在看台上，多么值得骄傲的时刻啊。我赛后和几位好友外出活动，他们都为我感到开心，但我依然没有体会到那种非凡的成就感。而最糟糕的事情还在后面。

第二天早上，我急着起床看报纸。前一天就这么过去了，但我很想看到自己的名字被报道出来，只为确认整件事情确实发生过。还好一切都如愿。我和杰米的名字都登报了，可新闻标题全部和基冈半场时跟我们"说过"的话有关。

按照报纸上的说法，主教练说自己在半场时给了中场球员很多批评，才把我们的士气提起来。可事实上，他没有对我们说一句话，没有点我们的名，更不是报纸上描述的那样。这太疯狂了，我完全不知道他们在写什么：基冈说我们上半场拿球不够，没有用好我们的控球能力。如果他真说过这些倒也无妨，我们下半场踢得更有整体性，我只能认为他是想把功劳揽到自己身上。

我很奇怪基冈为什么会在比赛后这么说。就算他在半场时训了我一顿，我也不会希望他把这件事公之于众，因为这是我的第一场英格兰队比赛，我才21岁，会因此而沮丧。更糟糕的是，莫须有的事情居然被报道出来。杰米看到新闻后打电话给我，他有些茫然。我很生气，我想知道基冈为何要往自己身上邀功，我明白自己踢得一般，但从英格兰队首秀的角度来看，这是可以接受的。

妈妈和我说这是我要迈过的另一道坎，但事情真的会很糟糕，它的反响立竿见影，我认为这完全没有必要。我决定把一切抛在脑后，我必须这么做。我回到了西汉姆联，球队正在备战俱乐部近来最重要的一场赛事——联盟杯第二轮与布加勒斯特星队的比赛。这场比赛很容易被人遗忘，因为我们输了个0：2，但因为别的原因，我对它记忆犹新。首先，那是一个可怕的夜晚，大雨倾盆，球场几乎泡在水里。其次，双方在场上列队时，拉里·哈格曼问候了我们。可电视剧《朱门恩怨》里的名人埃文为何会在10月的一个雨夜来到罗马尼亚和我们握手？这一直都是个未解之谜。由于莫库尔当时迷上了枪支，我问他是否会开枪射埃文？他没有笑，说这是超现实主义事件一点儿都不过分。但话又说回来，整个赛季里，这场比赛真的有些与众不同。

球迷再一次给了我们很大的支持。我们彻底见识到了欧洲足球的残酷，我们认为自己可以踢得很开放，也打出了很多配合，对手也想让我们这么干，因为这是他们的策略。就在我们感觉踢得很顺利时，他们进球了，很快又再下一城。然后，他们开始施压，限制了我们并锁定胜局。他们给我们上了一课，在那之后，我又多次经历了相同的场景。

第一回合的结果很糟糕，但我们依然想着可以在第二回合翻盘。回到厄普顿公园，我们倾尽全力，也踢得不错，却还是无法击倒他们。这种场景在我离开西汉姆联之后变得十分常见，加盟切尔西的头两年，我们碰上了同样的事情。欧洲球队能用非常“可爱”的方式吸引你落入圈套，然后再吃掉你。事实上，直到我经常性地参加欧冠联赛后，才渐渐适应并且可以满怀信心地应对这种情况。对我和西汉姆联来说，这是一条曲折的道路。用英式踢法对抗大陆风格的日子一去不返了——别人已经适应了那些老套路，我们必须变得更聪明。

出局所带来的后果不是那么惊人，至少，我们闯过了第一轮。我们并没有期望走得太远，能够晋级第二轮已经很棒了。在哈里和爸爸的带领下，西汉姆联尝到了一些久违的滋味。老球迷心中的记忆被点燃了，他们曾亲眼看着一批欧洲巨星从东伦敦升起。其他球迷则体验了一回异国风情，那段时间，他们为此欢庆，乐在其中。他们花着自己辛苦赚来的钞票一路追随球队，球员们真心感激这种支持，我也不例外。从小我就在看台上为西汉姆联的英雄们加油，那些旅程却带给我一种从未体验过的友情。

当然，负面影响肯定也有，只是不会立即显现出来。直接后果就是我们的主场战绩出现起伏，事实上，我们未能再次获得晋级欧洲赛场的资格，球迷的情绪出现了一些问题。当球队实力有了进步而且看起来可以做得更好时，他们有权利提高自己的期望，这不过是人类的天性。他们喜欢旅行，也看到了我们是一支年轻的球队，很多有前途的球员，可以踢出激动人心的足球，可以拿下比赛。我们步入正轨，本可以成为一段全新旅程的开始，但俱乐部的当权者不愿意为球队的成长投入资本。

主席先生和董事会乐于享受胜利的荣耀，这些都是哈里、爸爸和队员们在球场上拼出来的。我很确定，当球队与欧战擦肩而过时，他们正在享受酒店或者高档餐厅的热情款待，为什么不呢？可问题是，他们应该支持球队，包括球员和教练，去提高、成长，去创造更多的战绩。可他们没有这么做，我永远都不明白为什么。俱乐部在转会市场上没有过多的投入，已经签下的优秀球员要么是出自青训体系，要么是零转会费。

西汉姆联来到了一个十字路口，他们需要为俱乐部的发展选择一个方向。我感觉到了，里奥感觉到了。我明白，爸爸和哈里也很想知道下一步该怎么走。里奥和我讨论起这个，我们想搞清楚自己是否还能继续在这儿发展。在球队中，像乔·科尔、卡里克和迪福这样的年轻球员正崭露头角，还有一些老队员刚刚度过巅峰期或是准备离开。迪卡尼奥待了很多个赛季后才转会去查尔顿，但对其他像他这样的家伙，俱乐部给出的信号是：你们没那么重要。那些和俱乐部一起成长的球员则想知道未来的球队计划。球队的核心阵容已经成型，忠诚和热情也已显现在日常训练中，我们所需要的是强有力的领导层，还有立刻做出投资的意愿，这样，俱乐部才可以夯实发展的基础。

我们得到的只有沉默。赛季结束时，我们通过上赛季的战绩以及随后的欧洲冒险建立起来的热情和干劲儿几乎消失殆尽。主场惨败给米德尔斯堡后，我们蹒跚地结束了整个赛季。之后，我能感觉到球队在慢慢解体。人们经常谈起某支球队中有一种精神把全队团结在一起，我见识过这种精神，虽然随着战绩、环境和氛围起伏，它们的程度不尽相同，但会和球队风格保持一致。在西汉姆联，因为一些原因，这种精神很脆弱。

哈里在签约球员这件事上有诀窍。他独具慧眼，善于招募人才，还能把不同国籍、不同类型的球员捏合成一个战斗的整体，而这个整体中的某些部分并不能自然融合。举个例子，贝尔科维奇是个好球员，状态好时可以送出价值连城的传球，可他从来不以勇猛著称。像洛马斯和莫库尔这样的家伙就正好相反——他们是男人中的男人，会与你并肩战斗到最后一刻，但洛马斯的控球不够细腻，他的这项技能没有达到顶级水准。

更衣室里还存在着其他问题，但哈里把大家融合在一起，他就是有这样的性格和特点，可以拥抱每一个人，并把他们变成一个有凝聚力的团队。当团结太过于依赖某个人的作用时，也许一点点儿裂痕就会让它走向崩溃。就在利兹联为里奥开出报价后，这种剧情在西汉姆联发生了。一如往常，报纸上到处都是相关的报道，俱乐部却极力否认。我在前一年完成了续约，他们向我保证里奥绝对不会被出售。然而，传言没有消失，也不会消失。

有一段时间，好像只要里奥转会的事情被提起，某些人就会发出反对的声音。我尽量让自己远离纷扰。人们知道我和里奥是好朋友，因此，我被问到的都是我不一定能回答的问题："他会走吗？""他想转会吗？""如果他走了，你会怎么想？"和别人一样，我也看电视、听广播、读报纸，可随着俱乐部口口声声保证里奥不会被卖掉，我感觉更加愤怒，更加烦恼。我知道他们已经讨论过，无论他们告诉我和球迷什么，我都清楚事情会怎样发展。我知道，里奥要离开了。

我不怀疑这其中有一部分原因是里奥自己要走，他想离开伦敦去寻找新的挑战。关于这个话题，我们已经讨论过很多次了，我们谁都没把自己看成会在厄普顿公园终老的球员。但这不重要，重要的是时机，以及俱乐部在整个过程中所采取的处理方式。

我理解吃足球这碗饭的人会说谎，次数还比其他人要多。而且在某些情况下，人们觉得自己必须要说谎。我所反感的是，他们在交易完成前5分钟还在对我撒谎——当着我的面撒谎。我无法相信他们认为我应该被那样对待，我太容易上当了。如果俱乐部的那些人对我更坦诚些，我也许至少会对他们多一点儿理解。可事实上，某些人决定要说谎，说谎，说更多的谎。他们显然认为我知道真相后会做出不好的反应，他们是对的。

2000年11月18日，我们做客埃兰路球场挑战联赛对手利兹联，奈杰尔·温特伯恩的进球让我们1：0获胜，里奥和我都在比赛中出场，这也是我最后一次和里奥联手为西汉姆联出战。8天后，里奥成了当时世界上身价最高的后卫，以1800万英镑的价格转会利兹联。几周以来，报纸上都在说这笔交易会发生，特伦斯·布朗和里奥的经纪人见面了，费用也已经谈妥。奇怪的是，我自始至终得到的都是同一句话："他是不会走的。"他们把我当成一个多么好骗的人啊。他们以为我会听信这些谎言？以为我会一切照常，忍气吞声，就因为我是弗兰克·兰帕德的儿子？我终究是个彻头彻尾的西汉姆联人，我是弗兰克二世，我会有怨言，可无论如何，我会留下，我已经习惯了这么做。

我想起了错失年度最佳青年球员的那次经历，整个赛季我都在一线队比赛，似乎"肯定"会获奖。那个奖项不是投票选出的，而是由教练们内部决定，没有竞争。最终获奖的是曼尼·奥莫因米。他在青年队踢球，表现得很好，但这和成年队是不同的。我一直没搞明白他们是怎么做出这个决定的，我相信这是政治。毕竟，哈里因为派我在一线队出场而受到指责，也许这被视为罪有应得。我并不需要这个荣誉来再次确认自己做得有多好。不同的年份，相同的场景。把荣誉给曼尼吧，弗兰克不会介意的。我对曼尼没有心存芥蒂，因为他是我的队友。但我很想知道，为什么我不在他们的考虑范围之内。

有人认为我不会向任何人抱怨，确实如此。但我很受伤，我想得奖。那对我意味着很多，因为我是一个西汉姆联球迷。我没有告诉爸爸我为这件事情而烦恼，但当我得知结果后回到家中，妈妈只看了我一眼就明白了。她感觉到，由于爸爸和哈里的关系，我被卷进了某种政治斗争中，无法得到应有的承认。妈妈非常难过。也许我期望过高了，我渴望自己得到认可，可我却挨了一记闷棍。比这更糟的是，我开始怀疑俱乐部对我的看法。

这是又一段来自幕后的插曲，它迫使我面对这个事实：我在打一场注定赢不了的战争。外界的所有人都想挖苦我，因为他们相信我在俱乐部获得成功的唯一原因就是爸爸和哈里。同时，俱乐部内部也不愿承认我踢得不错，他们害怕被指控徇私。

假如我不清楚自己的处境——只要我说我也许应该离开，就会被称作可耻的叛徒。我发现足球里的一大奇景就是，人们能把事情搞得面目全非。我理解他们所投入的热情，我和他们一样。然而，不能仅仅因为我们的狂热就认为足球有自己独特的一套规则——只适用于球场而不适用于现实生活的规则。比如说，人们可以在场上肆意辱骂、攻击我和爸爸，好像那是我们应得的一样。

可一提到我未来的去向，他们就希望我保持忠诚，留在这里。因为我和他们一样，除了西汉姆联不会支持其他俱乐部。但我们是有区别的。那些来看比赛的人花时间吼我，吼教练，吼队里的其他人，然后回家和妻儿在一起，把比赛中发生的事抛在脑后，回到了现实生活中。对他们来说，足球纵然狂热也只是一种消遣。

我不认为他们曾停下来思考，他们在比赛中的行为会给挨骂的人带来什么样的影响。没有任何一次在厄普顿公园遭受了辱骂或嘲讽后，我可以不带着愤怒回家。人们说你要脸皮够厚才能成为职业球员，我确实很敏感，我就是这样的，而且不为此感到羞愧，因为这是我人格的一部分。这不意味着我会一直为那种待遇而生气，我没有闷闷不乐地祈祷自己可以回应评批者。有些时候，我其实放弃了这样做的机会。有一个小孩儿每场比赛都坐在主队休息区后面，在我替补的时候，只要我起身做准备活动，他就会第一个跳起来喊："坐下，兰帕德！"或者是老掉牙的"你穿上这身球衣是因为你的爸爸和姨父"！一开始，我尽量不去管他，但我偶尔也会看过去。他就在那儿，脸上的表情因为愤怒而扭曲。且不说他才14岁，我只想知道我到底对他做了什么才会招致这样的对待。

无巧不成书。我经常去一家本地银行，那儿有个柜员是位可爱的女士，她是西汉姆联球迷。她一直非常友善而且很有礼貌，特别注意和人打招呼，经常提到她儿子也是个超级球迷。我在脑海中把他想象成了一个钟爱西汉姆联的天真少年，就像儿时的我一样。有一天，我碰巧在厄普顿公园外遇到了她。我像往常一样和她问好，而站在她身旁的正是休息区后面的那个小浑蛋。她依旧非常友好，十分隆重地把我介绍给她儿子——一位"喜欢"我的西汉姆联球迷。

我想说："哦，是的。他很可爱，那个，你知道他们抽烟吗？"他只是静静地待在一边，看上去非常害羞。有那么一瞬间，我想告诉她，她的儿子是个满嘴脏话的小浑球儿。但我忍住了，这有什么意义呢？我知道，她的儿子对她来说比我重要，这是理所当然的。为何要告诉她这些会让她感到烦恼的事情？这就是我的观点。妈妈在贵宾席上看球时受到了球迷的责骂，我的姐姐在球场和街道都碰上了同样的事情。当她们晚上外出时，总会有几个家伙冲到面前发表一番评论，关于西汉姆联，关于她们该死的爸爸和兄弟，她们只能自认倒霉。这一切是为什么？

这和她们有什么关系？仅仅因为她们的家人恰好为西汉姆联效力，那些人就莫名其妙地有权利去干扰她们的出行，并用难听的字眼侮辱他们。她们是我的家人，我理应支持她们，就像她们为我做的那样——这是毫无疑义的。妈妈总结得很好。当人们问她支持西汉姆联还是切尔西时，她通常回答"切尔西"，问题又被扔回给她：你怎么能改变自己的主队？"因为他是我的儿子，我的家人，我的血脉。"她被指责不忠，同样受到指责的还有爸爸、姐姐和我的一些朋友。只是提问的那些人没想明白，如果我去问他们西汉姆联是否比他们的家人重要，我很确定他们的答案是什么。

兰帕德家族在这方面没什么不同，我们互相支持。但这成为问题并带来了压力，事实上，我们三人都被卷入其中。比起爸爸，哈里会把更多的情绪带回家中。如果球队在周六踢了一场糟糕的比赛，他是无法放下的，他会一直记着这事并不停地想：你做了什么？你还有什么没做？你本应该做什么？我想，这事对其他主教练来说很平常，而他会把整个周末都浪费在这个问题上。爸爸就不一样，退役后，他经营了自己的生意，也开阔了视野，他总是能看得更远，不会让足球凌驾于一切之上。

也许因为爸爸是助理教练而不是主教练，所以他能更轻松地让自己和家人从这些事情中摆脱出来。当我加入球队后，每个人的处境都变得更艰难，因为我和爸爸都成了焦点，但事情总有两面性：当一切顺利时，我们就会有双份的快乐。

压力和爸爸还有一定的距离，哈里才是众矢之的，他知道球迷曾要求他下课。虽然爸爸也受到了相同的指责，但他只是站在哈里身后。爸爸决心尽量少把妈妈、我或姐姐卷进来。我知道他这么做是为了我们好，他是如此的无私。有很多次，我在比赛后只想尽快离开。然后，回到家时就碰上一场可怕的讨论，因为爸爸也在家。但他一般会尽力把工作挡在家庭之外。他意识到，因为他的存在，我承受了一些不同的压力，我最不想要的就是分享他和哈里所承担的责任。在那些年，他专心于教导、指引、鼓励并鞭策我成为一名专心于球场的职业球员。

我后来处在这样一个位置上，唯一真正能让我成功的人就是我自己。爸爸不想让我遭受和他一样的问题。我要融入球队并让自己变成更好的球员，这些就够我烦的了。我不需要知道俱乐部召开了一次董事会或者是转会预算被冻结，那并不是说我不想知道，我从别人那里了解到各方面发生的事情，当事情和我有关时，爸爸会告诉我他认为我应该知道的东西。他很善于判断事情的轻重，并在此基础上对信息进行过滤。我知道很多别的球员无法获悉的事情，有时候是关于俱乐部和球队的政治。

我们会把所有的时间用来讨论足球，不是因为某些东西不能谈，而是他更愿意保留一些他认为没用的内容。有些老队员会闯入他的办公室，要求知道自己踢不了球或是坐板凳的原因，他们认为这么做没什么大不了的。每个人都关心自己工作的进展，我也不例外。如果我知道了某名队员因为一些事情冲哈里嚷嚷，我会守口如瓶，这不意味着我下次在更衣室里看到他时会忘记这件事，但这一切从来没有影响到我以及我和队友的关系。我可以让自己和别人保持距离，部分是因为我习惯了那种因为爸爸和哈里的存在而带来的心理障碍，我必须这么做。有几个老队员会不假思索地冒犯哈里和爸爸，我知道这是足球文化的一部分，他们大多数时候只是在发泄多余的精力，但有时候那会让人很难受，我还年轻，这一切对我来说都太陌生了。

现在回想起来，我很高兴我保持了沉默，因为我真的不该被卷入这些事情。我感到闷闷不乐的原因是，我把那些当成了对我家人的人身攻击。在很多事情上我都有这种感受，但有时我会强迫自己站在更高的角度看问题。如果一个球员踢不上球，他就相信自己有权利去要一个说法。对我来说具有讽刺意义的是，我曾经碰到过完全相同的情况，但我只是在哈里办公室外徘徊，因为我不敢进去面对他，我记得那种感受。

有些事情会让爸爸大动肝火，以至于无法控制自己的情绪。一天，迪卡尼奥冲进哈里的办公室，请求允许他转会切尔西。詹卢卡·维亚利表示有兴趣签下他，保罗忍不住了。我清楚整件事，也了解保罗，他动心了。保罗提高了嗓门，挥舞着手臂。要不是后来听到他那些胡说八道的话，我觉得他还挺有道理的。他说西汉姆联是他的第二层皮肤，如果你割他一刀，他流出来的血都是紫红色和蓝色的。我有些生气，部分是因为这实际上指的正是我和我的成长经历，但我从未打过这张牌。我现在不会太在意这种事情了，因为随着年龄的增长，你能更容易地识别出来一名球员是否在卖萌，让我们坦然面对吧，反正足球里有太多的胡说八道。

这真是个奇怪的境地，所有这些，我照单全收——其中有些变得很有用，有些直到现在我还难以释怀。总的来说，这给了我学习的机会。我学到了一些最严酷和最有用的课程，我必须面对这些，并从中找到前进的力量。在西汉姆联的日子，我承担了许多责任。签约俱乐部时我满怀期待，离开时背着沉沉的行囊，而其中很多行李都不是我自己塞进去的。因为这段父—子—主帅—球员关系，我真正理解了那份独一无二的压力和敌意。

我在别处也看到过这种情况——如布莱恩·克劳夫和尼吉尔·克劳夫父子，史蒂夫·布鲁斯和阿莱克斯·布鲁斯父子——而只有身处其中的人才能明白那种感觉。这是一个两难的困境，要么为了避免被人说搞裙带关系，哪怕自己的儿子是最好的选择，也要忽略他，要么举贤不避亲，做对球队最有利的选择。家人这样的关系似乎是无法被割裂的，这不是事情应该有的样子，也和我从小受到的教育不符。我成长的街区住满了西汉姆联球迷，那儿的信条是：要一直照顾好你的家人。

我可能是通过一种最残酷的方式领教了这条格言。我的家人属于西汉姆联大家庭，包括我的奶奶、爸爸、妈妈、姨父和姐姐。但我们没有得到照顾，没有得到任何支持，现实与信条完全是背道而驰。现在回到那儿时，人们依然在指责我，因为转会，我被指控不忠。那他们对我的忠诚在哪儿？还有对我爸爸的、对哈里的忠诚又在哪儿？当西汉姆联身处降级边缘、看不到未来的希望时，是爸爸和哈里把他们拉出了泥潭。

随后，他们在保罗·基特森、约翰·哈特森等球员的帮助下，努力推动球队在英超中取得比以往更好的成绩。他们为俱乐部引入了新球员，带来了一种让人兴奋和愉悦的足球，这正是球迷们所渴望的。最重要的是，他们培育了年轻天才，给他们平台，鼓励并帮助他们成长，西汉姆联由此成为一股不可忽视的力量。如此一来，其他年轻球员的家长相信俱乐部可以像过去那样帮助他们的孩子获得成功。

在哈里和爸爸的带领下，西汉姆联可以再次宣称自己是"足球学院"。他们用数年的辛苦换回了俱乐部的声誉，可他们得到了什么？总有一天，哈里会被解雇，接着就是爸爸。作为球员，我从那些嘘我的球迷身上看不到忠诚；考虑到爸爸和哈里的成就，当他们被解雇时，我的家人从董事会那里也体会不到任何忠诚。

接到那个电话的是妈妈。当时我也在家里，她走进房间告诉我，哈里被炒了。她非常冷静，我有点儿惊讶——为她的反应，也为这个消息。自从6个月前里奥被出售后，哈里和主席就开始争吵，这不是什么新鲜事。哈里渴望带领球队前进，想要改造阵容，可他得到的不是资金而是借口：俱乐部要还债，球场要翻新。也许我们早就该料到这样的结果，但当全部的生活都围绕某件事情转时，你是很难跳出来看问题的。

西汉姆联对我们有这样一种影响，无论怎样抱怨，都没有真正想过离开这里。妈妈立刻给桑德拉打电话以确定她没事，桑德拉有些难受，但她更担心哈里。我询问爸爸在电话里的声音听起来怎样，妈妈告诉我他还好。他是个强硬的角色，但也知道这种情况是不可避免的。真正被解职的只有哈里一人，这是典型的西汉姆联风格，主教练下课后，其他教练的心就被吊起来了，他们想知道自己身上将发生什么。对爸爸来说这从来不是问题，他是个忠诚的人，在收到通知前，他是不会主动要求离开的。

我从未见过爸爸如此沮丧，而更严重的是，内心的自豪感受到打击让他倍感失落。他也为哈里难过，没人比他更了解哈里在工作中经历了什么。在关着门的会议室里，在主教练的办公室里，在其他人离开后，他见到了那个不被世人了解的哈里。

在整件事情中受冲击更大的还是哈里，爸爸的压力要小一些。事情结束的方式让哈里失望，但他仍会感到一丝安慰。人们说所有的主教练都知道自己终将在某一天下课。也许他们选择不去想太多，谁又能指责他们呢？

我给哈里打电话询问他的情况。

"我没事，弗兰克。你怎样？"还是那一贯粗哑的嗓音，还是那标志性的强硬回答。

"我很抱歉，哈里。"

"为什么抱歉呢？孩子。不需要说抱歉。过去的就让它过去吧。我没事，我会好起来的。你等着瞧吧。"

即便在那时，我仍觉得我们之间的沟通存在困难。家庭关系经常妨碍我们在足球上的交流，而此刻，事情好像发生了转变。我的关心让他心存感激。他是我的姨父，我想像过去那样尊敬他，这也是他所需要的。我看得出来他受伤了，但他不愿意承认伤的有多深。

"照顾好你自己。"我在通话接近尾声时说。

"谢谢你，孩子。你也要照顾好自己，做得到吗？弗兰克。"

我知道他指的是什么，他说得对，我和爸爸都明白。很快，爸爸就开始考虑我们的未来，这是他的本能。他接受了自己身上所发生的一切，也竭尽所能地保护我不受影响。我的直觉很简单：离开，尽快离开。这不再只和足球有关，这是为家庭考虑。

如果我和球迷关系良好，也许情况会有所不同。如果里奥没有走，可能我也会留下。如果他们没对我说谎……谁知道会怎样呢？然而，在爸爸和哈里离开一周后，我被邀请和俱乐部主席特伦斯·布朗会面，这激起了我的好奇心。

我离队接受了一次疝气手术，上一次出场还是4月底主场输给利兹联的比赛。之前一周，我在对阵纽卡斯尔的比赛终场前10分钟罚入一粒点球，当时我们正两球落后。

我去征求库特纳的意见。

"我们去听听吧，"他说，"这倒有点儿意思。"

我们走进布朗的办公室，他用尽可能热情的态度迎接了我。空气中弥漫着一丝焦虑，我想知道他认为我会说什么。他有些紧张，但还是开门见山地说：俱乐部想让我留下来。我很惊讶，这可不是他们给我的印象。布朗说他明白这是个艰难的时刻，我盯着他，听着每一个字，可总感觉有些不真实。

他真的明白吗？他明白竭尽全力却只换来几千人嘘声的感觉吗？他明白我多么想忽略辱骂、赢回球迷的心吗？他明白他们对待父亲和哈里的方式给我的家人带来了多少伤害、难堪和失望吗？我认为他不明白。我从他的话语中感觉不到任何理解，他甚至没有对我的经历表现出一点儿同情心。

可他却厚颜无耻地坐在那里并告诉我，俱乐部想和我续约，以便开创一个全新的未来。我看着他的眼睛，我想我是在寻找他情感流露的痕迹，哪怕只是一点点儿。但我什么都没有看到，连一丝歉意都没有。

我试图理顺正在发生的一切。他们真的想把我留在球队吗？还是出于别的考虑？毕竟，如果我续约，我在转会市场的身价将水涨船高。据我所知，他们已经告诉那些有意向的俱乐部我值1400万英镑。除此之外，合同规定如果是他们选择出售我，我可以得到一笔忠诚奖金——如果是我正式提出转会，那我就拿不到这笔钱。他们是不是想迫使我提出转会以收回更多的资金？看起来是这么回事，但我没那么好骗。布朗能感觉到他没有说服我。我给了他们时间、关注和忠诚，而作为回报，却是我认为他们想要从我身上捞一把。

库特纳说，事已至此，我最好还是离开西汉姆联。他很确定他们心里有数。我起身要走出布朗的办公室，进来前，我感到不安；交谈后，我恶心极了，只想赶紧离开。出乎意料的是，主席先生做了最后一丝努力试图说服我。

"新主帅的人选会让你改变主意吗？弗兰克。"他问。

我停下来思考这个问题。如果我知道了谁是取代我骨肉至亲的人，事情会不会不同？一秒钟后，我回答了他。

"我才不关心你是否能搞来法比奥·卡佩罗。我要走。"

这是我最后一次走出他的办公室。库特纳把手放在我背上来安慰我，我感到一阵轻松，就像从肩头卸下背负多年的重担，最后一次走出西汉姆联俱乐部，我心释然。结束了，终于结束了。

我离开西汉姆联不只是因为他们对爸爸所做的事，而我的确有野心，想要成为一名更好的球员。但一个简单的道理是：如果爸爸和哈里留下，我也绝不会走。我很感激在西汉姆联的这段经历，因为它塑造了我，让我成为一名球员，一个男人，成为今天的我。我乐于承认，时至今日，我身上依然有东伦敦家庭的特质，事实上，比以往还要明显。那就是我对家人的忠诚。

我会一直照顾好那些最亲的人，无论过去、现在还是未来。

第 4 章　情到陌路

西汉姆联还在继续激怒我。举个例子，当我随切尔西回那里比赛时，厄普顿看台上的谩骂声夹杂着我离开时尽力遗忘的愤怒和怨恨一起涌向我。有时候，我希望自己可以把西汉姆联彻底清出我的生活，但我知道绝无可能。我无法丢弃生命中最好的20年时光，也无法遗忘我最爱的俱乐部。

然而，我现在只和少数几个西汉姆联拥趸有联系。这真是个尴尬的局面。在我成长的家庭和社区，西汉姆联渗入到生活的方方面面，这里曾是我感觉最舒适的地方。造成这种局面的原因，是我从大部分西汉姆联球迷那里得到的对待。

有一些人对我很好，即便在大多数人唱反调时，他们也支持我，对我不离不弃。我不曾也不会遗忘他们，在我眼中，他们是西汉姆联真正的灵魂：他们欣赏我为俱乐部效力时所展示的忠心，欣赏我为做到最好所付出的努力。不幸的是，他们只是少部分人。当我用如此消极的方式回忆并谈起西汉姆联时，我内心其实很难受，我不想指责俱乐部里那些给过我支持和关爱的人——他们不应该得到任何批评。可我不能忽略曾经的感受，也不能忘记我所经历的事情。

当我回到厄普顿公园时，有些人说他们不同意那些反对我的声音和行为。他们都是普通人，是我在伦敦的街道、餐馆和其他地方碰到或认识的人。

我也收到人们的来信，他们告诉我，他们为我这名土生土长的西汉姆联球员所取得的成就感到骄傲。当我来到切尔西，在穆里尼奥带领下用奖杯和奖牌把成功有形化之后，这种事情发生了很多次。表面上，这些人似乎给予我真诚的崇拜和喜爱，他们也为我回到厄普顿公园时所得到的"款待"道歉。但当我身着蓝色的切尔西球衣出场时，我没有看到任何一个人站出来去抗议环绕在他们身边的仇恨。我不指望人们站在我这边，不要求他们成为我的盟友。但我不明白，每个人都可以声称对我的经历表示同情，可当厄普顿公园各个角落的骂声如暴雨般倾盆而下时，他们却保持沉默。如果他们不敢在人群中表达自己的意见，光告诉我又有什么用？事实上，我不是第一个在西汉姆联受到这种待遇的人。

保罗·因斯也曾是西汉姆联的传奇。因为他的干劲和献身精神，他成为球迷崇敬的对象。我也是因斯的球迷，在孩提时代就仰慕他。我想像他那样充满活力，插到禁区前沿，射入关键球——他正好就是我想成为的那种球员。因斯自封"总督"，没人会反对这个称号。但离开西汉姆联之后，他成了"犹大"。

当他转会曼联后第一次重返厄普顿公园时，我和一些青年队队友就在现场。他在比赛中绝对遭到了西汉姆联球迷的"谋杀"。政府过去常常在东伦敦公开执行死刑[①]，而这次是足球里的"私刑"。从开球那一秒他就收到了嘲弄和嘘声，随着比赛的进行，事情越来越糟。喧嚣声偶尔会暂停，随后爆发的是加倍的愤怒。因斯抓住了机会，在比赛最后几分钟用标志性的进球扳平比分。球场变得更疯狂了，他得到的骂声真是让人心惊胆战。

我尝试去理解人们为何如此反感保罗·因斯和我自己。足球是一项充满激情的运动，球迷为自己对主队的热爱和忠诚而骄傲。我对这一点

---

① 指的是18世纪前，英国经常在臭名昭著的泰伯恩刑场公开执行死刑。

深信不疑，因为我也有同样的感受。可当人们的注意力完全转移到某一个人身上时，情况就有所不同了，这就是我回到厄普顿公园时碰到的事情。我不清楚这一切是如何发生的，也不知道原因，比赛就这样莫名其妙地变成了"弗兰克·兰帕德的仇恨日"。当球场还未坐满、广播中还在宣读出场名单时，他们就开始了。随着我的名字被念出，一阵隆隆的嘘声响起，这和我旧日身披西汉姆联球衣时有点儿像。比那时更糟的是，比赛一开始，他们就忘情地攻击我："滚蛋，兰帕德！""滚回切尔西，爸爸的小男孩儿！""你这个犹大！"当然，还有那最"动听"的"滚出去，你这个死胖子"！

一场足球比赛演变成了对兰帕德回归的集体声讨。我不是自大，也不是偏执狂。任何一个去过西汉姆联对切尔西比赛现场的人都听到了那些骂声，他们中的大部分人可能会对此感到厌倦——如果他们不是季票①持有者的话。

我听到过西汉姆联球迷为他们对我态度的辩护，他们给出的理由是"记性好"。我会笑出声来，但这一点儿都不好玩。事实上，他们的记性可不太好。如果他们的记忆像他们宣称的那般鲜活，他们也许会记得那个5岁的小男孩儿，穿着西汉姆联球衣，系着一条对他来说有些大的围巾，和爸爸、姐姐一起前往厄普顿公园看比赛。他有些兴奋，因为他马上就可以为自己的球队加油呐喊。如果他们是死忠球迷，可能还去过几场青年队比赛，看到一个西汉姆联传奇球星的儿子努力摆脱老爸的阴影，看到他在训练或预备队比赛中拼到散架，以便在某天可以为心爱的俱乐部出场比赛。

---

① 季票：足球俱乐部发售的赛季通票。大部分情况下，购买了季票的球迷可以观看本俱乐部这一赛季所有的主场比赛。

那些人说自己记忆力超群，可他们的记性好像还不如一条金鱼。离开西汉姆联之后，我的职业生涯取得了进步，人们想知道我为何依然对那段时光耿耿于怀。我念念不忘的主要原因是，那段时光实在是太长了。我在那儿受到了最苛刻的指责，因为我是弗兰克·兰帕德的儿子，却不是一名足够优秀的球员。现在，我成了世界足球先生和欧洲金球奖的双料亚军（冠军都是罗纳尔迪尼奥），和切尔西拿下了英超冠军，我的批评者们有些为难了。

他们说我不够好，不能为西汉姆联出场，但我现在可以为英超冠军队和英格兰队出场了。他们的话被证明是错误的，那他们又做何反应？承认错误？接受错误并在谈到我时保留意见？噢，不，他们采取了完全不同的方式。他们的世界观是扭曲的，知道自己被揭穿了，也方寸大乱，却并不打算就此收手，而是变本加厉地抨击我的成功。他们坚持回避现实，宣誓对西汉姆联效忠，并决定无论发生什么都一如既往：他们是西汉姆联球迷，他们恨弗兰克·兰帕德。多么让人悲伤啊！

如果我离开后没有取得进步，如果我在切尔西荒废了天赋，不能踢出名堂，那我在重返厄普顿公园时得到的就会是平常的"兰帕德，你这个逊货"和"真是笔赔钱买卖啊"，而不是那些严厉的声讨。他们之所以对我那么残酷，是因为我现在的成就，作为球员，我比在西汉姆联时更好、更成功了，他们无法接受自己的错误。

我在18岁左右经历了这样一个时期：利用互联网浏览球迷论坛。那里有几百个聊天室，其中有些球迷是支持西汉姆联的，表达了对我不同程度的怨恨：从普通的谩骂到疯子般的咆哮。在各派足球批评家的笔下，我通常被称为"某人的儿子"，这我已经非常习惯了。当我跑向场内或是在底线热身时，他们就是这样在背后叫我的。嗯，至少他们始终如一啊。我也是，我一直努力工作，尽力做到最好。如果一名球迷说我踢了一场糟糕的比赛，他只是在发表自己的观点。如果他看了比赛，倒也有资格这么说，那么，我们可以同意或反对。作为球员，你可能会被那些有关你表现的批评伤害或激怒。可让我烦心的是，我受到的都是莫须有的指责，其中一项是懒惰。事实上，当西汉姆联球迷沉迷于网络时，我是俱乐部里最勤奋的球员。

我经常在休息日去基地，在训练后留下来加练，努力提高自己。你可以用很多词来形容我，而"懒惰"不是其中之一。另一个可笑的指责是，我从来只在杯赛或对阵弱队时进球，人们在热线直播节目中对此津津乐道。球迷们有如此多与我有关的问题，我不由得开始思考，莫非那些如浪潮般的辱骂，实际上是"集体疗法"被用在了球场上？！

如果我在场上表现好，没有出现问题，他们也会捏造一个是非出来。最常见的是扬言我从未打替补或轮换，因为我的爸爸和哈里掌管着球队。爸爸和哈里确实是球队教练，这一点我无法否认，可在一直首发这件事情上我有话要说。加盟切尔西之后，我踢了开季的4场比赛，接着因为红牌停赛1场。后来，我在英超中连续164场首发，创造了英国足球史上的新纪录。我花了5个赛季实现这个成就，其间经历了两任主教练。因此，我要向所有那些抱怨我总是上场的西汉姆联球迷脱帽致意。你们看对了事情却弄错了原因，我离开西汉姆联后的表现证明：那与由谁来决定出场名单无关。

我在西汉姆联还经历了一些其他小插曲。如果我在赛后出去喝一杯，人们会不时靠过来和我说："瞧瞧你，今天踢得真差劲儿，居然还敢在赛后出来现眼。"他们一直都在这么干，我记得有一个晚上，我和莫库尔，还有他的一些朋友外出活动，他们都是西汉姆联的死忠球迷。我们去的那个酒吧里挤满了大块头，这些家伙头发很少，对我的耐心更少。"嘿，斯蒂夫，"有人喊道，"这不是弗兰克·兰帕德吗，你都骂了他一下午了。"我们踢得不错，以2：1赢下了比赛，但那还不够。我只是个孩子，却被十来个男人包围，我迫不及待地想要出去。几分钟后，我带着极其失望的心情离开了那儿。

在这种情况下，我没有必要留在那里去感受他们的愤怒。可这种情绪似乎一直纠缠着我，在街道上，在家里；入睡时能感觉到，醒来时仍然可以感觉到。这太糟糕了，以至于在比赛日我会害怕开车往返于家里和赛场。我在比赛前一天就会紧张起来，然后越来越不安。一开始我并不清楚到底是哪里出了错，我以为这只是普通的赛前恐惧，担心：比赛结果会怎样？我的状态是好是坏？或者根本就没状态？直到赛后离开球场时，我的胃里仍在隐隐作痛，我才意识到事情远不止于此。

几年后，妈妈重提此事，她说她曾经非常担心我。我在周六上午面色苍白，神情忧郁，随着时间的推移和比赛的临近，我会把自己封闭起来。一开始她也把这归结为赛前恐惧症，可她很快就发现事情没那么简单。我很难过，不想离开家，因为我害怕去即将前往的地方。妈妈清楚挑明这些只会让我更加介怀，而我也会尽力假装什么都没发生，因此，她没有打扰我。我并不是每周都有这种感觉，有时候我知道自己踢得很好，对自己有信心。我并没有因此得到更多的赞美——只是少挨些骂，但任何一点儿小小的安慰都会让我心存感激。

然而，情况没有得到改变。几次传接球失误后，"鸡棚"——东看台中央的死忠球迷聚集区——会首先做出反应。一开始只是些低声细语，但看台上有3万人，一旦他们都发出自己的声音，高潮将在瞬间到来，辱骂声、讥笑声接踵而至，如癌症般在球场扩散。我知道那些征兆，那太可怕了，我甚至都不敢接球，这真是荒谬。我一直都可以接应边卫或中卫的传球，然后组织进攻，这对我来说再自然不过了，我从小到大都在干这个。但那时候，我太清楚一旦搞砸将会带来什么后果，我会在看到接应队友传球的角度后踟蹰不前：也许一名防守队员会从背后缠住我，我会处在压力之下，会跑不出位置，我害怕失误会招致球迷更多的不满。

伊恩·毕夏普是我的前辈，也是西汉姆联控球天赋最好的人，但他在踢得不顺的时候受到了相同的批评，不可思议！队中还有其他一些工兵型球员，他们因为偶尔参与拼抢而受到人们的尊重。我离开后，迈克尔·卡里克在球队站稳脚跟，但也承受着同样的指责，可是他是喜欢用正确的方式踢球的。这真是让人费解，西汉姆联在历史上是一支有着超强拼劲的球队，球迷们以此为荣，但他们对努力打出这种拼劲的球员缺乏耐心。对这些球员来说，丢球是难免的事情，没有人生来完美，不犯错就不会有进步。我在迈克尔离开西汉姆联后和他谈起过这个，我们所得到的对待有某些相似之处。

不过，他们对我更苛刻些，这部分归因于爸爸和哈里的存在，但我认为任何一家俱乐部都会有一到两名这样的球员，即便在球队踢得不错和赢球的时候，球迷也特别"关照"他们。这是人的本性，更准确地说，是俱乐部足球的本性。

保罗·万乔普在西汉姆联遭到了无情批判，当球队陷入挣扎时，他的处境变得愈加不妙。保罗的球风非常另类，他可以在某一天踢得非常好，在接下来的比赛中却拿不出相同的表现。这就是保罗，这种事谁都可能碰到，对天才球员来说也不足为奇。但当球员的信心因此受到影响时，这就变成一个实际的问题了。有些时候，你看着队友的眼睛，除了畏惧和厌恶，无法读到任何信息——没有自信，也没有欲望。他们脑子里只有一件事情，那就是对将要发生的事情的恐惧。我在西汉姆联看到过这种事情，这可不太妙。现在，我的脸皮相当厚了，我可以在丢球后泰然处之，不会在下一次接球时缩手缩脚。可那时候，我经历了许多无比黑暗的时刻——日复一日，有时甚至连续一个多月。

　　每一次我离开替补席去热身，看台上某些特定区域都会给我嘘声。我快速地跑过他们，冲进一个安全的角落。返回休息区时，我得再来一次冲刺，这多么幼稚啊！有时候，我甚至都不想上场；有时候，我坐在替补席上就听到了骂声，然后发现自己在祈祷哈里不要派我上场，那样我就不用面对更多的指责；有时候，我只想离开，把一切抛在脑后。

　　我没有继续前进的动力和欲望，这种局面让我陷入了忧郁和沮丧。爸爸知道这些。他看着我训练，看着我比赛、离场，看着我回到家中。你会在一场足球比赛中不知所措，这真的很容易出现，只要几次丢球之后，其他队员就会变得焦虑起来，他们大声地向你要球，可你却跑反了方向。我在那些糟糕的时刻也犯过同样的错误。爸爸看在眼里，但从来没有揭穿我，反而鼓励我继续拿球，遵守足球中最基本的理念，面对恐惧并克服它。每当我要陷入泥潭深处时，爸爸都会把我拉回来。

　　我花了很多时间思考自己的选择，思考是否应该退一步去踢低级别联赛，我一度想过彻底放弃足球。我宁愿当个朝九晚五的上班族，也不想每隔一周承受3万人的辱骂。我无数次地想要逃离西汉姆联，我去找哈里，但他告诉我他不会让我走，里奥和我都会留下来，我们是西汉姆联的未来。我并不完全同意，但能理解他的观点。另外，愚蠢也好，明智也罢，我相信黑暗尽头会有光明。

　　我以更高的热情重新投入工作中，我奋力寻找走出低谷的方法——告诉自己我一定会成功。从那时起，这种精神支柱成为我前进路上的重要推动力。我现在意识到整件事对我造成了很大的影响，过去的经历仍会让我耿耿于怀，这十分重要。比如，在西汉姆联球迷群体中有这样一种倾向，他们说我在转会切尔西之后有了明显的提高。我不否认这一点——这是显而易见的——但我不能接受的是，在西汉姆联时，他们看不到我的潜力。我在18岁到21岁之间也是有所进步的，但不知是愚昧还是出于别的原因，那些球迷拒绝承认我有成功的可能。如果他们当时给我一次机会，也许我会在那里待更久，或者，至少以和平的方式离开。

我心里并不好受，西汉姆联陪伴我长大，我一直深爱着她，可我们之间又充满了敌意。西汉姆联俱乐部本可以给我更多的机会，这么多年，他们可以看到我是如何走过来的：我的父亲是西汉姆联最忠实的卫士；我在儿时就献出了自己的满腔热忱；我成长为一名球员，和球队一起取得的成绩堪称队史最佳。当我犯错时，他们可以想起这些，并鼓励我下次做得更好，他们本该给我一次机会的。

我看到里奥回到厄普顿公园，他在这儿没有遇到任何问题，我曾希望自己能和他一样。我也曾设想过，如果时光倒流，我得到像样的对待，那么我愿意让以往的不快随风而去。可现在一切都无法回头了，我不会再改变对西汉姆联的看法，我办不到。在我们之间，有太多的事情制造了太多的嫌隙。时至今日，如果我在厄普顿公园出场时听到欢呼，我会给他们扔回去，我不再需要这些了。

在我离开时，俱乐部陷入了财政危机，必须出售球员。他们把我卖了1100万英镑——这价格还不赖，他们签我时可没花一分钱，而且球迷也认为我不配在队中拥有一席之地，至于切尔西会怎样，他们一点儿都不关心。这让我沮丧，我对自己在西汉姆联的时光感觉不到任何温暖，这本该是我生命和职业生涯中非常重要的一段回忆。我出生在一个对西汉姆联无比忠诚并且有着紧密联系的家庭，在童年时就渴望为自己的主队出场比赛。当我最终实现这个梦想时，我不知道生命中还有没有其他可以让我如此快乐和自豪的事情。但这些感觉都变了，我对此深感遗憾。

我希望人们理解我对这一切的感受有多深刻，这对我很重要。大部分支持或效力过某家俱乐部的球员通常会在离开后留意老东家的成绩，我记得乔·科尔刚到切尔西时就是这样的。在比赛后，一名切尔西教练组成员会来到更衣室通报当天的赛果，乔就会询问西汉姆联的情况。如果他们输了，他会变得很沮丧。当时，西汉姆联给我的伤痛依旧清晰，于是，我就用一丝苦笑来迎接这样的消息。这就是我曾经的感受，我希望西汉姆联输球。今天，我没有这样的热情了，我甚至都不关心他们的赛果了。

这听起来有点儿怪，甚至有些报复的意味。但我认为任何一个人经历了我所遇到的磨难后，都会做出相同的反应。对那些想要肆意侮辱我的人，我绝不会有一丝歉意。我为什么要有？难道我应该忍受90分钟来自成千上万人异口同声的谩骂，然后在终场哨响时当作什么都没发生过？这不是生活该有的样子。球迷可以很快忘记比赛中发生的事情，可对球员来说，这是我们生活的重要组成部分。在西汉姆联的那些经历深深地伤害了我，大部分伤痛发生在我独处的时候，在他们叫完我"狗屎""胖子""废物""蠢蛋"之后。我还应该在心中为西汉姆联保留一个位置吗？妈妈、爸爸和其他家人也面临相同的问题。我觉得我们不会有其他答案。

事实上，我们全家对西汉姆联已经没有感情了。那些针对我们的攻击，已经超越了足球的范畴，毫不留情地入侵了我们的生活。在切尔西，事情则是另外一个样子。许多西汉姆联球迷嘲笑蓝军为我花了太多钱，而我一开始踢得并不顺利，切尔西球迷本可以批评我的，但他们没有这么做，我得到机会去表现自己。当我状态回暖并逐渐稳定下来时，他们立刻发现了。他们歌唱我的名字，在我拿球的时候欢呼。我记得有一次在斯坦福桥主场比赛时，我用一记斜长传穿越对手防线传递给格伦夏尔。他接住了传球，虽然这次进攻只换来一次角球的机会，但在他触球的一瞬间，现场爆发出一阵巨大的欢呼声。当我走向角旗区时，球迷们齐声高唱"只有一个弗兰克·兰帕德……""噢，见鬼，这可是从未有过的事情啊！"我在心里想。这些都来自蓝军球迷，而我之前并未效忠他们。我开始体会到被给予公平的机会和充足的时间去展示实力是什么感觉，我与切尔西之间的感情由此建立，我知道无论未来发生什么——比如切尔西选择出售我，或者主教练不需要我了——我都会记住他们。我会一直关注他们的比赛，并希望他们赢球。

在切尔西的日子拿什么我都不换。他们给了我尊重，这是我在西汉姆联从未体验过的，爸爸也一样。在西汉姆联队群星中，他可以跻身历史最佳十一人。他在那里效力20年，踢了700多场比赛。他在18岁时遭遇断腿，克服伤病后重回赛场，之后又以助教身份继续为俱乐部服务。当人们谈起博比·摩尔、吉奥夫·赫斯特和比利·邦茨时，爸爸的名字也应该被提到。我不是拿自己和爸爸做比较，但我认为凭借他所展示出的忠心，我们可能会得到不一样的待遇。可我没有得到，而他至今也没有得到。

当爸爸现在去看西汉姆联比赛时，他因为我而遭受了恶劣的对待，这太让人伤心和失望了。人们没有把他看作为俱乐部贡献了一生的传奇，相反，有些家伙拿他的儿子借题发挥来攻击他。"去告诉你儿子，他是个该死的叛徒！"这是他被要求带给我的话。爸爸没有回应，他做得对。还好那个家伙跑得快，不然他就会有麻烦了。可事情不应被搞成这样子的。爸爸受到的是一种怎样的对待？又是什么样的"球迷"才会如此无礼？我讨厌这种行为。他们有什么都可以冲我来，但不应该扯上爸爸，无论对我有什么牢骚，都不能成为攻击爸爸的借口。爸爸把整个职业生涯献给西汉姆联，拿下两届足总杯冠军，给球迷留下一些美好的回忆。他们至少可以对他展示出一些敬意作为回报吧，但我并不奢望任何类似的待遇，就像他们不会对我有任何期待一样。

我尽力不去想1997年5月15日的事情，但鉴于那之后所发生的一切，我很难做到。那天，我们客场挑战阿斯顿维拉，这是一场充满对抗和竞争的比赛。开赛后30分钟左右，我在一次拼抢中倒地，腿部感到一阵剧痛，我知道自己骨折了。

理疗师冲进场内，看到我痛苦的表情和腿部的伤势，呼叫队医带担架进场。随后几分钟的记忆被剧烈的疼痛和身体的反应所占据，但我记得在去医院接受治疗之前，被抬到客队球门的后面，我听到了维拉公园里的欢呼和喝彩。

之后4个月，我都与石膏和康复治疗为伴。幸运的是，我可以在夏天伤愈并恢复训练，为新赛季的开始做好准备。那段时间，我全力养伤，把其他事情放在一边。直到我和几位好友一起休息放松时，我才知道在伯明翰那天到底发生了什么。

这些好友经常和我一起外出，他们几个月之前也在维拉公园现场。我们喝了几杯，开始聊起那次受伤和那场比赛（0：0的平局）。此前他们一直不敢和我提这个话题，他们承认一部分西汉姆联球迷在我离场时欢呼，尽管我躺在担架上忍受着剧痛。我们朋友感到窘迫并为此道歉，他们当时和那些人在同一片看台上。那些家伙多么下流，又是多么想报复我啊，我简直不敢相信自己的耳朵。我知道球迷不喜欢我，但我从未想过他们会因为我受伤而欢呼雀跃，这让我感到恶心。我当时才18岁啊，多么懦弱的人才会如此对待一名18岁的少年？他们都是成年人，可我从他们的眼睛里只看到仇恨。

我尽力掩饰自己的情绪，以便让谈话继续下去。我的大多数朋友——包括密友，还有其他几个人——都是西汉姆联比赛的常客，因此我询问他们球迷对我的印象。"说实话。"我说，"我要听实话。"我得到的答案是：在每个主场比赛日，他们每个人的身边或邻近的地方都会至少有一个这样的家伙——整场比赛都在给我送出骂声。有时这样的人还不止一个，甚至是一群。我被震惊了，妈妈和桑德拉经常坐在贵宾席上看比赛，连她们都碰到了一个怪老头。此人坐在她们后面几排，会十分投入地长篇大论地骂我。妈妈和桑德拉很容易被认出，因此他完全知道自己在干什么。妈妈偶尔会站起来怒视他，试图让他感到不安，但他依旧我行我素。

尽管妈妈为我所受到的辱骂而难过，但她从未停止去现场看比赛，我也好几次在赛后去找那个家伙，可他总是溜之大吉。现在，我已经忘记这件事了，爸爸却没有。通常，他在我进球的时候不会表现出什么情绪。多年以来，他一直在学习克制自己，特别是在切尔西踢客场时，他经常坐在对手球迷中间。妈妈告诉我，只有一次，她曾看到爸爸为我的进球庆祝，那是2006年1月，我在厄普顿公园半凌空抽射破门。那天，他们回到了贵宾席上，爸爸在我进球后握紧拳头跳起来，然后缓缓转身去确认某些人是否在场，他希望他们看清楚了。我猜他在找那个总是找妈妈和桑德拉麻烦的家伙，但他在不在场都不重要了。爸爸是在表明自己的态度：家人第一。

当然，我那天受到了习惯性的"欢迎"。当球队大巴开出厄普顿公园时，嘲弄、辱骂，夹杂着嘘声一起向我袭来："胖子弗兰克！""可耻的叛徒！""赔钱买卖！"……可笑的是，西汉姆联球迷把他们恨我的理由归结为我转会切尔西，我无数次听到他们说，他们嘘我，因为我是一个叛徒。每当我看到这样的描述"弗兰克之前是西汉姆联球迷的最爱，但现在他们反目为仇"时，我就笑出声来。胡说八道，我从来就不是他们的最爱，我在那儿几乎每周都收到他们的嘘声——年复一年。现在，他们居然说我得到的待遇都是咎由自取。如果事情有这么简单，我现在会理解他们的感受。事实上，导致我离开的直接原因就是他们的所作所为。他们可以否认这一点，也确实这么做了，但公道自在人心。

2005年世界足球先生颁奖典礼后，我和主持人伊恩·赖特在日内瓦一起吃晚餐。我们回忆了西汉姆联的岁月，他又提起在我们并肩作战的日子里，我受到来自球迷的攻击。这是一种奇怪的感觉，有时我回顾过去，都不太相信事情真的像我记忆中那般糟糕。可接下来就会有某些人——比如伊恩——说起自己的回忆，我才知道往事有多么不堪回首。

这段往事让我变得更加坚强。我知道自己要更好地处理这种失落感，我有决心去获得成功，因为那些经历，这种决心比以往更强。人们从我身上看到了这一点。里奥在私下和公开场合都说起过我要忍受多少痛苦，这些痛苦又是如何让我成为一名更好的球员，一个更好的人。我相信，那些日子里，我凭借自己的为人处世赢得了身边同事的尊重。他们不认为我会坚持下来，而我做到了。

即便是现在，我在寻找事情的原因时仍感到一丝失落：为什么我和西汉姆联的关系出现了裂痕？为什么情况越来越糟直至不可收拾？为什么我们的感情会走到陌路？我加盟了一支为留在英超而苦苦挣扎的球队，我们一起为保级奋战，应该没有比这惨烈的战斗了。我勇敢地面对挑战，但我的身体和心理还不足以应对那种压力。里奥就不一样，他的比赛风格中有一种天生的优雅，让他被称作"新一代的博比·摩尔"。里奥在足球上和我一样努力，但我认为他更容易被球迷接纳，因为他天赋更高。我有一定的能力，但我知道这并不足以震撼到那些人，让他们吼出："看啊，这就是天赋！"

有人说，对于一名职业球员的标准来说，我的速度不够快。我今年28岁，经过这些年的短跑和力量训练，比18岁时要快，但我过去也并不慢。我不是短跑选手，我的步伐和常人不太一样，这决定了我不会像亨利那样奔跑，我有自己的方式，齐达内也有他自己的方式，他速度不快，但他的节奏极具迷惑性。他通常一边盘球一边观察场上形势，而不是一味地向球门猛冲。我不是拿自己和齐达内做比较，但我希望自己也能做到他那样。在我看来，他是球场上最能给人们带来惊喜的球星。我知道，我比那些"夸"我的人所说的要快。

那个时候，我当然也比队中一些家伙快，可速度并不是一切。看起来，踢出赏心悦目的足球也不是决定性因素。那支西汉姆联的实际风格和人们描述的有些不一样。千万别说我们踢的是漂亮的足球，因为大多数时候我都不会想起这支队伍。我们节奏很快，踢法简单直接。我们必须这么干，在保级的泥潭中，你没有时间去踢华丽流畅的足球。我努力拿到皮球并发动进攻，但技术还不够细腻。然而，对比其他老队员，我在进攻组织上花了更多的心思。可是，当比赛没有按你设想的发展时，人们就会找到攻击你的借口。

当时，厄普顿公园的球迷分成两派，他们旗帜鲜明地支持两种不同风格。一拨人会为一次凶狠的铲球欢呼，并把强硬的球员视作心目中的英雄。另一拨人则为那些花活和妙传叫好，尽管这些动作没有太多实质性的作用。如果对我进行归类，我不属于其中任何一种风格。我踢的是一种简单的足球，"天才源于简单。"这是罗恩·格林伍德经常和爸爸说的一句话。不幸的是，这种纯粹的风格没有被某些人理解，他们只关心足球中那些最表层的快乐。

我不是说自己是一个十全十美的模范球员，我所做的就是尽力做好我认为正确的事情，为此而嘘我实在不太合适。即便我在个人首个完整赛季打入10个进球，却依然受到指责。他们没给我进步的机会，反而怪我踢得不够好。

不管我从西汉姆联球迷那里听到了多少废话，他们总是能找到崭新和独特的视角继续打击我。在我赢下两次英超冠军之后，或者为英格兰队踢出高水平比赛之后，他们依然会让你相信：弗兰克只能到这一步了，因为他加盟球队靠的是助教老爸。我只能认为这些人是球盲。但凡懂得如何对待努力进步的年轻球员的人，就会知道毁掉他的最佳方法就是嘘他，而帮助他提高的唯一途径就是给他时间，给他建设性的意见。那些诋毁我的西汉姆联球迷从未给过我建设性的意见，他们意不在此，他们是要毁掉我。他们希望我失败，现在还是这样。

在我入队之后，一些已经证明过自己的老队员被排除在名单之外，部分球迷也许会问为什么弗兰克会在球队阵中。他们有一个现成且方便的答案：因为我的爸爸和姨父。当时，不只是我一个人受到指责，输给几支联赛排名比我们低的球队后，球迷给全队喝了倒彩。哈里得到了从看台砸过来的季票，听到了"下课"的呼声。一般来说，他会快速地挥动右臂作为回应。在球迷中有这样一种观点，我不用费什么劲证明自己就能穿上这件球衣。如果我是另一家俱乐部的潜力新星，如果我的名字不叫兰帕德，一切肯定会有所不同。

人们认为，无论从事什么行业，你只能用好自己手中的牌。我也不例外。从很多角度来讲，我是大环境的受害者，无法决定我的父亲是谁，也无法改变我17岁就被提拔到球队的事实。但我不后悔，因为这些经历让我变得坚强——坚强到足以面对任何事情。

21岁时，我意识到我是在打一场无法获胜的战役。在厄普顿公园，我将永远无法撕去"爸爸的小男孩儿"的标签，我开始明白我得换一身球衣了。起初，我为自己产生这种想法而有些震惊，因为穿上西汉姆联队战袍曾是我唯一的梦想，无论哪家俱乐部给我"留灯"，我都会拒绝他们，我的主队只能是西汉姆联队。可后来，数年如一日的谩骂让我很受伤，也让事情改变了模样。我不顾一切地要逃离那里，我可以去次级别联赛，可以出国，可以去任何地方。现在，我来到了切尔西，并对自己事业的方方面面都感到满足。可笑的是，我依然是别人攻击的目标。

现在看来，除了艾伦和我们的女儿露娜，生活中最让我感到满意的就是离开厄普顿公园并取得今天的成绩。感谢那些肆意嘘我、骂我的球迷，是他们给了我动力去做得更好。在某种程度上，他们依然在这么做。我和家人都知道，哪怕我独立带领英格兰队拿下世界杯冠军，依然会有西汉姆联球迷说我错失了某次绝佳的机会或是搞砸了某次传球。我们为此开怀大笑，因为这确实很可笑，这些人竟然时常可以为一个不存在的理由对我怀恨在心。

如果说离开后对那些人最好的"回敬"是好好生活，那我可以开心地说：我过得非常甜蜜。确实如此，我现在的生活比在西汉姆联时要幸福得多，尽管那是我曾经最想效力的俱乐部。现在，我知道自己再也不会为他们踢球了。

第 5 章　蓝袍加身

见到克劳迪奥·拉涅利的第一眼，我就喜欢上了他。他当时住在伦敦的帕森斯格林地区，我们乘车前往他家。一路上我相当激动，不仅因为即将与这位切尔西队主帅见面，而且我们还要商谈签约加盟一事。库特纳乘着一辆出租车来接我，我们穿过伦敦西部的街道，竟有一种冒险的感觉，坐这趟车让我对未来心生希望。骑士桥、切尔西区和富勒姆路①对我而言几乎是完全陌生的区域，但我很快就被这里吸引住了。这简直就是全新的世界，充满异域风情，而且充满挑战。我之前的生活都是在埃塞克斯度过的，只知道从家出发前往查德维尔西斯训练，以及比赛日奔赴厄普顿公园球场比赛。

天气如此的温暖，太阳照耀着一排排白色的房子，它们在阳光下闪闪发光。库特纳一直忙着嘱咐我面谈的策略，我听着他说话，心里却毫不紧张。我有种积极的感觉，这次转会让我对将来非常乐观。

我们到了拉涅利家，他的管家给我们开了门。这是我第一次遇到有管家来开门，不禁大吃一惊。他的房子非常精致，我猜这样的地方得经常有人看管着。用人将我们带到一个房间里，拉涅利已经在那里等候我们了。

他是个非常友好、开明的人。他礼貌地和我们打了个招呼，同时也带着他一贯的热情，他对每个与之交往的人都是如此。他的穿着非常雅

---

① 均位于西伦敦。

致：西装外套、西裤和衬衫，看上去精神帅气并透着一种胸有成竹的意大利风格。多年后我才慢慢了解，这就是典型的拉涅利。他的穿衣品位几乎可以反映他的性格。拉涅利同他执教或培养的球员并非同一代人，他觉得自己需要保持一种正式礼节，比如穿西装外套，这是他成长的背景和文化所决定的。与此同时，他对足球环境也有着敏锐的直觉：你的穿着风格和开的车会深刻影响到你给一家俱乐部留下的印象。我觉得他有时会辛苦地维持自己的老派作风。不过话说回来，他在意大利买了一辆法拉利，他开那辆车时相当帅气。即便是在豪车如云的哈灵顿训练基地，他的车依然能让人为之侧目。他很喜欢那种感觉。

遗憾的是，第一次和他见面，要想畅所欲言是件颇为困难的事，因为他的英语不太好，几乎整个对话都需要加里·斯塔克来翻译。可能斯塔克第一次为人们所熟知，是因为他刚到俱乐部时是给詹卢卡·维亚利做翻译。随后他成为维亚利的助理，从此以后他便被固定在这个职位上。拉涅利刚到伦敦时非常依赖他。

我无法想象他刚来的几个月里怎么能有充足的时间学习英语。2000—2001赛季仅仅过了4轮比赛后，维亚利就被拉涅利所取代，当时切尔西的球队文化是以成绩优先的，其余事情则是走一步看一步。这也导致了拉涅利在球迷和媒体心中的形象遭到了扭曲，因为他无法按自己想要的方式去表达自己。

我很快发现了拉涅利是个真诚的人，他绝不会含糊其词。我们很快就聊完了客套寒暄的话。他说到天气的时候笑了起来，我也跟着笑了，我不太清楚这是为什么，但笑一笑似乎比较合乎时宜。接下来我们就言归正传了：与金钱或足球无关。他花了很大篇幅来解释自己的哲学和理念，他觉得我是个看重比赛技术层面且好学的球员。他说得没错，他很擅长判断人的性格，在这方面的直觉很好。虽然我们所有的交流几乎都是通过翻译传达的，但我已经开始了解这个人了。

一种尊重在我们之间油然而生，我们对彼此都产生了敬意。拉涅利有一点我很喜欢，他是个快言快语的人。我很欣赏对我直言不讳的人。他表示，希望我提高自己在比赛中防守端的表现，对此我也并不回避。进攻端没有任何问题，他看过我踢球，也通过录像仔细研究过我的特点，他还认为我在比赛里七成的时间会前插。对于他的评估，我并没有太多不同意的地方。我喜欢前插到可以射门得分的位置，不过在他解释到我应该怎样才能更有效率的时候，倒是吊起了我的胃口。他需要我的活力和潜力。拉涅利相信，他可以利用好这两点，帮助我成为一个更优秀的球员。我被他的话打动了。我几乎没怎么说话，但他已经触碰到了我那颗渴望进步的心。

拉涅利还为球队规划了未来的蓝图，球队会签下其他重要球员来与我搭档。他计划再引进一名中场，他提到了伊曼纽尔·佩蒂特，这让我非常感兴趣。佩蒂特从阿森纳转投巴塞罗那，但他在西班牙并未发挥出自己的全部实力。佩蒂特在阿森纳和帕特里克·维埃拉搭档，成为球队的中场枢纽，帮助球队在1998赛季一路碾压各路对手，成就了英超联赛和英格兰足总杯双冠王。他还随法国队赢得过世界杯和欧锦赛的冠军。现在他要来切尔西和我搭档了。很好，那我就毫无压力了。

就在拉涅利说着还会有其他球员加盟切尔西时，我的思绪已经腾飞不止，我在思考着各种各样的问题：我们本赛季的目标是什么？佩蒂特会像在阿森纳那样坐镇中场，然后让我自由跑动吗？我会在球队里得到几号战袍呢？我得克制一下自己。拉涅利依然滔滔不绝地说着，但他明白，我已经理解了他的理念。不过最重要的是，我体会到了他迫不及待地想在切尔西取得成功的心情。

然后拉涅利又开始解释起他在赛季前的准备计划。我在西汉姆联已经习惯了哈里和爸爸那种传统的训练方式，人都是习惯成自然的。我们会在7月的最后一周返回球队，接着在海诺特森林跑步训练一周。这种方式很简单，但很有效。经历过夏天的休整后，我很享受这样的拉练以及与队友们结下的情谊。我们会进行体能训练，然后开始五对五的对抗训练。这很适合这支新老球员结合的球队，我们既有数位实力不俗的年轻球员，同时还有几名老将，他们更乐于按照自己在职业生涯里多年的习惯去训练。哈里明白，要求老将们学会新事物并无必要。要让"剃刀"尼尔·鲁多克这样的老将接受罗伯特·萨西①的一系列复杂的体能测试，在西汉姆联可是难以想象的事情。我还记得有一次爸爸试图让"剃刀"鲁多克穿着足球鞋训练跑步，不过我也不知道他为什么要那么做。毕竟，彼时的鲁多克已经33岁了，体重也接近102公斤。或许爸爸当时有点儿热心过头了，以为自己还能提升鲁多克的速度。5分钟后便有了结果，不过情况出乎他的预料：鲁多克拉伤了小腿，然后一瘸一拐地看队医去了。

其实，我们在西汉姆联拥有过一位意大利的体能专家，他叫阿诺尔多·隆加雷蒂，我们叫他"阿尔尼"，他之前为意甲球队工作。哈里对新鲜事物的态度很开明，因此经过别人推荐后，他将阿尔尼引进到了球队。这是一次挺有趣的试验，但对一些老将而言，阿尔尼的训练强度让人有些吃不消。伊恩·赖特、鲁多克以及约翰·莫库尔都是上了年纪的球员，最后哈里不得不告诉阿尔尼，让他别再那么训练了。保罗·迪卡尼奥很喜欢阿尔尼的风格，他当然会喜欢，因为阿尔尼会为他进行加练，比如跳跃障碍物和急起冲刺的训练。各式各样的训练方法让我大开眼界，而且对于我后来在切尔西的训练也是一种提前的体验。在西汉姆

① 切尔西队体能教练。

联接受的传统训练让我在意志品质和身体素质方面均有极大收获，我对此十分感激，但今非昔比，我已经准备好了去尝试新事物。爸爸已经看出了这一点，他鼓励我向前走，找寻自己所需，让自己更上一层楼。

那天下午，我们坐在拉涅利家客厅会谈，他当时已经胸有成竹，知道如何让球员去备战即将开始的新赛季。我天生就是个有条不紊的人，所以拉涅利的这种工作方式也非常吸引我。不过，公众则把他看作一个冒冒失失、引人发笑，甚至在和媒体打交道时会得罪人的教练。为了让人们理解自己的想法，他不时会试图将意大利语的说法直译成英语，或者在错误的语境下使用英语中的习语。这种状况只会在他偶尔跟球员一起时发生，而我们也觉得很好笑。不过，一旦是涉及球队的事，拉涅利的表达则会准确无误。

谈话一度非常安静，之前交流的内容一直很充实。他的管家端上了饮料。拉涅利对自己的出身非常自豪，他向我们推荐了咖啡，因为那是意大利产的。我喜欢他的风格，跟他在一起感觉很舒服。我坐在那里听他说着，同时斟酌自己的选择。

阿斯顿维拉表达过对我的兴趣，可是我那时还未曾好好想过搬到伯明翰。利兹联是最早对我进行问价的球队，我也被这支球队的特点所吸引——他们在较短的时间内围绕自身特点建队。他们当时在英格兰只是一支崭露头角的队伍，却已经拥有了"下一家豪门"的美名。他们已经有所成就：前一个赛季的欧洲冠军联赛中，利兹联打进了半决赛，最后被西班牙的巴伦西亚击败。现在，人们都希望这支球队更进一步，然后去挑战曼联和阿森纳的冠军地位。

我去见过大卫·奥利莱，很多人都把他看作英格兰最棒的年轻教头。我之前已经做了些功课，毕竟费迪南德上个赛季刚刚以创纪录的身价转会到他们球队，所以给他打电话还是很容易的。他解释说，球队的团队精神很棒，大部分球员都很年轻，大家都有着同样的渴望和雄心，希望赢得冠军。球队拥有阿兰·史密斯、罗比·基恩、多米尼克·马特奥以及其他像他们一样的好球员。整支球队团结紧密，喜欢一起努力踢球，一起放松娱乐。费迪南德觉得离开伦敦对他而言是件极好的事，我也认真考虑过这个主意。经历过西汉姆联的风波后，任何远离那里的想法都非常吸引我。利兹非常远，远得足以让我摆脱"老兰帕德乖儿子"的嘲笑以及"哈里任人唯亲"的责难。在利兹联我可以做自己，还能靠自己的力量解决问题。我拼命想让自己和过去划清界限，利兹联可能就是我要的答案。他们的训练场位于阿奇镇，附近风光秀丽。那里的生活与我之前习惯的也大有不同。

仅从足球层面而言，当我知道自己要转会后，我给自己假设过一个问题：我愿意去什么地方踢球呢？脑海中浮现出的第一个答案就是利兹联。结果也如此，他们是第一家对我提出报价的球队，他们的报价对我而言极具吸引力。现在回想起来，以他们当时挥金如土的声誉，这并不稀奇。不过，那时在球场上踢出的成绩也足以配得上他们的大笔花销。

所有一切都让利兹联成为火热的焦点，但奥利莱与我会谈的方式却打乱了我的计划。我很清楚，利兹联是一家知道自己目标的俱乐部。他们的坚定决心也是无可阻挡的：为了达成目标，球队愿意付出任何代价，不管是转会费还是其他方面。我感觉这样有点儿太过了。我在想，我会在他们的宏伟蓝图里占据什么样的位置，而奥利莱并没有浪费时间，他直接礼貌地告诉我，利兹联希望买下我，但我接下来必须努力去争取自己的位置。李·鲍耶、奥利维尔·达科特、大卫·巴蒂、埃里克·巴克和斯蒂芬·麦克菲尔已经在球队中全力争夺中场位置了。必须承认，我当时有点儿吃惊，这倒不是因为他无法保证我获得首发位置，其实我挺乐意证明自己，并且希望这样的情况发生，我吃惊是因为他们对我没有事前规划。

由于利兹联已经表示，球队会认真考虑西汉姆联为我开出的1400万英镑的高价，我还期待他们会计划如何使用我：我会踢哪个位置、和谁搭档、球队对我有怎样的期待，这些都是最基本的东西，如果我要花那么多钱，肯定会把这些事当作最重要的考虑因素，可是他们压根儿就没想过。虽然埃兰路球场①的整个实验最终如同他们老板的支票那样轻薄缥缈，但我以为球队主帅至少会想想我在他的计划里该被放在哪个位置。然而，奥利莱对此并没有我那么强烈的感觉。他知道切尔西也开出了竞争性的报价，因此改变了自己的策略。在他看来，切尔西还是那支掷重金购买老将的球队，而老将们早就失去了对成功的渴望，或者根本只想着高薪而已。关于切尔西当时的引援政策，这并非什么新的观点。古斯·波耶特、吉安弗朗哥·佐拉、佩蒂特，乃至维亚利都是30岁过后才加入球队的球员。每个人在球队的发挥也各不相同。而利兹联则是另一番景象，他们年轻气盛、雄心勃勃，无论我加入与否，他们都会向冠军发起冲击。

在我面前用这种手段是很冒险的做法。可能有人会认为利兹联当时的态度是傲慢的，但某些方面让我很钦佩。我渴望走上巅峰，而且不怕承认这一点。但是，我和利兹联之间的区别在于，我绝对不会像他们那样大张旗鼓地骄傲着，况且当时的我也不具备那种自信的资本。总的来说，我并未被打动。奥利莱还说，如果我想要赚更多的钞票，那就待在西汉姆联好了。我感觉被冒犯了，他完全误判了我的为人。之前我们一直没聊到钱的话题。我一路驱车经过M1高速路来到这里，原因只有一

----

① 此处为利兹联队主场球场。

个：我想和他谈谈足球。我不想涉及任何关于合同细节、薪资以及其他财务方面的话题。我和其他人一样在意自己的薪水，不过他聊起这个话题时显露的姿态却是：我视转会如同儿戏。这让我大为光火。他建议我应该留在西汉姆联，因为我在那里踢得很舒服，每周都有球可踢。我不需要他告诉我这些东西，我们会面可不是为了浪费彼此的时间。

聊到最后，奥利莱又说了很多，但我依然未能更深入地了解到自己会在利兹联的框架里扮演什么角色。我曾经展望过转会到这家俱乐部的前景。我最迫切想做的事就是提高自己，然后加入一个有雄心的足球俱乐部，球队成绩也将扶摇直上，但这次的经历让我感觉有点儿迷惑。和拉涅利在一起则不同，我清楚地知道自己的位置，也明白他需要我做什么，这是他和奥利莱之间最明显的区别。自那以后，我再也没考虑过去利兹联了。

拉涅利说得很清楚，他非常看重我这个球员，同时也认为，我为他效力定会受益匪浅。我仔细琢磨了一会儿，思考加盟切尔西会是怎样一番景象。我从来没支持过这支球队，不过也不讨厌他们。我过去都是西汉姆联的球迷。西汉姆联球迷对于切尔西球迷的厌恶，无非是基于普通的同城敌对关系。两队曾有过一些不和的历史，但自从两家球队再也无法成为伦敦领头羊后，双方也没什么激情和对方较劲了。除了地理位置上的距离外，还有一个因素是，切尔西最近成了英格兰花钱买人最大方的球队，这让西汉姆联球迷更乐意将目标对准传统死敌托特纳姆热刺。尽管如此，这对我来说也是一项重大决定。我从小就是西汉姆联球迷，球队也一直自认为是伦敦大球会。我之前从未想过要为同城的另一家俱乐部效力，我为什么要那么做呢？我这辈子都沉浸在西汉姆联的文化里，多数时候我还幼稚地坚信自己不会为其他球队效力。就算有，也肯定不会是在伦敦。我生长的背景和过往都有据可查，我很好奇切尔西的球迷会对我产生何种反应。毕竟我并非他们俱乐部的球迷，如今却要为他们效力。

西汉姆联和利兹联则毫无历史过节。我即将离开的是一家难以让我成就自己的俱乐部，没有必要再加盟另一家会让我面临类似遭遇的球队。我最不希望发生的是——正如球迷所想——我刚从油锅里跳出来，立马又掉进火坑。我不知道自己是否会被球迷接纳。

我向几位与我关系不错的队友寻求建议，其中包括斯蒂夫·洛马斯和约翰·莫库尔，我对他们十分信任。我左右为难的地方在于，切尔西当时声名狼藉地囤积了太多球员，他们当中多数都是球星级别。如果我和切尔西签约，那就意味着我要靠自己的努力进入主力阵容。另一方面，在那样的环境里踢球会给我更好的机会去提高自己。莫库尔和洛马斯都坚持了相同的说法。他们知道我一直想提高自己，于是告诉我，我需要将球迷因素放在一旁，应该将足球放在首位；我在切尔西有机会成为更强的球员，因为我会和更优秀的队友并肩作战。这些建议都是来自征战多年的职业球员，我非常敬重他们，这些看法对我来说很重要。但还有一个原因，可能他们只是希望我离队而已，因为这样就意味着中场少一个人竞争了！

离队的时刻终于来了，切尔西的报价虽然晚了一些，但还是被西汉姆联接受了。自从我和拉涅利会面、参观过他们的球场后，一切都进展得非常迅速。对方为我支付了1100万英镑的转会费。我当时试图去理解这到底意味着什么，但实话实说，那时发生了很多事，我很难整理好自己的思路。我甚至没能在签约日那天签下合同，因为我得去做例行体检，而我在那年夏天曾做过一次疝气手术。传言不胫而走，官方的宣布也推迟了一天。科林·哈钦森时任俱乐部执行董事，他出席了新闻发布会，并解释说签下我是为了取代古斯·波耶特和丹尼斯·怀斯的位置，他们二人刚刚离队。我听着他的话，意识到这将是一项艰巨的任务。波耶特是切尔西史上的传奇人物，他创造了不错的进球纪录，而才加盟球队的我之前在西汉姆联也有过类似的表现。让我欣喜不已的是，我还得到了波耶特留下的8号球衣，那是我的幸运数字。你若是刚转会到另一家俱乐部，没人能保证你会有这种好运气。我回答了几个媒体提出的问题之后，开始发现整个过程有点儿奇妙，甚至诡异。我们一起走到斯坦福桥球场的草坪上合影，我看了看这座球场，发现自己对这里已经很熟悉了，因为之前在这里踢过一些比赛。

哈钦森将我的新球衣递给了我，然后摄影师们不断地闪起了镁光灯。我看着这股蓝色映衬在我的皮肤上，顿时明白了我的生活发生了怎样的巨变：我的未来将走向全新的开始。西汉姆联已经成为过去式了，他们在遥远的伦敦东部。这一切感觉好不真实，如同做梦一般；与此同时，这种感觉又是完全顺其自然，甚至有点儿解脱之感。我感觉很好，此前我很害怕站在这里，担心自己会无所适从，可现在正好相反，我感觉舒服自在。我呼吸着这里的空气，看了一眼自己穿上全蓝色装备的样子，然后抬头挺胸。一种久未体会的感觉又回来了：我再次为自己的球员身份而自豪。

拍完照片后，我们还有一项礼节没有完成：我还没见过俱乐部主席肯·贝茨——人们都叫他"切尔西先生"。他的确是切尔西主席，不过他将足球方面的事务都交给了科林和其他管理人员。我之前并不认识他，或许很多人都以为从报纸上看到他的高调姿态，就足以了解这个人了。肯·贝茨由于观点激进而声名远扬。当科林告诉我他邀请我们共进午餐，地点是切尔西村的渔网餐厅时，我还为我们的初次见面有些担心。

虽然肯·贝茨先生的个子很小，但却拥有器宇轩昂的气度。他是个具有传奇色彩的人物，对自己的角色得心应手。我当时有些拘束，毕竟他刚为我花费了1100万英镑，你不可能每天都与这样的人物面对面。不过，他人非常好，最后，我和他的关系也走得很近。奇怪的是，我感觉自己亏欠他很多，因为他准备在我身上花那么多钱。虽然转会市场的状态并非我能左右，那是当时的市场价，但当这些钱关系到自己时，我还是会不由自主地感到有些不安。我对自己的能力毫无疑虑，而肯·贝茨的举动也展现了他对我的极大信任——这笔钱可真不少。

不过我们俩之间很合拍，他一开始就对我特别感兴趣。他不会特别干预球队，但在更衣室里还是经常能听到一些只言片语：贝茨先生对哪些地方满意，哪些地方不满意。如果真的有问题，他一定会立马让你知道。谢天谢地，多数时候我还是能让他满意的。

效力切尔西的第一个赛季，我们在最后一轮比赛客场挑战米德尔斯堡。直到这场比赛前夜，我才发现自己有麻烦了。我们都待在球队预订的酒店里，他见我从他身边走过，便叫我坐下来聊聊。我立刻就明白了，这绝不是巧合。贝茨先生问我上周六是不是去了伦敦的一家夜店，他的语气还是一如既往的平和。我如实招供，但有些不知所措，并且有些担心这次谈话将如何进行。

他说："你在夜店一直喝酒。"

我回答说："是的，我出去喝了两杯。"

"哦？我和那里的保安很熟，他说你喝了很多酒。"

我很被动，也不太清楚该说什么才好。

"主席先生，我并没有喝得烂醉。我只是和几个朋友出去喝了几杯。"我正解释着，但是被他打断了。

"听着，我在你身上花了1100万英镑，我不希望你让我失望。"

这就是他举重若轻的方式：直截了当但语气又不会太重。直到现在，我依然很敬重他。他想让我知道，他明白到底发生了什么事，同时他还想让我对自己的行为负责。后来，同样的谈话又出现了。那是在我接受了一家男性杂志的采访后，我回答了记者关于更衣室的问题，开了几个玩笑，但杂志上呈现的样子很糟糕。其中有一些性暗示还被一家小报抓住了，他们写出了一篇完全无中生有的报道。这是我自己惹的祸，听别人说，主席被这件事气坏了。但他并没有叫我去见他，直到有一天，我从斯坦福桥球场走过，我听到了他那不易被混淆的说话声。

"弗兰克，请你过来一下。"

我当时心想："遭了，逃不掉了。"

我感觉自己就像个犯了错的小学生。我明白是什么原因，在他开口说话前我就想告诉他，我很抱歉，而且绝不会再让类似的事情发生了。其实他并不想骂我，不过他情绪很激动。他对我说，我这么出色的球员不该接受那样的采访；我应该谨言慎行，想一想自己的话可能会被人如何解读。他说的没错，但我不知道该如何回答。我被他狠狠说了一顿，觉得他对我的失望多过愤怒。他一直对我保护有加，而我却因为犯错被媒体揪住了，这伤了他的心。

他对球员们非常热心。他似乎特别关注英格兰年轻球员的福祉，同时对效力切尔西多年、表现优异的众多外籍球员并无怠慢。一年后，乔迪·莫里斯和约翰·特里在威灵顿夜店惹上了麻烦，贝茨先生在公开场合声援过他们。当二人被判无罪后，贝茨先生又是第一个欢迎他们回归球队的人。

贝茨先生为人忠厚老实，因此他也希望别人对他报以同样的忠诚。他把俱乐部运营得像个大家庭一样，而他的另一半苏珊娜女士则为俱乐部增添了慈母般的关爱。她对球员们的妻子或女友很关心，我刚加盟的时候，她真是帮了我不少忙。苏珊娜女士有种独特的温柔气质，这与贝茨先生的性格形成了鲜明对比。她十分乐于助人，这一点经常让我联想到我的母亲。

加盟切尔西队的第一个赛季末，我开始和艾伦·丽华丝约会了。艾伦是个西班牙姑娘，虽然她的英语说得很好，但某些场合的谈话还是会让她难以适应，尤其是和刚认识的人交流。贝茨先生和苏珊娜女士都知道我们对这段关系是认真的，于是邀请我们一起到"家庭"餐厅共进晚餐。这是一家斯坦福桥球场附近的意大利餐厅。我对这次晚餐有些紧张，我和艾伦一同前往切尔西村酒店，然后贝茨先生邀请我们去他的公寓。他那天穿得很正式，向我们介绍了周围的情况，随后我们搭上出租车一起出行。贝茨先生用他特有的傲慢语气和出租车司机聊了起来，他问司机是不是切尔西球迷。那个可怜的家伙回答说，他支持托特纳姆热刺。回答错误，因此贝茨先生一路上都在找他麻烦。到了餐厅，我们就座的位置非常棒，服务生为我们斟上了一些酒水。我点了杯红酒来搭配晚餐，我非常想尝尝这杯酒的味道，同时又怕贝茨先生不同意我喝酒，所以连杯子都不敢碰。我猜他注意到了。晚餐吃到一半的时候，我象征性地抿了口酒。随后他为大家添酒水，唯独到我这里就跳过了。他的举动简直令我捧腹。和贝茨先生做伴非常有趣，他极其健谈，只不过聊着聊着就聊到了足球。他的语速很快，艾伦很难跟上谈话的节奏，因此感觉有些不安。苏珊娜女士对此已有察觉，就将聊天的内容转到让艾伦舒服的话题上。

我觉得他对约翰·特里也是如此。他总说，我们是切尔西的英格兰核心、是这支球队的灵魂人物，一如他此前的设想。如果不是他决定花大价钱把我买下，我可能不会在这家俱乐部效力了，也可能难以企及我职业生涯中的这些成就。我对他感激不尽。他的确为我花了一大笔钱，但并非别人认为的那样物非所值。

其实我对这笔转会费深感自豪，也希望球队为我花一大笔钱，因为这就意味着我对球队而言是个有价值的球员。我并没有感到来自转会费的压力。可能当时有不少切尔西球迷认为球队为我开价过高了，还有更多的西汉姆联球迷对此深以为然。不过，我比任何人都对自己有信心。同时，弗朗西斯·杰弗斯从埃弗顿转会阿森纳，他的转会费只比我略低一些，所以相比较而言，这就是当时的市场行情。关于转会费我只跟一个人交流过，那就是我父亲。他告诉我别担心，再过几年我的身价还会翻倍。我对他的话一笑了之，我知道他试图让我放松一点儿。不过他现在总会提醒我，当初他说的是对的。无论如何，我对转会费都无能为力，只能把这个数字抛在脑后。

我们在7月初要前往意大利中部小镇洛卡波雷娜进行季前备战，在此之前我有一小段度假时间。我从埃塞克斯搬进了俱乐部为我租下的切尔西区沃顿街的公寓，楼下就是一家商店。这次搬家对我来说是一件大事，我花了几周时间来准备。我虽然只是从伦敦的一侧搬到另一侧，但我这辈子都没离开过自己长大的地方，那里既熟悉又安全。马克·博斯尼奇当时也是库特纳的客户，他当时已经加盟了切尔西，并且在当地居住。这对我很有帮助，因为他带我熟悉了一下周围环境，然后告诉了我一些关于球队的事情。

博斯尼奇是个性情中人。我抵达球队的第一天，他就带我去训练场，我发现他是个做门将的料子。他会放开嗓门大喊，让前面的球员都能听到。他笑起来时，笑声能覆盖全场。这一切都毫无矫饰，他几乎一直都是这种状态，而且有很多淘气的鬼点子。

我们会一起出去吃晚饭，他住的地方离我不远。我的公寓地理位置非常棒。沃顿街上有很多家小店和餐馆，而我住的地方就在斯卡里尼餐厅楼上。没过多久我就离不开这家餐厅了，又过了一阵我便开始让服务生给我送外卖，只要是他家的菜都行。这非常有趣，因为我在西汉姆联效力时，去斯卡里尼餐厅用餐一般都是重要场合；而现在我就住在那边，我家和餐厅只有两道门的距离，只要打个订餐电话，服务生过几分钟就会来敲我家门送餐了。时至今日，它依然是我在伦敦最喜爱的餐厅。

尽管我在这个地区舒服地住下来了，但还是在进入俱乐部的时候感到了文化冲击。这里的一切都与西汉姆联大不相同。举个例子，我们在查德维尔西斯有自己的厨师雪莉——愿上帝保佑她——她是个很可爱的人，但是会做的菜相当有限，如酥皮的鸡肉蘑菇馅饼、肉酱土豆泥馅饼以及意大利肉酱面。从周一开始我们就要吃这些丰盛的饭菜，然后要持续一个星期。这些食物很合我胃口，但却未必适合要训练的球员的胃口。对西汉姆联的餐厅最恰当的形容是，它类似于小咖啡馆或汉堡店，那边几乎没什么配套设施。切尔西的老训练场位于哈灵顿，那里的环境也好不到哪儿去，配套设施简直糟糕透顶，楼上有个开放式厨房，但食物就跟西汉姆联完全不一样了。那里有各种通心粉和沙拉可供选择，从第一天起我就明白了：我的饮食习惯将会迎来翻天覆地的变化。

除了饮食带来的文化冲击外，拉涅利还特别热衷于利用血液检查来记录球员的健康水平。我到队的第一天就进行了一次血检，令我惊讶的是，他们用试管采集的血液样本竟然有10个之多，目的是要检测我的新陈代谢功能以及整体健康状况。奇怪的事情发生了，就在第一天测试后，他们发现我的血液中铁元素的含量很低，虽然不至于贫血，但也濒临那个水平了。我一开始对这项流程半信半疑，因为西汉姆联完全不会这么干。如果有医生对查德维尔西斯的小伙子们进行了血检，那可能会发生在某人因情绪不佳豪饮了10大杯啤酒外加几杯红酒时。我不认为有人会想知道检测的结果。哈里明白，这种方法对我们并不奏效，然后他顺应人心地没有推行下去。不过说真的，在切尔西效力的第一年，拉涅利总会让我放一天假，不必去参加训练，有时甚至不会告诉我真正的原因是什么。原来是想要恢复我体内的铁元素含量啊。

就我个人看来，他对这项技术依赖过多了。我对这个流程并不反对，但我坚信：关于健康状况，球员们对自身的了解程度要胜过任何医生。拉涅利一度想让我注射铁元素，但我并不感兴趣。他也没给我解释原因。就我自己感觉，我很健康，所以我并不需要。后来我开始服用一些补铁药片，并且保持了这个习惯。不过，转念一想，我在西汉姆联一线队待了4年，但是从没检查出这个毛病。至此，我更倾向于观察解读自己的身体。如果感觉不错，那就参加比赛；如果感觉不行，那就告诉主教练，看看应该怎么办。现代足球需要更多的思考，拉涅利习惯在日常的执教中使用运动科学的方法。

我当年在西汉姆联效力，接触最多的是胆固醇测试。可是，我们在切尔西连弹跳力都要测试一番。罗伯特·萨西是球队的体能教练，他会在季前备战期间测试我们的弹跳水平，我的弹跳差得要命。我之前从未接受过如此专项的训练，但拉涅利热衷于此，他有时会让萨西训练我们一整天。我们采用短跑冲刺训练，然后在练习跑步期间要跳过5种不同的障碍。一开始，我还在想："这到底是在干吗？"现在回想起来，发现自己在加盟切尔西后体格强壮了很多，我也明白了这种训练的益处。尽管头两年这种训练很辛苦，但我发现我的肌肉结构产生了很大的变化。

教练要求我做的事，有一些我无法好好完成，甚至不能很好地理解。我对此感到十分尴尬，球队为我砸下了1100万英镑的转会费，而我却看起来像个傻瓜，只因我不太习惯这样的训练方式。我不太确定萨西的要求是不是太严，但我很感激他的训练帮到了我。

当时有六七名主力球员并未立即回到球队参加季前集训，因为他们刚踢过世界杯预选赛以及其他国家队赛事。吉米·弗洛伊德·哈塞尔巴因克、埃聚尔·古德约翰森、马塞尔·德塞利等球员都得到了额外的休息。我非常高兴,特别是当时我还在为站稳脚跟而努力。

拉涅利有个习惯,他会在季前集训时带领球队去意大利山区的一个小村庄训练。那年夏天,我们一起坐飞机前往小村庄。飞机上有一群我不怎么认识的球员,大多数是我认不出名的青年球员。坐在我旁边的是乔·基南,他也是来自英格兰本土的中场球员,和他坐在一起让我感觉比较自在。比利·麦卡洛克和我之间隔着两个座位,他是刚刚加盟球队的按摩师,那时他可比现在安静多了。我记得当时自己还在纳闷:"这个老家伙是何许人也?"现在想来,觉得有点儿怪怪的,因为比利觉得自己比这帮球员都要出名!他跟我当时的处境非常相似。我们俩都是初来乍到,还在试着融入球队,并不想制造麻烦或者闹出洋相。说句实话,比利在那次旅途中忙得要死,同时也展现了他在工作中是怎样的得心应手。乔迪·莫里斯也注意到了这点,而比利总是有求必应,确保球员处于最佳状态。我也因此受益不少。特里和我经常揶揄比利有双"魔术手",不过真的不是说笑,要不是比利长期的专业奉献,我就没法踢那么多比赛了。首次出行我们就建立了不错的关系。我告诉他,如果他对我负责,我也会对他负责。最后的确如此,我们成了好朋友。

乔迪·莫里斯和约翰·特里当时也在队里,我对他们俩有种与生俱来的亲切感,因为我们都是英格兰球员,而且彼此年龄相差无几。我们坐了3个小时的大巴才抵达酒店,其实说是快捷旅店更合适。那个酒店的环境不错,就是太偏了。我和莫里斯住一个房间,之前我和费迪南德在伦敦一起出去玩时认识了他。在青年队比赛时我们俩也有过较量。

我们在那里待了16天,整个训练强度很大,也很枯燥。那边的配套设施简陋得就像原始人用过的。床也非常小,我们的房间里有台小电视机,只能收到几个外语频道。这里条件很艰苦,但能让我首先将注意力放在集训上。在西汉姆联效力期间，我们总能找到其他的娱乐活动，比如在下午打一会儿高尔夫球之类的，而现在一切都只跟训练相关。我发现自己每天都在努力维持状态，相对于之前习惯的一切，这样的训练水平更高、难度更大、身体对抗更强。我努力地训练，希望拿出好的表现，但总有些日子感觉很失落，因为总有些地方表现得不好，即使是最简单的事似乎也变难了不少。

一堂训练课结束之后，我们会分散站开，之间大概有四五十米的距离。特里、莫里斯和我会相互为彼此送出长传球练习。莫里斯是个好球员，他当时已经有欧冠联赛的出场记录了，同时也是球队在英超联赛中的主力球员。他为切尔西的各级梯队效力过，这可不是一项简单的成就，因为之前球队总会将成熟后的年轻队员卖给其他球队。我不清楚他是否得到了自己应得的赞许，他的技术很出色，堪称球员中的球员。如果你被对方盯死了，需要有个队友去接应你，他绝不会备受煎熬地去造一个界外球。他的足球智商极高，无论是有球还是无球的状态，他都会为自己和队友创造空间。和莫里斯一起踢球，你会明白两件事：他的传接球都不会被抢；无论对手是谁，他都会坚定地在你身边给你支持。莫里斯是一种现代足球里逐渐消失的球员，他是个真正的男子汉。他在场内场外别无二致，会直截了当地告诉你事实，绝不拖泥带水。这方面我非常感激他，我知道我们永远都会是好朋友。

有的球队会有预谋地制订计划，然后在球场上威吓你。切尔西一贯被某些球队认为是软柿子。在我效力期间，这种事并不经常发生，不过一旦出现，莫里斯就会来护着我。我明白，这个家伙信得过。我们不会去理会别人胡说八道，以及人们讨论比赛中对抗有多激烈。如果有球队下脚凶狠，我一定会希望身边有莫里斯和我并肩作战。他依然有实力为切尔西踢球，但他为切尔西所做的贡献多少还是被他鲁莽的决定所掩盖。他得到了球队的续约合同，但是由于经济方面的原因，他拒绝了球队的合约。

特里也有许多类似的品质，不过他那时还是名年轻队员。不过，他在训练场上的传球可以跟莫里斯相提并论。此前我一直是西汉姆联的首发球员，而切尔西队刚刚为我拍出大笔的转会费，即便如此，我也明白，莫里斯和特里左右脚的长传水平都比我更好。我刚做过一次手术，左脚丧失了一些力量，导致我的传球不是很到位，我也明白这一点，这让我有些尴尬。有时候我还发现自己对佐拉和德塞利依然心存敬畏，他们相比年轻人已经在走下坡路了。

在西汉姆联，如果有人没踢好，我们就会一起哈哈大笑，但切尔西的球队文化却不尽相同。在某次早间控球训练课上，我犯了个错误，抬头一看，发现有个老球员正在鄙视地看着我。他的表情并不是很轻蔑，看起来更像是难以置信的神情。他认为每个人都应该完成这件事，但是我居然搞砸了。我有些吃惊，不过我很感激父亲向我谈起过很多关于博比·摩尔的逸事，让我获益良多。显然，你要是给摩尔传球失误了，他可不会直接跟你发火，那不是他的风格。相反，他只会给你使个眼色，仿佛在暗示："拜托，那可不是这里的人应有的水准哦。"摩尔是西汉姆联历史上最伟大的球员。由此，我意识到转会切尔西是我职业生涯里迈出的一大步。

作为球队中的新成员，我必须遵守球队传统——在训练营里唱首歌，这个活动定于一周后开始。接下来的日子里，我变得越发紧张，紧张到我觉得自己都不在乎训练了，满脑子都在想着唱歌的事。这种情况就更加雪上加霜了。所有的明星球员都到场了，因此我明白自己将有幸在所有顶级球员面前出丑一次。我想借酒壮胆，但却连一杯葡萄酒或者别的饮料都喝不下去，我实在是心烦意乱得很。有人选择唱弗兰克·辛纳屈那种风格的歌曲。"唱得不错。"我心想，我可没必要去冒无谓的风险。我决定稳妥起见，高歌一曲《可能因为我是伦敦人》（*Maybe It's Because I'm a Londoner*）。这是个简单的办法，我也不在乎结果如何。

其他几位新球员也得唱歌，比如博多·岑登和佩蒂特。轮到麦卡洛克唱了，他显得非常腼腆，他说自己什么都不会唱。因此，他主动要求讲几个笑话以作弥补，此时全场出奇的安静。足球圈也是一个等级分明的社会，运行模式跟学校操场上的等级制度基本一样。这里可不是让新人去改变规矩的地方，同时也不能在这些"观众"面前出洋相。人们会在这样的环境里苛刻地评价你，而留下糟糕的第一印象就可能让你难以翻身。麦卡洛克不是自信心爆棚，就是脑子被门挤了。结果，他竟然让一些人发出了笑声，接着又讲了几个笑话，最后全场人都笑得前仰后合。这便是"喜剧大师"麦卡洛克的初次登场，从此之后他每天晚上都会站起来说笑话给我们听，至今依然如此。

当时特里年纪尚小，只有18岁。尽管他不太爱说话，但你还是能看出他的个性。我此前一直都听别人说，他会成长为一名极其优秀的球员。我们在一起训练后，我才明白他到底有多棒。他已经赢得了俱乐部的年度最佳球员奖项，考虑到这支球队里有多位成名球星，这是项了不起的成就。不过，即使在那时，特里已然拥有了一种独特气质，预示着他就是球队的未来，他就是未来的队长。他训练的方式也很特别，你能从他的眼神里看到他的决心，他坚定地希望提高自己并且获得成功。我非常理解他。在沉默寡言的外表下，特里有自己的强烈特征，这是能察觉到的。

这次集训可以让我们一窥拉涅利和萨西的训练强度。我们在高海拔地带练习了1000米跑以及无数次短跑冲刺。我前不久刚做过疝气手术，因此，在射门训练期间感到腹股沟附近有一阵刺痛，但我什么都不想说。我刚来到球队，希望给人留下积极的印象，所以我还进行了一些额外训练，以显示自己的热情。所有人都训练结束后，我和球队教练安吉洛·安特努齐又进行了一些射门训练，但动作并不连贯。我能感觉到有点儿疼，而腹部不断出现的紧张感更是雪上加霜，感觉就像刚到学校的第一天一样。想想自己现在在切尔西待得有多开心，以前的不快似上辈子那样遥远。当时我只是太急于表现了。

我们踢了几场季前热身赛，其中一场是对阵莱顿东方，他们的球迷一直在找我麻烦。由于之前有球员离开，我得到了坐镇中场的机会。同时，罗伯特·迪马特奥也受伤了，能不能复出归队还是个问题。岑登出现在了左路，而耶斯佩尔·格隆夏尔则是在前一个赛季中段加盟球队，另外队内还有约卡诺维奇、萨姆·达拉博纳以及马里奥·斯坦尼奇。

我和佩蒂特应该是中场中路的核心人物，我很期待和他搭档。对于球队中场四人组合的平衡配置，我感到非常激动，两个边锋分居两侧，而佩蒂特则在中场负责扫荡。他通常会往左边路活动，而我喜欢插上进攻。拉涅利在季前热身赛中数次将我放到边路位置，我开始有些紧张自己在赛季开局阶段会是怎样的表现。

这种担心并非多虑。拉涅利让我尝试过中场左路和右路，现在我真希望之前就能够坚定地表达自己的感受。而我的位置并不是唯一的问题。佩蒂特再也没有当年效力阿森纳时期的稳定表现，而且我们两在前几周并没有磨合好。虽然在某些比赛里，他的状态甚佳、表现优秀，但却深受伤病困扰。我和他的搭档并没有按计划进行，部分原因是球队调整了搭配人选。

除此之外，佩蒂特还是一个难以琢磨的人物。他并没有融入集体之中，大家都在说笑或是出去找乐子的时候，他不会参与其中。无论从哪方面而言，这都让人更难了解他。过了一段时间我才明白，他就是这种性格。他的脾气不太好，而且有些内向。不管他对我的看法如何，他都会闷在心里。我们从来没法成为最好的朋友。我接受现实，不过你还是需要跟一起踢球的搭档有些感情，这样才会有默契的发挥。

在我首次亮相之前，我的脑海里一度浮现出了一些消极的过往经历，那都是我在西汉姆联效力期间遭遇的事。你肯定想不到另一支球队的球迷会如何对待你，而我又是一名来自同城劲敌的球员。我仔细听着球场播报员介绍球队，他念到了我的名字，我听见球场内爆发出一阵真诚的欢呼声。谢天谢地！那个赛季的第一轮联赛，我们1：1打平了纽卡斯尔。岑登为我们取得领先，但克莱伦斯·阿库纳扳平了比分。这个结果并非我所预期的那样，而最让我失望的是我发现了位置改变的征兆。比赛开始后我还在球场中路活动，而且表现尚可，但最终却留在了左边路。这样的事在那个赛季层出不穷。

我很生气，倒不是因为我觉得自己踢中路的权力是神圣不可侵犯的，而是我觉得自己还在摸索阶段。因为队内伤病的缘故，前几场比赛我要被调到左路或右路去踢球。其实谁都没有错。第二轮比赛就好了很多，我们击败了南安普顿，我还在好几家报纸上被评为当场最佳球员。可是，我在中场的位置依然飘忽不定，我变得不耐烦了。

随后一周，我们客场挑战托特纳姆热刺，我对自己的表现和位置问题一直耿耿于怀。切尔西和托特纳姆热刺之间的比赛总是充满了某种竞争。不幸的是，做客白鹿巷球场的比赛成了我职业生涯里的一座里程碑。在此之前，我从来不知道被红牌罚下是什么滋味。

那天下午我终于明白了，也懂得了这种滋味并不好受。我不是一个球场恶汉，但我犯下两次足以吃牌的犯规，第二次犯规非常让人沮丧。我那天领到的第一张黄牌是因为对西蒙·戴维斯的犯规，那还算说得过去。不过，此后比赛变得越发激烈，哈塞尔巴因克罚入点球后，对手又将比分扳成了2∶2。我在开场阶段就助攻他打进一球，但我们两次领先都被对手扳平了。这时我向对方门将冲了过去，然后就被绊倒了。这显然是一次意外，莱德利·金碰到了我的脚，然后我摔倒了。不过，裁判挥手示意比赛继续进行，我爬了起来，尼尔·苏利文和克里斯·佩里当面指责我假摔。我非常讨厌这种做法，我从来不假摔，任何了解我的人都知道，我绝不会无缘无故就摔倒的。我们之间有一些推搡，但比赛还在继续。直到球出了底线，我看见裁判正向我走来，我知道要发生什么了。我既生气又沮丧地走出了球场。

赛后，拉涅利过来和我谈话，他说："弗兰克，在球场上你必须要具备冷若冰霜的镇静。"那时我才冷静下来。这张红牌并没有让我太受困扰，吃牌的缘由是裁判自己误解了当时发生的状况。事实是，对方球员说我是个骗子，这的确激怒了我。如果我确实假摔了，我会接受这些责骂，但我其实是被侵犯了，而这种责骂只会让整件事变得更糟。

我感到心烦意乱。德塞利在最后时刻攻入一球，帮助球队拿下胜利，这或多或少减缓了我沮丧的情绪。可是，我依然无法忘掉自己被罚下的事实。我讨厌吃到红牌，让球队处于如此巨大的压力下。如果情况是我别无选择，必须放倒对手，那我就不会感觉那么糟糕了。这张红牌领得毫无必要，也非常不走运。

我才来球队没多久，就有红牌记录了，这个开头不太顺利。拉涅利知道我很心烦，他清楚什么时候该让我休息。随后一周的训练里，他给我放假了，但我有些费解。这个赛季才开始两周，我状态正佳，也希望参加训练。但是，他坚持要我休息，因为那样能让我的身体反应更灵敏。

下一场比赛里，我打进了加盟后的第一球，那是在欧洲联盟杯对阵索菲亚列夫斯基的比赛。一切似乎都在走向正轨，而主场对阵米德尔斯堡的比赛最能代表我们在那个赛季的表现。我们在半场结束前轻松取得2：0的领先优势，但最终却被对手逼成2：2的平局。我觉得那天自己踢得不错，但拉涅利在比赛还剩30分钟时将我换下，当时我们还以2：1领先。对方在比赛最后阶段得到一次可疑的点球机会。这是一场我们完全掌控了的比赛，但我们却在这样的比赛里将我们的脆弱暴露无遗，最终挥霍了赢球的机会。

我们不仅在国内联赛里表现吃力，而且没人能预料到我们将在联盟杯第二轮面对突如其来的冲突和骚乱。纽约的9·11事件已经影响到了欧洲的洲际比赛，我们聚在一起收听抽签结果时，就有球员担心我们会不会抽到一支以色列球队。

而实际情况却是，你怕什么就来什么。我们抽到了特拉维夫工人队，许多球员开始猜测客场比赛可能不会在以色列进行，因为安全问题显而易见。当时全世界都弥漫着敌意和紧张情绪，要让我们去那里踢球简直是不可思议的事情。

我们坚信最后会去塞浦路斯或是其他合适的中立球场踢球。当得知还是要去特拉维夫比赛后，我们感到难以置信。球队中出现了骚动，俱乐部察觉到了，召集了球员和主教练开会。我们集中在训练场的健身房里，球队还邀请了英国政治保安处的安保官员为我们答疑解惑。俱乐部非常希望派出全主力阵容出战，这位官员也竭尽全力地向我们保证我们一定不会出事的，随时都会有武装人员保护我们，而我们的航班无论是在空中还是地面，都会确保万无一失。不过，并非所有人都确信不疑。球队里的很多人都在窃窃私语，有的人脸上写满了担忧。拉涅利对于这些问题的观察相当敏锐，他的反应也十分得体。他当时承受着来自俱乐部高层的压力，但他向大家说明了一点：不会强迫任何人出征此次比赛，任何选择退出的球员也不会遭到惩罚。他坚定地站在了球员这一边。

我认为贝茨先生想要所有人都去比赛，但这种情况下很难要求大家达成一致。我们一度讨论过是否应该集体向俱乐部表示拒绝出征的意见，但俱乐部警告我们，如果我们那么做，他们就会派出青年队去参赛。我们都明白俱乐部需要在欧洲赛出优异的成绩以及随之而来的奖金，同时由于欧足联可能会进行制裁，俱乐部还是会派出一支球队去参赛。哪怕出战的球队输了个0∶10，那也好过得到一笔金额不菲的罚单以及未来洲际比赛的禁赛处罚。

拉涅利离开了房间，这下我们可以畅所欲言了。危机处理会议在那个赛季并不罕见。如果输球了，我们就会聚到一块儿，然后讨论什么地方出了问题并消除误会。但这次则有所不同，甚至还有些尴尬。通常情况下，会议都是由队长德塞利或格拉姆·勒索克斯来领头讨论。最后，他们俩都决定不随队出征，因此决定权在所有剩下的队员手里。我们从团队的角度出发一起考虑这种处境，我们决定征求大家的意见，看哪些人已经准备好出战了，最后只有6名老将选择退出。还未婚娶的年轻球员会轻松许多，而拖家带口的老将们会有更多的顾虑，比如德塞利、勒索克斯、佩蒂特、威廉·加拉、阿尔伯特·费雷尔以及埃聚尔·古德约翰森。

我不会指责他们，我自己对这次出征也很紧张，但当时的我没有家庭的后顾之忧。可是，纽约的恐怖事件刚过去不久，任何人在登机的过程中都会记起那让人不安的经历。同时媒体还在添油加醋，他们为没有出战的球员打上了"懦夫"和"叛徒"的标签。那次经历真是让人如履薄冰，我们即将前往参赛的地区，是9·11事件后全球最有可能爆发恐怖袭击的地方。无论对手是谁，勒索克斯都是可以为球队肝脑涂地的人；而德塞利堪称世界上最佳后卫，他是个坚持原则又很强势的人。德塞利非常顾家，而且对自己的原则坚信不疑。奇怪的是，我记得很多媒体记者也做出了类似的选择，其中也有不少人没有跟随我们去采访。媒体其实没必要那么做，我觉得他们根本没有把所有因素考虑进去。他们只是按自己的臆想写出了文章，因为当时很流行在切尔西身上爆料。

我完全理解选择退出的队友们，而我也有自己的顾虑，我一度也不愿随队出征，但最后还是迫于压力而出行。我看到了媒体的猛烈抨击，担心批评会愈演愈烈。同时，我心里很清楚，自己加入切尔西的时间并不长，还在寻找站稳脚跟的办法。像德塞利和佩蒂特这些球员，他们年纪更大，已经在自己的职业生涯里斩获了各种荣誉。我刚签约入队，理应拿出英国人的勇猛精神，我可不希望自己的意志力遭到质疑。人们以为，出战的球员和留守的球员之间可能会有冲突，但事实并非如此，登上飞机的伙计们也是情非得已。

我现在有了艾伦，还有我们的女儿露娜。回首那段经历，如果再次发生类似的情况，我可能不会登上飞机了。我当时征求过父母的想法，母亲并不希望我去，而父亲则指出：如果我选择退出，人们就会质疑我对俱乐部的忠诚，以及我身价高达1100万英镑的标签。

最终我还是没有勇气退出，随球队一起出征以色列。问题确实出在欧足联，因为他们不该把切尔西置于那种境地中。几个赛季之后，曼联被告知，不用去以色列了，而是去塞浦路斯比赛。我认为，这是因为切尔西并非足球政治圈里的大玩家，所以官方更容易做出决定。如果是AC米兰或皇家马德里处于我们的位置，我想结果就会大相径庭。

这些只是飞机起飞后，我在途中的一些随想。尽管此次航班安然无恙，但这次旅途还是有些超现实的感觉。航班上一切正常，除了我们的机舱里有荷枪实弹的保镖守护着。随后我们乘坐大巴前往酒店，周围也是由军队和警察护送着。球队下榻的酒店也是如此，每一层楼都有保镖看守着，他们会在进出口区域巡逻。这一切原本是为了让我们安心放松的，但却让我倍感不安。

我迫不及待地想开始比赛，部分原因是我想尽快回家。由于部分主力球员没有出征，我们遭到了对手的猛攻，而结果也糟糕至极，我们0∶2输掉了比赛。我们的表现其实比对手好，比赛里唯一获得首发机会的小将是中后卫乔尔·基塔米里克。那两个失球都是在比赛的最后阶段出现的，这简直就是灾难。这种情况下，我们能拿到一场平局就不错了，尤其是我们阵中还有6位主力球员缺阵。

对方球场的氛围非常热烈，但不是针对我们，而是球迷们在支持自家球队。中场休息期间，拉涅利对我们大发雷霆。当时的比分是0∶0，考虑到各种因素，我觉得球队的表现还算可以。他大声怒吼，问我们到底是怎么回事。可能是因为整个风波给他带来了太多压力。不过他经常会使用逆向心理战术，要是我们自以为踢得还不错，他就会责难我们。你可能在攻防两端都发挥得不错，并且控制住了比赛，但他会质疑我们，因为他想确保我们在下半场继续掌握球权。穆里尼奥就不会这么做，但那的确是拉涅利的执教方式。

我已经习惯了。我们领先一球甚至领先优势更大时，他会朝我们大发雷霆，搞得我们一脸茫然。大家面面相觑，心里想法别无二致：我们踢得挺好的啊。拉涅利习惯用这种方式让我们保持警觉，我尊重他的判断。不过，关于如何在这种情况下保持优势，我不太相信这种方式能够一直奏效，因为拉涅利忽略了一个事实：和他打交道的是一群成年男人和经验丰富的老将，我们知道自己踢得是好还是烂。虽然我明白他只是在用一种方法来激励我们更好地发挥，但这个方法并不太令人信服。

直到穆里尼奥执掌教鞭后，我才看到不一样的方式。我们第一次赢球后，他满面春风地走进更衣室。等到所有人都洗澡更衣后，他告诉我们踢得有多棒。他把所有的积极因素说了一遍，然后说我们没理由不继续进攻、赢对手五六个球。这无疑是一剂强心剂，让我们充满自信、彼此信任。这种方法也让我们感觉更舒服，并达到了预期的效果。对穆帅而言，更重要的是把自己的队员当男人看待，尤其是一切运转顺利的时候。

这并不意味着即使我们踢得一团糟，他也不会指出。他会同样毫无顾虑地说明我们哪里没做好，不过他依旧会用一种成年人的方式来说，丝毫没有拿我们当小孩儿看待的意思。不管是出于什么原因，他都会把自己看到的状况喊出来，很多时候都是我们没有发现的问题。即使是比赛进行得十分胶着，外界的呼喊都不起作用了，球员们也经常会意识到球队有没有胜算，穆里尼奥亦然清楚。

拉涅利传达的信息则有些难懂，我也时常困惑。令人难以想象的是，踢完特拉维夫工人的比赛后，情况还将变得更糟，但事实就是如此。我们希望将上一场尴尬的失利抛在脑后，然后依靠全队的团结和力量挺进下一轮。两周后的主场比赛里，此前没有前往以色列的6名球员中有5位首发登场。我们在上半场一球落后，随后便扳平了比分，但还是无力回天，最终我们以总比分1∶3被淘汰。

这种感觉有些奇怪，我从没经历过，但我知道切尔西之前一个赛季就在联盟杯上被瑞士球队圣加伦淘汰了，球队似乎开始积攒这样输球的名声了。几个赛季之前，球队还曾发挥神勇，打进欧冠联赛八强，因此目前这种状况实在不应发生。或许整个风波最糟糕的后果当属波及某些球员，有人因为这次失利成了替罪羊，比如格拉姆·勒索克斯。他是个优秀的职业球员，也是个顾家的好男人。他只是为自己和家人做出了正确的选择，却因此饱受批评。这一定对他有所影响，在我看来，这是极不公平的。

我遇到的则是另外一种困难。在没有被换下场之前，依然经常踢中场以外的位置，我开始变得不耐烦了。即便是我在中路位置首发出场，拉涅利也会做出调整，他让约卡诺维奇上场，仿佛在说："兰帕德你去套边吧。"这种情形下，我通常的反应是："这到底是怎么回事？"糟糕的是，特里和麦卡洛克还会在比赛日的早上拦住我，问道："吉格斯先生，你这个星期要踢哪个位置啊？"除了这个绰号之外，我压根就不是瑞恩·吉格斯①那种类型的球员。虽然我尝试尽可能地插上进攻，但感觉就是不舒服。我对拉涅利极为钦佩和尊重，永远都不会说他的坏话。可是，经常调整和改变球员位置会让很多球员都感到不爽。

　　圣诞节前，我在右路踢了15场比赛，我讨厌这种状态。我试图和主帅沟通，但他只会告诉我这是为了球队好。当时球队伤病不断，他认为其他球员无法填补那个位置，只有我能做到。我好几次和拉涅利细谈过此事，我明白自己是这种状况的受害者，这并非残酷的玩笑。我只能接受这个现实。

　　可是这样并没有帮助我提高。我来切尔西是为了提升自己的水准，让自己成为更好的球员，但我却感觉自己深陷错误的位置。我很沮丧，因为自己无法参与控球，或者是无法出现在自己可以进球得分的位置。更糟糕的是，我职业生涯里并未踢过中场以外的其他位置，在西汉姆联只有极为罕见的情况下才会改变位置，但也从没出现过这样连续踢边路的情况。我有段时间已经放弃了，因为不论何时我与拉涅利提及此事，他都会说自己别无选择。我是刚加盟不久的新人，不想得寸进尺。我很清楚，虽然他当时说自己很满意，但球迷和媒体都在质问他，为什么花

――――――――――――

　　①　瑞恩·吉格斯，1973年11月29日出生于威尔士加迪夫城，是威尔士教练。球员时代，他在场上司职左边锋，也可以胜任中场中路位置，擅长踢边路位置。

大价钱买下我这个中场球员却让我踢边路。父亲也会来看我比赛，通常他会告诉我应该跟主帅谈谈自己的位置问题。

我明白他的意思，虽然我想在球场中路发光发热，但却有成为平庸的右边路球员的危险。我很担心发挥不出自己的潜力，但就在最初的几个月里，我从未听到切尔西球迷对我有任何不满。他们可不像西汉姆联球迷，后者可以立马跟你翻脸。

重返厄普顿公园球场比赛的愉悦正在将我包围，我清楚届时会发生什么。不过，我的爷爷发现得比我还早。爷爷居住在切姆斯福德镇，他有去当地屠夫那里买肉的习惯。在我们即将挑战西汉姆联的比赛的前一天，他排着队，心里正盘算着买肉的事，这时他听到前面有个女人在和她的同伴聊天。

其中一个问是否要去厄普顿公园球场看比赛。这个女人的回答，显然和屠夫手上的刀一样无情。

她说："我去看比赛只有一个原因，那就是我想好好教训一下弗兰克·兰帕德。"

爷爷毫不犹豫地问道："亲爱的女士，您刚才在说什么？"她说："那个兰帕德，我会给他点儿颜色瞧瞧，因为他居然就这么离开了球队。"

爷爷立刻打断了她："你说的那个人是我孙子！你去骂他之前，请你好好想想他在西汉姆联得到的是什么待遇，他在全心全意踢球，在为你们这样的人全心全意地踢球。"

她尴尬地低下了头，然后迅速离开了肉店。爷爷和我讲起了这次意外经历，我很感激他为我挺身而出，我为他感到自豪。爷爷后来安然辞世，这就是他的特点，他想为自家人出头。

在他对我说这个故事的同时，我也感到有些恶心，自己将会回到与之前相同的环境之中。他们都在伺机再次向我开火，这甚至成了他们去看球的理由。与往常一样，我得到了意料之中的待遇。

我急不可耐地想踢这场比赛，然后赢得3分，因此我有很高的期望。比赛前一晚，我们都待在酒店里。我们整装待发，登上了球队大巴，我既紧张又兴奋。我知道自己会遭到猛烈的咒骂，一下大巴他们就开始了。有人骂我"叛徒""犹大""快滚吧，死胖子"，这些都算是礼貌的问候了。我试图忽略这些，然后目光向前，和球队一起走进更衣室。不过，无论球迷方面有什么表现，一进场我还是有种回家的感觉。从保安到装备管理员埃迪，再到负责茶点的女士，那里的每一个人都很欢迎我。他们才是名副其实的西汉姆联球迷，也是无比真诚的人。他们理解我在球队期间的遭遇，他们说过去很高兴看见我优异的表现，现在也是。对他们来说，我是本地球员。他们见证了我的成长，对我没有任何偏见或敌意。时至今日，他们还向我表示歉意，因为我在那里受到了球迷的不公平对待，我对此深表感激。

遗憾的是，拉涅利又把我当吉格斯使用了，我首发出场，坐镇球队左路。我感到十分沮丧，因为我希望拿出好的表现，在中路统治这场比赛。可是，我却要在边路活动。别的不说，作为边路，我需要来回折返跑。而裁判刚刚鸣哨开球，球迷的咒骂声就开始不绝于耳。这种感觉非常难受又无比熟悉，大有愈演愈烈之势。

迈克尔·卡里克为西汉姆联先拔头筹，接着弗雷德里克·卡努特扩大了领先优势，这时我被换到了右边路，感觉如同噩梦一般。哈塞尔巴因克为我们扳回一球，之后我接到左路的一脚传中，我的射门没问题，但对方门将沙卡·希斯洛普用脚挡住了皮球。无论我们如何努力，始终无法扳平比分。我尝试过一切办法，还以为自己可以出其不意地找机会偷袭得手。然后，我发现球队要换人了，我惊恐地看到换人牌上出现了自己的号码，我多看了两眼才确信自己要被换下场。走下场的过程中，我心中不禁涌起了阵阵恐惧。

我觉得拉涅利并未察觉到这种情况，他的决定是出于战术考虑，但却忽视了对我造成的影响。我坐在板凳上，不得不忍受身后的球迷对我的冷嘲热讽和幸灾乐祸。他们喊道："签你就是浪费钱""兰帕德，你还是不配在西汉姆联踢球"等等。我完全崩溃了，在保安的陪同下我离开了球场，场外已经有车在等我。和预想的一样，我遭到了球迷们无情的言语攻击，各种尖酸刻薄的话连珠炮般地向我袭来。

第二天我给母亲打了个电话，她故意没看这场比赛，因为她知道现场会是怎样的氛围。她从广播里听完了全场比赛的解说，听到托尼·盖尔在赛前的评论她非常失望。盖尔很有洞察力，他说我会在比赛里听到球迷们的不断嘘声，但他却认为，以我离开西汉姆联的方式，这是我应得的结果。母亲听到后很生气，同时她也想到了，任何前往球场的铁锤帮球迷听到广播后，或许会想方设法让我更难受，因为我的名字又被拿出来议论了。其实，盖尔根本没必要挑起这样的情绪。他曾经为西汉姆联效力多年，也认识我和我父亲，我不明白他为什么要如此评论。

抛开别的因素不谈，当时我父亲和姨父都被俱乐部解雇了，我决定要为家庭荣誉以及自我提升而继续前进。因此，我不明白他认为我离开俱乐部的理由是什么。对我来说，这是正确的决定；而在他看来，不必考虑其他因素就可以大肆抨击我。他根本不了解我的为人，而且针对其他离开球队的人，我不记得他这么说过谁，所以我猜他就是在针对我。有些退役了的球员会因为这样那样的原因去攻击现役球员。我的父亲在俱乐部度过了一段成功且受欢迎的职业生涯，之后盖尔才加盟进来，然后他又转会离队，再接下来他成为哈里的助手，而我也进入了球队的青年梯队。盖尔从来没像其他球队前辈那样和我接触过。通常遇见那些前辈时，他们都会热心地和我打招呼，然后向我父亲问好，而盖尔从来不会这样。我在赛后出去喝了几杯啤酒，从母亲那里得知这一切后，我非常生气。母亲很厌恶他的做法，我立刻拨通了库特纳的电话；向他要盖尔的电话号码。我给盖尔打了个电话："你是托尼·盖尔吧？"他回答说："是谁有求于我呀？"我心想："谁会那么接电话呀？"自以为是的人物。"我是弗兰克·兰帕德。""哟！你在开玩笑，是吧？""没开玩笑，我就是弗兰克·兰帕德。你昨天在广播里对我的评价让我很不爽。"

"什么？我一直都在给你说好话呀。"

"别跟我扯淡！"我说道，"我清楚你说过的话，你让我家人很心烦。你自己还不清楚吗？作为一个退役的球员，你不能跟球迷那样说。"

我跟他解释，我转会是为了提高自己的水平，而且由于俱乐部已经解雇了我父亲，他已经没有话语权了。我问他有没有儿子，他说有。

"如果你儿子遇到我这样的处境，你会怎么想？"

他沉默良久，然后说出了自己家人的情况来解释为什么那么做。此后的15分钟里，我又朝他发起火来，但他的态度十分傲慢，他坚称自己没有做错任何事。

"你挑起这群球迷攻击我，和我17岁时就攻击我的是一伙人。当时你就在西汉姆联工作，你心里有数。"

他却说："胡说。"

这个回答让我更加生气，我不明白，为什么无论在电话里还是在广播里他都是如此挑衅。我猜他以为我只是个小屁孩儿，没有资格给他打电话，把事情查个水落石出。最让我怒不可遏的是，他根本就不了解我：

我的为人以及我的处境。盖尔这种退役球员，能从老东家那里听到各种各样的流言。仅凭这个原因，他一定早就知道了父亲和哈里的变动。

除此之外，我当时明白了，他在评论里从来不会保持中立。如果他花点儿时间给我或我父亲打个电话，问问我的状况，我们会很乐意告诉他事实是怎样的。相反，他选择自己去揣测，这让我十分恼火。我父亲和姨父被炒掉后，我的处境并不妙。弄清楚这些事又不像搞懂尖端科学那么难。

他没有任何借口。和他年纪相仿的阿尔文·马丁也在媒体做着类似的工作，但是他会先去努力搞清楚状况，然后才说出自己的见解。我很敬佩他的做法。马丁显然很清楚这一点，在一些微妙复杂的情况下，需要保持中立。而盖尔只会让整个事态持续发酵下去，现在依然如此。他的职业生涯挺正派的，所以我不明白他攻击我的具体动机是什么。

2004年欧锦赛之前，我努力地想争取到一个首发位置。果不其然，盖尔又在大赛前夕写到，我离首发位置还有十万八千里的距离，应该让其他球员首发。这样的例子还有很多很多。

2005年夏天，有媒体爆料称皇家马德里准备买下我，向切尔西报出迈克尔·欧文外加2000万英镑的条件。我知道到底是怎么一回事，因为库特纳接到了来自西班牙那边的电话解释此事。来电的是一个交易中代表皇马方面的中间人，他想知道我是否考虑为皇马效力。与此同时，史蒂文·杰拉德也在仔细斟酌自己的未来去向。就在这时，盖尔准时地插了进来，发表了他的观点："史蒂文·杰拉德是全世界最棒的中场球员，这就是皇家马德里想要将他纳入银河战舰的原因。这家西班牙豪门拥有惊人的1.1亿英镑转会预算做支撑，他们还可笑地和切尔西球员弗兰克·兰帕德联系到了一起。我相信皇马更希望杰拉德在下个赛季驰骋伯纳乌球场。"

库特纳给盖尔打了个电话，质问他为什么总是在贬低我。史蒂文是球员中的标杆，世界上任何一家俱乐部都会对他感兴趣，但这并不是重点。我的不满来自盖尔，即便是与我毫不相关的话题，他也会想方设法地把我牵扯进去。他否认了库特纳的问题，不过我们早该料到如此。那个周日早上我第一次给他打电话时，他就是这个态度。我不明白那次过节为什么会持续这么久，他本可以给我打个电话，然后我们言归于好。我们俩都曾是西汉姆联球员，我也不想跟别人结下任何仇怨，但这些事让我很难做到。

事态也没有停下来的趋势。有一次，哈里·雷德克纳普考虑从南安普顿返回朴茨茅斯执教，盖尔在广播里将他贬得一文不值。杰米当时正在收听，他立即拨通了盖尔的手机号，在电话里留下了一条很长而且饱含怒气的语音留言，让对方知道自己非常生气。有意思的是，杰米还在等对方打电话来解释呢。

现在我和家人，还有朋友们已经把这些事当作笑料来看了，我不在乎盖尔的职业生涯是怎样的，只希望他不要在报纸或电视上再对其他球员发起责难了。

我给父亲打了个电话，告诉他我跟盖尔谈过了。父亲很高兴我能为自己的利益去据理力争，不过他也料到我可能会让盖尔变本加厉。父亲习惯让我冷静下来，他会用博比·摩尔来举例，说摩尔在西汉姆联也备受指责，但他是有史以来最棒的后卫。父亲在西汉姆联效力期间，博比·摩尔在球场和生活中都对他照顾有加。父亲经常说，他在我身上看到很多摩尔的影子：我跑位和踢球的方式，还有我从来不会为对手的铲抢反应过度或是怒不可遏。这对我真是莫大的夸奖。

然而，我并非当时唯一被指责的人。我们的球队也开始受到一些媒体的质疑，他们说我们的发挥时起时伏。接踵而至的比赛结果即证明，我们的状态不幸被言中。切尔西向来能在老特拉福德球场有不俗的发挥。12月初的比赛中，我们在那里3：0击溃了对手，让对手输得体无完肤。我们能够轻而易举地拿出那样的表现，也能在紧随其后的比赛里接连收获两场失望的平局：对手分别是埃弗顿和布莱克本。这些结果再次暴露了我们的致命缺陷，我们无法持续前进去达成伟大的目标，那是需要稳定性的。

回想起自己刚入队的那几个月，我无疑是带着争夺冠军的目的来到这里的。可赛季一开始，我就很快意识到，我们没有争夺冠军的状态。如今回首，我们根本就不具备那样的实力。我们的表现缺乏稳定性，球队阵容里球员实力也不够全面。球队中有些人才刚刚加盟，比如我和威廉·加拉，你会发现比赛的阵容还有待开发，而且球队阵容每周都有变化。如果球队每场比赛的阵容都不一样，那你就没法赢得冠军。

当时我们和积分榜中下游的球队比赛，都可能会输球或被逼平。因此，不必分析即可判断，我们在赛季结束时不会排在特别靠前的位置。主场崩盘的情况更加糟糕，我们曾在主场遭到南安普顿4：2逆转，还在圣诞节期间被对手击败过。这些结果都无助于球队争夺冠军。

更糟糕的是，虽然我们队内拥有很多优秀的球员，却在多场比赛中发挥不佳。这也是出场阵容无法保持稳定带来的后果。我觉得自己的情况就是这种状况的缩影，我依然在寻找自己的位置，但一直无法按自己希望的方式踢球。我们最终排名英超联赛第六名，但也打进了足总杯决赛，这足以证明我们的发挥不够稳定。

在老特拉福德球场的比赛，我又一次出现在边路，不过情况开始有所好转，因为我移到了中路活动，我们还以4:0击败了利物浦。阵容变化取得了立竿见影的效果，对阵博尔顿的比赛中我打进了加盟后的联赛第一球。说实话，直到那一刻我才完全感觉到身披切尔西战袍的满足感。

这和我们的球迷无关。在西汉姆联经历过种种遭遇后，我现在如释重负，也很高兴切尔西球迷们对我的支持。我了解伦敦，球迷中有些人一定忧心忡忡。他们和朋友们出去喝一杯，有的朋友可能是铁锤帮的球迷，这些人就会说："1100万英镑啊，真是要感谢你们哦。我们根本不需要他。"当时我听到很多类似的反馈，所以很容易理解球迷们对我的担心，因为他们看到我在踢不熟悉的位置，同时更有人在他们耳边煽风点火，说我不值那么多转会费。

2002年1月20日，我终于有机会让那些贬损我的人通通闭嘴了。之前，我在厄普顿公园球场那场比赛里的发挥大失水准，这次西汉姆联做客斯坦福桥球场，我们势如破竹地掀翻了对手。具体来说，比分是5:1，那感觉真是美妙极了。古德约翰森和哈塞尔巴因克分别梅开二度，我们将对手大卸八块。比赛一开场，客队球迷就开始给我一贯的"问候"，但大约10分钟后，他们的嘴都闭上了。我记得踢了60分钟后我们就已经3球领先，对手直到比赛末段才攻破我们的球门。最后20分钟里，我尝试过各种角度的射门，希望能在他们身上取得一个进球。这时特里向我走来，而且笑个不停。

他一脸坏笑地说："兰帕德，你不是拼命想进球吗？再加把劲儿好吗？"

这小子在取笑我。他知道这对我来说意味着什么，他能从我眼神里看出来。本场比赛前，在训练场的更衣室里，他已经听说了很多关于我的故事。每一次我接近客队球迷的看台，我都会笑得特别开心，因为我也要让他们知道我的厉害。

我很感激切尔西球迷，他们更富有耐心。他们对我很好，一旦我移到中路，他们都会支持我。我很好奇这支球队会排在联赛中什么位置。一开始，我认为我们还能拿到欧冠联赛资格赛的入场券，但随着赛季的不断进行，这个美梦也随之远去。可能我当时还不够有野心，但我非常满意在球队效力，每周都相信我们有机会冲进联赛前三。我曾经随西汉姆联在联赛排名第五，但那次更像是意外之喜，而非大家意料之中的成绩。

只要看一看我身边的队友，就会知道这是一家前景光明的俱乐部。佐拉是切尔西的传奇人物，但那个赛季他的上场时间并不多，因为哈塞尔巴因克跟古德约翰森的组合威力十足。他们联袂贡献了51个进球，他们俩可能是我搭档过的最佳锋线组合。我不知道以后是否还能在英超联赛中看到比他们更厉害的组合。他们俩兼具冷酷无情和不可思议的脚下技术：触球、传球、衔接以及射门。那个赛季里，有很多时候我们场上其他9个人踢得很平常，但他们俩帮助球队赢下了比赛。尽管未能赢得联赛冠军，但我并不沮丧，一部分原因是我身边拥有他们这样的队友，我深信他们有能力带领这支球队去赢得奖杯。同时，我发觉自己的水平也在不断提高，我在自己的职业生涯里更进了一步。

当然，还有一些时刻提醒着我，我们还有很长的路要走。联赛杯半决赛对阵托特纳姆热刺的第二回合正是这样的时刻。我们首回合在主场2∶1取胜，我离职业生涯中的第一次决赛只有咫尺之遥。然而，我们被对手揍了个5∶1。这场比赛太可怕了，尤其是对手之前有10年左右没有击败过切尔西了。不过，你会从这样的惨败里吸取教训。几周后的足总杯抽签里我们又抽到了他们，这场比赛让我们感到压力巨大。

我们当时已经被联赛领头羊远远甩在身后，这是我们赢取荣誉的最后机会。偏偏我们的开局不顺，先是首轮在客场被诺维奇队逼平，好在回到主场轻取了对手。我很高兴能在第四轮再度碰上西汉姆联，不过我们在主场还是和对手战成了平局，因此我们要去厄普顿公园球场分出胜负。杰梅因·迪福为对手打进两球，但我们两度扳平了比分。最后时刻，特里头球锁定胜局。非常棒的进球！他已经成为队里重要的一员。我高兴极了，因为全场比赛中我又遭到了对方球迷一如既往的辱骂，要是我们输球的话，我肯定会疯掉的。

足总杯的成绩为我们整个赛季的表现挽回了颜面。我们在决赛中负于阿森纳，假如我们赢球的话，人们会说那个赛季切尔西队的表现真不赖。我们作为联赛第六名获得了欧洲联盟杯的参赛资格，同时也在联赛杯中打进半决赛。虽然这和我们现在的目标相去甚远，但在当时还算是不错的成绩。个人而言，这样的过程让我满意，而且我在圣诞节之后的表现也渐入佳境，还收获了几个进球。我特别喜欢足总杯1/4决赛客场对战托特纳姆热刺的比赛，我们4：0大胜对手，报了几周前输球的一箭之仇。半决赛中，我们要在维拉公园球场面对富勒姆，这次还是特里破门得分，帮助球队闯进了决赛。决赛将在加的夫进行。

比赛当天早晨，我异常兴奋。我几乎彻夜未眠，迫不及待地想要踢这场比赛。小时候，每年不论对阵双方是谁，我们全家都会聚在一起看电视直播的足总杯决赛。我父亲踢过两次决赛，这次终于轮到我了。队里除了哈塞尔巴因克之外，大家都准备得很充分。他深受小腿伤势的折磨，比赛前夜刚在利兹看完医生，然后飞回伦敦。得知他会首发出场时，我非常惊讶。不过，他和特里在比赛开始前几个小时已经接受了体检。特里在那天醒来后感觉有些头晕，身体失去了平衡，从床上掉了下去。他立刻就去看医生，而医生也跟拉涅利见了一面。等到我们开会时，特里已经恢复过来了，但主帅已经决定要用加拉顶替特里的中后卫位置。

特里得知后万分沮丧。和我一样，他从小到大都看这项赛事，我们俩为了球队可以赴汤蹈火，在所不辞。他已经准备好参赛了，而且和哈塞尔巴因克一起通过了体检，但教练还是决定只用其中一人。我以为哈塞尔巴因克的入选没问题，因为球员一旦通过了体检证明身体健康，你就会理所应当地那么想。可是，在更衣室热身期间，我们产生了疑虑。我们所有人站成一个圈，一起做5到10分钟的拉伸和原地抬腿训练。哈塞尔巴因克也在其中，但他的小腿上却绑着刺激仪，目的是帮他提高状态、缓解疼痛。我本来对他信心十足，但他在比赛前一个小时还是这样，那就不禁让人怀疑：他能否参加我们在那个赛季里最重要的比赛。但对教练来说，手里的选择实在有限。而即便是哈塞尔巴因克只有七八成的水准，也强过很多其他球员。

哈塞尔巴因克极具雄心，也渴望出战。然而不幸的是，比赛进行10分钟后，他显然不在状态。他努力尝试着打起精神来，但早早地显出疲态，拉涅利应该更早些做出换人调整。我们在上半场踢得还不错，双方均未得分，我们顶住了对手的进攻，表现还可以。我们的控球率占上风，但场面上并不占优。我很满意自己同帕特里克·维埃拉的对抗。

终于，主帅在第68分钟用佐拉换下了哈塞尔巴因克，但是仅过了两分钟，我们便一球落后。雷·帕洛尔为阿森纳先进一球，接着，弗雷德里克·永贝里在10分钟后锁定了胜局。有人认为拉涅利偏爱哈塞尔巴因克，我觉得这种说法不对。在我搭档过或是见识过的前锋里，哈塞尔巴因克是最强的锋线利刃。他有机会上场比赛，通常只是因为自己的实力使然。人们可能忘了，即便是在罗曼·阿布拉莫维奇入主的第一个赛季里，虽然哈塞尔巴因克时常要作为赫尔南·克雷斯波或者阿德里安·穆图的替补，但他依然是我们队内头号射手。

可能拉涅利在加的夫的决定是出于他对哈塞尔巴因克的敬重，毕竟后者为切尔西贡献卓越。无论他健康与否，他都配得上为球队出场亮相。拉涅利的失误或许在于，他没有在比赛早期发现哈塞尔巴因克有多难熬。在这样的情况下，以修补和调整而著称的拉涅利没有及时做出调整。

那个赛季还没有完全结束，我倒是希望就此结束了。接下来一周，英格兰队的世界杯最终阵容即将公布。我们在备战阶段踢过几场热身赛。2002年3月份，我们在安菲尔德球场对阵巴拉圭队，我在比赛里总共获得了5分钟的上场机会。报纸上出现了一贯的阵容预测：究竟谁会前往日本参赛，而谁又会无缘世界杯呢？似乎我正好在这两者之间摇摆：我可能会和球队一起飞往亚洲，也可能待在家里守着电视看别人的表现。

我总是能从埃里克森那里得到非常积极的反馈。看了看其他和我竞争的球员，我感觉自己处于比较有利的位置。毕竟我在本赛季表现还不错，又在足总杯决赛和维埃拉分庭抗礼，我对自己还是十分乐观的。埃里克森将给落选球员打电话的消息不胫而走，我记得那天我起得特别晚，完全没想到世界杯阵容即将公布。

我的手机响了，是一个未知号码。尽管我天性比较悲观，但还是相信自己能入选。我听到了他的声音："弗兰克，你好，我是斯文·埃里克森。"我还没来得及反应，他就已经说完了第一句话，此时我的心猛然一沉。

"弗兰克，我向你保证，这是个非常艰难的决定。"他希望用话语安抚我失落的心。

"你还年轻，你还有很多机会可以踢世界杯。"

我尝试去接受这一现实，这对我来说宛如晴天霹雳。尽管我从没认定自己一定会去日本，但我内心其实非常非常希望和球队一起飞赴亚洲。

埃里克森继续说道："你看，现在你可以去好好享受一个暑假，然后下个赛季强势回归。我还会来切尔西看你比赛的，希望能带你去参加2004年欧洲杯预选赛。"

"好，谢谢你。我明白了。"

我一个字都说不出口了，嘴巴完全麻木，电话也掉在地上。我呆若木鸡，在自己的公寓里晃荡了几圈。我哪儿也去不了了，去不了日本，去不了任何地方。最后我还是坐了下来，思考自己该怎么办。我实在太尴尬，无法给别人打电话说这件事。

生活里还有比这更糟糕的事吗？真的有，而且很快就来了。我下意识地打开了电视，看到天空电视台的头条新闻就是宣布英格兰队阵容。原来除了实际入选的名单外，还有一个后备名单。我还幻想着能够和球队一起登上飞往世界杯的航班，最后却连预备名单都没上。

连预备名单里都没有我。我脑海里一遍又一遍地想着我们的对话。打这个电话会让人厌恶，但他尽量用最好的方式解决了。震惊逐渐消退后，我开始非常生气，不是因为埃里克森，而是为自己。

我还需要如何进步才能进入世界杯的阵容？我还有哪些地方可以提高？我还能打进更多的进球吗？我训练足够刻苦了吗？我不断地问自己，不禁开始审视自己在那个赛季的点点滴滴。不过这样做也于事无补。

因此，我对这种处境十分生气。我劝自己，现在我也无能为力，我必须要忍受这种情绪，并且处理好它。所有激动都消退后，我明白了对自己最好的选择就是出国度假。我在电视上观看了世界杯比赛，但没有乐在其中的感觉。我的脑子里依然在想着各种可能性。当时，我心里的目标只有一个：重返英格兰队。

第 6 章　相知相爱

9000公里：落选世界杯阵容后，这是我将自己与这种痛苦远远隔开的距离。摆脱落选的折磨需要一些时日，为此，我已经准备好了。我还以为自己不可能忘掉这次痛苦的经历，不过我想错了。

我去托马斯·库克旅行公司预订了前往毛里求斯的假期旅行。做这个决定不难，不过真正帮助我忘却痛苦的其实是飞机上坐在我旁边的女子：艾伦·丽华丝。我们认识对方才几个星期，但她有一种可以让我安心的特质，即便我的世界发生了天翻地覆的变化。我从未见过艾伦这样的人，她聪明、有趣、敏锐，还有让我对她一见钟情的美丽。当时的环境很复杂，要想在热闹喧哗、人声鼎沸的夜店里和她展开交流可无助于和她开始一段浪漫关系。

不过，我准备了很久才敢开口和艾伦聊天。当时，我和一群朋友出去玩，大家笑得非常开心。我们一般都不太和其他人打交道，原因显而易见。不过就在那天，我们认识的另一群人也来到了这家酒吧，艾伦就在其中。看到她的第一眼，我就坠入了爱河。她跟她的朋友们相聊甚欢，所以没有注意到我在看她。

我在和朋友聊天时走神了，一直盯着她看，直到她本能地转过头来，瞟了我一眼。被她发现令我很尴尬，便生硬地插到朋友们的谈话中去——没有我，他们的聊天也能继续。我有些心慌，试图将自己的注意力从她身上转移开，但我根本不必这么做，她已经知道了。

这是小男孩儿才会有的状况，但我面对女孩儿的确缺乏自信。尽管我已经习惯了和姑娘们待在一起,但这是我头一回遇到一个能立即擦出火花的人。事实的确是这样的:你要是一个足球运动员,不论何时去酒吧或夜店,总能引起一些女性的关注。这是潮流文化的一部分,人们说足球是"全新的摇滚乐"。如果你和足球圈有联系,那就有很多机会跟追星族和仰慕者在一起,他们愿意跟球员们混在一起。我之前从未经历过一段认真的感情,这么说其实也不对,我幼时便早早以身相许于足球了。

不过,转会到切尔西后,我发现自己的名人光环有所提升。1100万英镑的身价会招致相应的恶名,但大多数时候都是很搞笑的。我要是在夜店和某位姑娘聊了10分钟,第二天我们就会成为八卦专栏上的话题。在艾伦出现之前,我从没交往过女朋友。我经历过的最长的一段关系持续了6个月左右,当时是跟一个南非女孩儿在一起。我们每周都会见几次面,但感情并不深厚。在签约切尔西时,我们的关系告吹。我再也没有想过这段往事,直到几年后库特纳给我打了个电话,当时我正和艾伦在迈阿密的沙滩上度假。

"那个女孩儿到底是谁?"他的追问带着一贯的含蓄。

"谁?我不知道你在说什么。"我完全措手不及。

"那个,她说她经常和你出去玩,但是你特别狠心地把她甩了。"

"什么?什么时候的事?"

"今天早上《世界新闻报》[1]登出来的消息。"

最后终于水落石出。她编了个故事卖给了报纸,说自己很爱我,而我却用粗暴的方式结束了我们之间的关系,这让她很受伤。这些都是编的。不过,这倒是给我上了残酷的一课,让我明白名气会让别人更

---

[1] 一家曾经发行量很大的英国小报,2011年已经停止发行。

加忌妒和吃醋。我们之前经常见面的几个月时间里，她从没提过爱我这回事。我们并不适合对方，所以我们的关系因此破裂。我之前从没爱上过别人，我都不知道爱意味着什么或是什么感觉。和艾伦在一起，除了爱，别的我什么都不懂。

在酒吧里，我慢慢地走向她，假装成自己是不经意地走到了那里。我跟她打了个招呼，并做了自我介绍。这样做会让人感到奇怪，当你说"嘿，我是弗兰克"的时候，已经知道你是谁的人会紧张地冲你一笑。不过，我从不预先假设任何事情，对艾伦亦然。她点了点头，微微一笑。但是她告诉我她的名字后，我却开始有些心慌了。她说话的方式很特别：她有种口音。她英语说得很棒，但吐字发音中会带着从嗓子里发出的颤音，听上去特别性感，也让我着迷不已。

"巴塞罗那。"我问了她一个显而易见的问题，她如是回答。

"哦，那里的足球队很厉害啊，只不过他们现在有点儿颓废。"我紧张地回应道。

她有些不以为然，我想在那样的场合和时间里，我是不是搞砸了。那种环境很难跟人聊天，因为音乐很嘈杂，一个几杯啤酒下肚的埃塞克斯男孩儿和一个迷人的加泰罗尼亚姑娘在一起，感觉有点儿傻。

我得换个方式才行。她有种感觉让我相信我是有机会的，但我没太弄明白是什么。虽然我感觉自己约会的方式就像罚失点球一样糟糕，但她喃喃细语中的温和，以及含情脉脉的眼神告诉我，她对我有意思。我有一部分感觉是震惊，当时在那里倒没这么想。我发誓自己从没想象过会和一个西班牙姑娘约会，我当时对其他文化还是很闭塞的。我是个土生土长的伦敦男孩儿，兴趣和口味都限定在伦敦以内，这里是我长大的地方。

我们聊了没多久，她就和她的朋友们前往另一家夜店了。这段相处似乎并没有我预想的那么好。我还是会经常想起她，哪怕是我的约会经验告诉我：可能我一开始就是在浪费时间。

几周之后，我和我的表兄弟马克·雷德克纳普以及比利·詹金斯在斯卡里尼餐厅吃午餐，突然看见一个辣妹的身影从窗边闪过。她身穿白色修身上衣，戴着一副时尚新潮的太阳镜，镜框大得足以挡住部分脸庞。这家餐厅和往常一样热闹，形形色色的人在这里会面和用餐。我们依然在聊天，但我发现她从窗前走过，然后在旁边的桌子入座。我看了她几秒钟，靠着马克说道："快看那个姑娘。"我一边说着，一边尽量小心地不用手指她的方向："我真想娶她做老婆。"

我并没有故作矫情，马克也点头表示赞同。我们快吃完饭的时候，又和隔壁桌的人聊了起来。我看了一眼那个刚进来的女孩儿，发现她就是艾伦。她的打扮和之前略有不同，一头长发扎成了马尾辫。她每次笑，我都会注意到她明亮的双眸。一开始我们没有立即认出对方，所以有些尴尬。不过，在这家伦敦当地餐厅的轻松氛围下，尴尬迅速化解了。我们俩聊得很愉快，从她毫无防备的坦率发问中，我明白了：她根本就不知道我是个足球运动员，也不知道我在哪里效力。

我和其他球员都经历过这样的情况，大多数人似乎想都不用想就会直奔主题，去要女孩儿的电话号码。我的性格比较腼腆，所以直到快道别的时候，才鼓足勇气要她留个电话号码。她微微一笑，毫不犹豫地写在了纸条上。

"那你现在有什么打算吗？"我紧紧地握着纸条问她。

"先跟朋友们聚一聚，然后晚点儿出去玩。你呢？"她羞答答地回答道。

"不知道呢，看情况吧。"

我们还在餐厅里吃着饭，我就告诉比利晚上我们一定要出去玩。那天是星期三，通常我是绝不会出门的。不过，这次是个例外。比利和我回到了我的公寓，一起做些准备。

艾伦告诉我她们要去的地方，我们便早早地到了，而且早得有点儿尴尬。那里充满了音乐的回声，因为基本没什么人，但我还是不想冒险失去她。在这个空着一大半的房间里，我和比利坐在吧台边休息，尽量让自己看起来舒服自在。她终于来了，不过来得快走得也快，我始终没有足够的时间接近她和她说话。不过无所谓，我还有她的电话号码，我会给她打电话的。

接下来一周，我要在伯明翰踢足总杯半决赛，对手是富勒姆。这场比赛将于周日在维拉公园球场举行，我们住在城外的一家酒店里。望着写有她电话号码的卡片，又看了看自己的手机，我拨通了电话。

"嘿，艾伦。我是弗兰克。"我小声地说道。

"弗兰——克。"她用西班牙口音慢吞吞地重复了一遍，现在我对这个口音真是熟悉得不得了。

"对，你记得吧。我们在斯卡里尼餐厅见过，你还给了我……"

"是啊，我记起来了，"她打断了我的话，"这样吧，我一会儿给你打过去，现在我有其他电话要接。"

"行，没问题。"我挂掉了电话。

天哪！她把我当路人甲了。你给不太熟的人打电话，然后他们说"一会儿给你回过去"，这种情况你懂的。他们可能已经到俄罗斯滑雪，玩得乐不思蜀了，而你还守在手机旁苦等来电。这真是令人难以置信！我因为比赛感觉很紧张，因此被心仪的女孩儿拒绝了，也没放在心上。

我躺在床上准备睡一会儿，但却无法入睡。过了几个小时，我的手机响了。

"嘿，弗兰克，我是艾伦，"传来的是她的声音，"刚才很抱歉，我在和家人打电话，他们远在西班牙，所以我不想挂他们的电话。你最近还好吗？"

就是这种感觉：像阳光那样和煦自然。她点亮了我的生活，从此为我带来了温暖与快乐。我们约好回到伦敦后共进晚餐，当然，还是老地方——斯卡里尼餐厅。时间定在了周一晚上，我叫上一个叫泰尔的朋友来我家喝了几杯啤酒。我需要壮壮胆。

我其实并不用这么费神，根本就不需要勇气。和她一道坐下，我所有的紧张和忧虑全都消失得无影无踪。这种感觉很难解释，不妨说我们俩一见钟情，从独处的第一秒就有了浪漫的反应。我们之间并没有任何尴尬不适的感觉，谈话也言简意赅。我明白艾伦就是适合我的另一半，内心早就大声告诉我了。

从此我们俩形影不离，我们几乎每天都一起吃晚餐，然后开始在彼此的家中陪伴对方。生活非常美好，直到斯文·埃里克森的来电让一切急转直下。他告诉我，我未能入选世界杯名单。即便如此，我还安慰自己：可以和女朋友度过一个轻松愉快的夏天。

我正需要去毛里求斯这样的地方度假，也正需要艾伦陪我一同前往。回来后，我感觉压力缓解了不少，也开始展望下个赛季。几周之前，我心中还有阵阵怨气，于是决定和麦卡洛克以及发小班戈一起去拉斯维加斯玩几天。可是，我并不享受这次旅行。我们玩的还是往常的套路：在赌场里玩牌，然后一起豪饮欢笑。当时英格兰队在日本札幌迎战阿根廷队，我们熬夜到凌晨4点才看到这场比赛。我不是特别想看，但感觉又不能不看。那天的感觉很痛苦，原因不是比赛踢得很难看，而是因为从赛前唱国歌开始，到终场哨音响起，我都在想踢世界杯到底是怎样的感觉。

光看是不够的，去现场也不够，上场踢球才是王道。英格兰队获得点球的那一刻，麦卡洛克和班戈都从座位上跳了起来，而我还是牢牢地坐在自己的椅子上。大卫·贝克汉姆正在聚精会神地思考下一步怎么踢点球，同时我也在仔细思考我的未来。我一度想起了之前的经历，当发现不能随队出征后，自己有多难受。我想起了埃里克森在电话里的话："我还会来切尔西看你比赛的，希望能带你去参加2004年欧洲杯预选赛。"

这次对话后，我的耳边一遍又一遍地响起他说过的话。有时我会置之不理，有时又会想象自己换个方式去接他的电话。机会远去之后，你总会琢磨当时应该怎么说才好。我想告诉他，我会在下个赛季强势归来，要让自己变得比以往更好、更强、更坚决。麦卡洛克是我信得过的人，也是切尔西所有球员的"大喇叭"。我转向他那边，告诉他我们需要谈谈。"好吧，老伙计。"他说完，头又转向了电视机屏幕。

贝克汉姆进球后，我们3人都激动地跳了起来。不过，我并没有太多庆祝的感觉，我已经在计划自己在英格兰队的未来了。除此之外，我还特别想念艾伦。麦卡洛克一直都说，我在整个旅途中就像一条患了相思病的小狗。我觉得他说得对，我简直归心似箭。

回家后，我对自己的生活和职业生涯又有了新的目标。我和艾伦的关系也进展迅速，这得益于下面这个因素：在切尔西效力的第一个赛季，居住的公寓是租来的。我得搬出去了，因为我在老布朗普顿街买了一处新宅。

不过时间并没有完全衔接上，所以我考虑这段时间在切尔西村庄酒店待上几周，其实我并不希望去那里住。艾伦在南肯辛顿有一套温馨的小公寓。因为我们一直相处融洽，她说在我的房子可以入住之前，我应该过去跟她住在一起。我爽快地答应了。

那是一段有趣的时光，部分原因是那个公寓很小，这意味着我们在家的时候总能待在一起。这也是没办法的事：客厅在一楼，而卧室在二楼，你得经过卫生间才能进入卧室。可我们都不在乎，这个公寓很舒适，我们过得非常开心。

季前训练结束后，我会回到家中，我们会蜷在沙发上吃晚饭，看电视上的真人秀节目《老大哥》①。大概过了两三周我的新家才准备就绪，而我和艾伦已经习惯了彼此的陪伴，所以我毫不犹豫地邀请她搬过来和我一起住。我什么都没多想，只想和她在一起。有趣的是，如果不是当时的情况提前给了我们体验同居的机会，或许我们根本不会那么快就住到一起。

对我而言，这绝对是一件大事。虽然我很喜欢和朋友们晚上出去玩，但我其实不算是派对狂人。品尝过居家生活的滋味后，我倒更愿意和艾伦待在一起。我依然很喜欢和队友或朋友们一起出去玩，以后我也会去的。可是，当你坠入爱河后，生活就会发生巨大的改变。我完全成了一个居家男人，同居两个月后，我们还养了条狗，并为它取了个传统的西班牙名：雷吉。

为艾伦许下承诺是顺其自然的事，我们在一起非常舒心，也会花很多时间待在家里。我喜欢学习西班牙文化以及西班牙语，这是一段自然发展的过程。我很喜欢作为年轻球员的生活方式，那是一种大男孩儿的生活，让我体验到了生活的利弊。我犯过一些错误，同时也学会了要注意自己的言行举止。不过，我在认识艾伦后又改变了许多，而我的生活却没有被颠覆，这让我颇感惊讶。

我们再次前往老地方洛卡波雷娜进行季前集训，这次集训时间要略短一些，因为我们在出发之前已经在哈灵顿训练基地集训过一周，我决

---

① 一档风靡欧美的真人秀节目。

心要在首个赛季的基础上提高自己。我又和麦卡洛克待了一段时间，就几周前我跟他在拉斯维加斯聊到的话题，我们再次深入地探讨了一遍。

"这个赛季我会不顾一切地确立自己在切尔西的位置，"我说，"上个赛季我有些胆怯。踢别的位置我也接受，我在训练场上太安静了，我要让大家听到我的声音，感受到我的存在。这个赛季对我来说非常重要，我已经花时间融入进来了，现在我要让自己成为队里最重要的球员。"

麦卡洛克是我的好朋友，他非常支持我。但是，他竟然不同意我的话！"伙计，你已经非常有影响力了。"他说。

可我当时滔滔不绝："你也不能光说不做。看看罗伊·基恩和帕特里克·维埃拉吧，他们的举手投足让人无法质疑他们的影响力。就是这样，伙计。这是属于我的时代。"

麦卡洛克此后经常向我回忆起这次谈话，他说当时我的声音里有一种坚定的决心——他在那个赛季的很多重要时刻里多次听见，比如重要的欧冠比赛日当天、我们赢下第一个冠军之夜。他说得对，我感觉自己在那个夏天有了脱胎换骨的改变。我明白，我的生活正在发生积极的变化。

我已经让自己放下世界杯的那一段经历了，这样才能更加客观地分析自己的感觉。我压制住了满腔怒气，相信自己有能力入选世界杯阵容，但却被很多消极的想法所影响：关于我的比赛表现，关于我自己，以及其他入选的球员。

"他还不如我厉害，"我会这么想，"要是我上场的话，我会用进球或传球改变比赛进程，我会踢得比他好。"这并非对入选球员不敬，我父亲称之为"同行多忌妒"。这种心理不是去忌妒和你踢同样位置的球员，而是让你忌妒得想要变得更强。你应该对自己不足以入选而感到非常失望，然后从无法参与的比赛里努力搜索自己需要的特质。对我而言，这也是反思的一部分。我曾经万分沮丧，因为之前从未经历过如此重大的挫折。

我唯一能有与落选世界杯经历相提并论的只有落选里尔夏尔青训营。当时情况已经够糟的了，家人和朋友们都知道了我的实力不足以入选里尔夏尔青训营，而这次则是一次公开的羞辱。无论人们说什么来安慰我，都无法消灭我脑海里的碎碎念，这个声音一直告诉我，我还不够优秀。

更难以启齿的是我要告诉艾伦。我已经提醒过她，世界杯即将开战，我们的计划是先与合作伙伴去迪拜，她愿意和我一起去吗？我在猜她会怎么想。因为当时我们对彼此并没有深入了解，我很担心不管我告诉她的原因是什么，她都会以为我是不是在找借口离开英格兰。出国度假正好可以让我摆脱这些铺天盖地、席卷全国的讨论。

我不想知道英格兰队在热身赛里表现如何，不想收到关于他们健康状况的新闻简报，也不想看到伦敦街头每家每户门外以及隔三岔五的车辆上插着的国旗。并非我不爱国，我爱自己的国家，但在当时我处于一个跟自己较劲儿的阶段。这种经历会让你缩进自我世界里，感觉全世界都在跟你对着干。

我觉得最贴切的比较是，这种感觉就像你被自己最希望与之厮守的人甩掉了。我经历了同样的愤怒、沮丧、自我怀疑以及憎恶，正如被女孩儿拒绝后遭受到的困扰一样。被女孩儿甩了，你还能一直给她打电话，求她再给你一次机会，可是英格兰队主教练才不会给你这么做的机会。我感觉孤立无助。有人会选择以积极的方式去应对这种结果，而我的本能则是不要带着痛苦去面对。

我决定让自己在职业生涯的方方面面都变得更加坚决。回队参加训练，看到拉涅利的第一眼，我看出他的眼神里有对这个赛季舍身成仁的气魄。因此，我将无法前往日本的沮丧化为渴望成功的勃勃雄心。

在假期我就开始了跑步训练，因此体能训练开始后，我便早早适应了。一旦我的身体状态处于巅峰，就会自然而然的感觉自己所向披靡，就像任何人和任何东西都无法接近我。我不会公开地表达这种感受，这更像是一种与生俱来的对于健康和自信的感觉。除了我，只有我最亲近的朋友和家人能察觉到。

不久前，我的脊椎还有些刺痛感，每走一步都要疼一下。过去的12个月里，我已经成熟了许多。我离开了人生中的第一家俱乐部、我长大的家乡以及我的家人，并且在切尔西开始一段崭新的生活。我还开始了一段认真的恋情，比以往任何时候都想要明白自己的人生方向是什么。简而言之，我长大了。我在切尔西取得的进步给了我瞄准更高目标的平台。

同时，切尔西历史上最重要的时期也在那个时候拉开序幕。我已经变得更强，但刚开始我并不知道俱乐部的变化趋势。

赛季结束后，切尔西在多年里首次没有在转会市场上花大价钱买人。其实，球队根本没怎么花钱。在此之前，斯坦福桥球场似乎有一扇旋转门，诸多身价不菲的球员在这里进进出出。2002年加盟的球员只有两个人，而且都是自由转会，分别是来自意甲切沃队的马尔科·安布罗西奥以及西甲西班牙人的恩里克·德卢卡斯。球队缺乏大动作让人有些疑惑，只有赛季后期发生的事才暴露出球队的财政状况到底有多糟糕。即便如此，球员们依然很务实，我们把球员流动的减少看作保持球队稳定的机会。曾经球队经历了太多球员流动，尽管事实是球队再也买不起人了，但我自己还是很高兴球队将以目前的球员为核心。

对外而言，我们将目标设为赢得英超联赛冠军，不过打进欧冠联赛倒是更加现实。然而，拉涅利一直在强调我们的表现，而不是结果和雄心。即便是在某些特殊的比赛之前，他也会强调最重要的是我们踢球的方式，而非结果。有时他也会给球队设立目标，但相当有限，这让我困惑不已。举个例子，如果我们之前排在联赛第六名，那他就会号召我们那个赛季要争第五名；如果我们赛季中期就达到了这个目标，他可能会说我们还能有所提高，还能再提升一个位置。拉涅利从来都没说过："好啦，我们要赢下联赛冠军！我们要赢下每一场比赛！"他的字典里没有这些说法，小心谨慎才是他的风格。他热衷于点点滴滴的进步，这是一种很不同的工作方式，他不想给球员或自己施加太多压力。

可是，那并非我的方式，所以我经常被弄得很沮丧。"他为什么要说那种话？他为什么不激励我们不顾一切地冲出去赢下比赛呢？"我记得那个赛季曾经多次和古德约翰森以及特里提及此事。我们要是输了几场比赛，就会开个"危机解决会议"，然后主帅就会说有必要在下一场比赛里拿出好的表现。我不是要挖他的旧事，而且我们当时还没有后来加盟的那些球员，可能拉涅利也不相信球队能赢得冠军。这是他的工作方式，而我绝对无法想象穆里尼奥会在备战期间这么说话。甚至有一次在比赛前，穆里尼奥告诉大家："别在乎球场表现，你们上场就得给我拿下3分！最重要的是要赢球。"

拉涅利还有一些其他做法，直到现在，我才发现这些做法非常奇怪。比如，他会将我们下一个对手的所有优势编辑在一张DVD光盘里，然后播放给我们看，同时还告诉我们对手可能会利用我们哪些方面的弱点。这会把我们搞得垂头丧气，尤其是再过两个小时就要踢阿森纳这样的对手了。这可不是最棒的准备方式：给我们预演一遍对手如何在90分钟里摧毁我们。拉涅利不会告诉我们如何去打败对手，他会给我们播放一段蒂埃里·亨利连过5名后卫上演帽子戏法的视频。虽然我很欣赏他意大利风格的执教方式。在这种理念中，避免失利是最重要的因素。可是，即使我们在主场面对桑德兰之流，拉涅利还是会警告我们说对手会如何对付我们，我觉得有的队友完全不这么看。我们是一支大球队，赛前关心的应该是如何对付对手。

没人能否认拉涅利为切尔西队做出的贡献，当然我也无法否认他对我的帮助。我非常尊敬这位教练，但是直到接触过其他教练的执教方式后，我才明白激励球员的方法不止一种。不过，当时是我职业生涯里最重要的一个赛季，我一直都在自我激励。无论别人怎么想，我都想要赢得联赛冠军。赛季揭幕战我们要客场挑战查尔顿。不过，就在经过客队主场山谷球场通道的那一刻，我们谁也不知道：接下来这个赛季，我们会打进欧洲冠军联赛，会对切尔西的未来产生至关重要的作用。

如果我们没能杀入欧冠，那么可以设想的是，罗曼·阿布拉莫维奇在2003年夏天准备收购足球队时就不会接手切尔西队了。2002年8月的一个周六的下午，我脑子里唯一一想的是自己感觉很棒。球队所有人都是这种感觉。我们在赛季开始前的训练很艰苦，但成效卓越。球员们身体很健康，大家都蓄势待发。但比赛才踢了半个小时，我们却已经0∶2落后于对手了。

我简直无法相信眼前这一切。整个夏天我们都准备得积极充分，但动真格时却崩溃了。保罗·孔切斯基为查尔顿取得领先，随后理查德·鲁弗斯扩大了比分。这时，我心想："该加把劲儿了！"

吉安弗朗哥·佐拉在上半场结束前为我们追回一分。卡尔顿·科尔在下半场替补上场，改变了比赛，在比赛还剩6分钟时扳平了比分。比赛行将结束之际，皮球弹到了我的脚下。我给了对方门将迪恩·基利一个眼神，暗示他我会将皮球射向那个方向，最终我向另一个方向射门。这粒进球成为比赛的制胜球。

我冲向球迷和他们一起庆祝，感觉我们花了一个小时就逆转了比赛。这是个非常好的开局，我对比赛的乐观心态又回来了。关于制胜球有很多地方可以大书特书，有时还能掩盖很多问题。但这种感觉真是太美妙了，这也为球队带来了影响，并发出了积极的信号。

我跟麦卡洛克长篇大论后，觉得在实现那些目标前，更重要的是付诸行动。接下来的比赛是坐镇主场迎战曼联，最终2∶2打平了对手。这还不是最糟糕的结果，随后我们要去客场挑战南安普顿。这场比赛让我记忆犹新的是一次从我们半场发动的进攻。我把球分给边路的球友，自己继续前插，接着古德约翰森将球传回给我，我带球前进了一段距离。这时门将向我冲了过来，我一脚吊射绕过了他的头顶。我为切尔西的进球里，这个是我的最爱，与之前对查尔顿的进球相得益彰。3场打进两球给了我极大的鼓舞，但3场仅赢1场让我们必须正视现实。

阿森纳到访斯坦福桥球场的比赛也没有让我们的成绩有所改观。我们那段时间处于这种状态：不论我们如何努力都无法击败对手。当时切尔西在联赛中已经有8年没赢过阿森纳了。我们在比赛里率先取得领先优势，然后帕特里克·维埃拉吃到红牌被罚下场。此时还没有踢出名堂的科洛·图雷替补埃杜登场，在第60分钟扳平了比分。

我们接连取得了不错的胜利。总体而言，这个赛季开局稍显平淡，但成绩不错。不过，欧洲赛场的表现再次让球队陷入窘境。我们即将在欧洲联盟杯中对抗来自挪威足球超级联赛的维京，而上赛季对阵特拉维夫工人的惨败经历依然历历在目，所有报纸都在回忆那次较量。媒体的大肆炒作在所难免。我已经习惯了被人质疑，并不在乎看到我们被击败。我在西汉姆联曾遭遇过个人层面上的抨击；而在切尔西期间，矛头似乎更多地指向了俱乐部，某种程度上是针对球队主席——肯·贝茨先生。

比赛那天，拉涅利告诉我他会让我休战，我既吃惊又生气。在那样的比赛中，最应该派上最强阵容，在主场以4：0摧毁对手，那样就不必担心客场比赛了。半场结束后拉涅利才换我上场，当时比赛还是平局，而我们掌控着比赛，不过踢得并不出色。原以为进几个球就没事了，理论上虽然的确如此，但我们却在比赛最后时刻被对手洞穿了球门。这种情况会在客场比赛前给球员们带来不应有的紧张。上个赛季的遭遇依然困扰着大家，没人希望再次将球队或主帅置于同样的耻辱中。

踏上挪威的客队球场后，球队慢慢显露出担忧，因为比赛仅仅过了30分钟，我们就0：2落后了。半场结束前，我扳回一分。不过比赛进行到第60分钟时，我们又失一球，但全队没有任何人因此垂头丧气。我们坚信已经掌握了对手的比赛节奏，两分钟后特里就打进一球，此时我们依靠客场进球多而占得先机。可是，好景不长，我们实在太天真了，第一回合最后时刻竟然让对手偷得一球。果不其然，维京队在比赛还剩3分钟时攻进制胜球，彻底将我们打晕。我们在欧洲赛场连续两个赛季被对手淘汰，而且是我们本应该碾压过关的对手。

这次真的是场灾难。比赛结束后，全队都赶往机场，那里有很多球迷已经通过了安检，正在等待他们包机的航班起飞。不难理解，他们的心情都不太好，拉涅利还遭到了其中一些人的指责。这种感觉真是糟糕透顶，那样的情况简直让人无地自容，而让主教练独自承受诸多责难也极不公平，负首要责任的应是球员，因为我们不够聪明，自讨苦吃。

我在西汉姆联效力期间，只体会过一丁点儿欧洲赛事的滋味，我转会切尔西的一大原因就是要更多地收获这方面的比赛经验。如果我们觉得球迷苛刻的话，那么报纸则是大做文章了。大多数报纸都在说，切尔西陷入危机了。这太夸张了，毕竟当时还只是9月份而已。不过，球队在随后的周末比赛里又客场负于利物浦，更让我们百口莫辩。

此时英格兰队的阵容已经公布，球队将在欧锦赛预选赛中面对斯洛伐克队和马其顿队，我的名字也出现在了名单中，这是个令人高兴的变化。同时，这是个暂时离开切尔西的好时机，可以让我换个角度看看自己的处境。赛季之初的热身赛里，我并没有得到征召，当时葡萄牙队做客维拉公园球场挑战英格兰队。不过，错过夏天的世界杯后，我对此次落选并不惊讶。尽管如此，埃里克森5月份在电话里跟我说的话再次浮现在我的脑海里，我很好奇自己所处的位置。那场比赛上场的是李·鲍耶，我开始思考自己在埃里克森的眼里离出场还有多远。

答案是：离得不远了。我很高兴能够出征这些竞争激烈的比赛，不过我并不知道自己能否上场。我们在开赛前几天抵达了布拉迪斯拉发，虽然这场比赛是世界杯预选赛的重要开始，但场外事件却让比赛本身黯然失色。当时，在这座城市里有一些球迷之间的敌对情绪正在累积，但比起球队主帅上头条的行为，这些都显得无关紧要了。

离开赛仅有两天，媒体曝出了埃里克森正在和乌尔丽卡·荣松交往。星期五的赛前新闻发布会上，大批媒体记者都在摩拳擦掌等待着他。我还记得在电视上看到他走上酒店楼梯的画面，他会在楼上发言。埃里克森先生从来不会暴露自己的情绪，至少在公众场合不会，哪怕他脸上带着微笑，看上去更像是出于礼貌而非自然反应。这倒不是说他很虚伪，他坚定地保护着自己的隐私。考虑到他作为英格兰主帅所受到的监督和干扰，我很理解他的做法。面对众多记者和摄像头，埃里克森看上去冷静从容、有所准备。不过值得注意的是，他的身边还有两位英格兰足总的高级官员陪同，这就不太寻常了。时任英足总首席执行官的亚当·克罗泽和大卫·戴维斯一同出现，公开表示对主教练的支持。

我很尊重英足总的立场，也认为他们的做法很正确。人们期望英格兰队主帅对这份工作鞠躬尽瘁，甚至有人认为他不应该拥有自己的私生活。我们时常会受到来自媒体的困扰，他们会招来很多不必要的关注，有时候，这些关注也是极不公平或毫无根据的。

　　球员中没人怀疑埃里克森能否处理好一切。我也一样，不过我当时还不是特别了解他，但我清楚他是什么样的人。从我们第一次见面，我就明白，他在英格兰足坛里绝对是个异类。2001年2月的一场热身赛里，我第一次入选他的球队，对手是西班牙国家队。当时在球队下榻的酒店里，有人把我介绍给他，他显得彬彬有礼，又寡言少语。显然，他对自己选择的球员做足了功课。这次引见有礼有节，但又说不上热情。他不会像其他教练那样，刻意和球员建立关系；也不会试着培养很多英格兰球员都熟悉的那种关系——教练是球队里的权威人物，接近父辈而非校长的关系。哈里在西汉姆联执教期间，我很习惯更衣室里有个人兼任老大和段子手的感觉，也很明白什么时候不可越过老大的底线。拉涅利和穆里尼奥有各自独特的处世风格，但在与球员相处方面非常相似。我们的埃里克森教练在这方面则是独树一帜。他并不像人们所描述的那样冷若冰霜，其实他在英格兰队内深受球员爱戴。与此同时，他又与我们保持着一定的距离，这样就明显地划出了自己的位置。

　　一开始我们不知道在他手下会发生什么，不过经过这么多年的相处，这位英格兰队主帅几乎没什么可以让我们吃惊的了。镇定自若可能是对他最贴切的形容。我们都清楚，报纸上出现的内容不会有什么新花样了。这次事件不过是这位被称为"冰人"的教练显露出了一些激情，但并不意味着他会为了记者们的利益去发泄个痛快。实际上，整个事件对他并无太大影响，他从没以任何方式跟我们提及此事。这很像他的行事方式，不会给球员们带来任何不利影响。更衣室依然是个纯爷们儿的地方，主教练显出了他性格中我们从未见过的另一面，也成为我们爱讲的笑料和新鲜事。

　　对于埃里克森教练而言，这次事件让他和英格兰媒体的"甜蜜期"

结束了。我认为早在2002年9月，舆论之潮就开始针对他了。毫无疑问，他能给出的唯一回答就是依靠球员的表现。他的确回应了媒体，不过并非我的功劳。

布拉迪斯拉发的球场非常小，更衣室更是小到连球员和教练组都装不下。我当时就在门外的走廊上等着，我很生气自己无法上场，但其实我连比赛大名单都没进，所以生气似乎也没必要。我从未像那个夜晚那样感觉自己是多余的。过道上有一台自动售货机，比赛开始前我们吃了几块巧克力棒打发时间。这时主帅出现了，他开始和我聊起来。

"你这个赛季到现在进了几个球啦？"他问我。

"两个。"我回答道。

"你看起来状态不错，你感觉如何？"

我想说的其实是："真糟糕，因为我想上场比赛，但却只能站在走廊上。"不用说，我忍住了这句话。

"嗯，挺好的，教练。再多踢几场比赛都没问题啦！"

"弗兰克，你会有机会的。别担心。"

和他寥寥数语的对话让我冷静了下来，也打消了我的疑虑。和球队在一起却觉得是局外人，这种感觉勾起了我之前在世界杯期间的那些焦虑。不过，埃里克森教练用一次简短的谈话就让我缓和了许多。他有自己的办法，一种和别人打交道的办法。他会让你感觉自己还很重要，哪怕事实并非如此。这是他作为教练的一种天赋。

击败斯洛伐克队的比赛消减了"乌尔丽卡风波"的影响，我们回到英格兰，即将在南安普顿的圣玛丽球场迎战马其顿队。这次在球场更衣室里我看到了我的球衣，我的名字也出现在了替补名单中。好吧，我想这也算是进步吧。此后我成了球队阵容里的一员，但直到那个赛季末客场对阵南非队的比赛里，我才发挥出自己的作用。我一直踢得不错，但英格兰队的中场阵容十分强大，包括贝克汉姆、巴特、斯科尔斯和杰拉德等人。我需要靠自己踢出一片天空，所以我知道我该做什么。

重回切尔西训练后，两周前输给利物浦的阴霾似乎已经烟消云散。我们将在客场挑战曼城，这场比赛在我的记忆中既有美好的部分又有丑陋的地方。我们赢得理直气壮，我对自己踢球的方式非常满意，更对球迷的反馈倍感欣慰。比赛结束后，他们大声喊出了我的名字，他们把我的名字唱进歌里："超级弗兰克·兰帕德。"这是我第一次听到这样的歌，球迷们带着满腔热情唱出来，让我感觉甚佳。在西汉姆联，我从未得到过这种待遇，只有固定的几位球员能得到球迷的歌颂，而其他人则被忽略掉了，这简直莫名其妙。不过，在切尔西队，我为此非常兴奋，这种情况不仅仅是因为赢球后分泌的肾上腺素，还因为我用不同的方式助攻了一粒进球。

比赛那天我起得很早，神经也绷得很紧。为了这天，我等待已久。我清楚自己要做什么，也有决心通过这一关。我给库特纳打了个电话。

"今天我要让贝尔科维奇知道我是怎么看待他的。"我对库特纳说。

"什么？"他回答道。

"我要让他知道这是比赛。我要打败他，让他知道我很生气。"

"你在生什么气呀，弗兰克？"

我突然变得很紧张，然后绕开了这个话题。我并不是一个报复心很强的人，也不会在球场上使用暴力或向对手使坏。我如果告诉库特纳我有多生气，那么他只会试着把我说服。我很冷静，很清楚自己在干什么。我要让埃雅尔·贝尔科维奇知道，他说的那些关于我父亲的谎话让我很生气，对我的家人造成了伤害。没人能阻挡我。

我并不想让他受伤，我从来都不是那种球员。我作为普通人都无法做出那种伤人动作，更别说作为球员了。我只想让贝尔科维奇知道：我很不高兴，他说我父亲的那些话让我非常恼火。我想告诉他，我就在场上，他应该仔细想想自己错误地横加指责伤害了我的家人。

根据《世界新闻报》引用他自传里的话，他给我父亲贴上了"种族歧视"的标签。他声称，自己在西汉姆联效力时期深受种族主义之害，这也在一定程度上导致他离开了球队。这些话完全是无稽之谈，他的话的确让我感到自己被冒犯了，而他还试图拿来当作离队的借口。

贝尔科维奇的离开是因为约翰·哈特森在训练中意外地踢到了他的头部，但这件事与种族歧视无关。他也没有因为自己的国籍或宗教信仰而受到不公的对待。我见过父亲在球队里开展日常训练，他从未显示出对任何球员有偏爱或偏见。俱乐部里的每个人都对他尊敬有加，从来没出过任何问题。贝尔科维奇还声称，我父亲跟哈里打过招呼，如果要从中场换人就把他换下，别换我下场。如果我父亲真的那么做了，那他做得太对了。尤其是那天下午我们在博尔顿那场寒风凛冽的比赛，他更多的是搓手给自己取暖，而不像其他人拼了命地去争夺胜利。和特里、莫里斯这样的球员截然相反，他只会顾着自己，绝不会和你一起并肩战斗。我并不排斥和贝尔科维奇踢球，我很喜欢和他搭档，但他却让我极其难受，因为他竟然试图用这种见利忘义的方式玷污我父亲的声誉。

我此前考虑过其他方式，但跟他交谈完全不起作用。他总是一副傲慢的态度，永远认为自己是正确的。否认他说的话不难，但他的话里有太多负面信息，说起来都是问题。我决心已定，要在球场上给他好好上一课。

贝尔科维奇总是喜欢耍点儿脚下花活，我决定要撞他几次，让他明白究竟是怎么回事。我从没做过这种事，所以完全是依靠直觉去做。我没有等太久，机会就来了。贝尔科维奇处于空位的时候喜欢控球，他一直都有些黏球，在让他足够放松后我开始行动。我向皮球冲了过去，而铲球过程中的惯性让我撞了他一下。搞定！这一铲毫无恶意、毫无暴力，而且完全没露鞋钉，放倒他就够了。我放倒他的同时也将球清出了边线，这时马塞尔·德塞利向我跑来，一把将我拽住。

"你到底在干什么？"他压低了声音，带着怒气质问我。他亲身经历了整件事情。

德塞利不知道我和贝尔科维奇的恩怨，但我向他冲过去时，德塞利看到了我的眼神。他知道其中必有隐情，但不理解到底是为什么。

"你不准再那么干了，不准！"他又提醒了我一遍。

我不可避免地领到了裁判出示的黄牌。"好吧，"我心想，"算我的。"我很满意自己的计划顺利实施。他没有因此负伤，而我也让他吃到了苦头，让他知道是怎么回事。我从没做过这样的事，以后也不会再这么做了。我的吃牌记录可以证明，整个职业生涯里我只领到过一张红牌，我可不是什么球场恶汉。

我将这件事抛在了脑后，这对我也没有什么持续的影响，因为我们还要将缅因路球场的胜利延续到其他地方。将贝尔科维奇这个心结解决掉让我长舒一口气。我感觉自己踢过每一场比赛后都在成熟和进步，即便是生活中的小事似乎也给了我极大的自信。我在赛季开始之前给自己定下的目标，也逐渐实现了：我要成为球队里举足轻重的人物。身体方面，我感觉自己状态更好、体格更壮。我也有更多自信去带球跑动，等待着正确的时机传球。

这种自信心也贯穿于我在整个比赛的表现中。效力切尔西的第一个赛季，要球的时候我很紧张，部分原因是周围有如此多优秀的球员。虽然我不是刻意不要球，但我明白身边有佩蒂特和佐拉这样的优秀球员，我的感觉是：跟他们在一起我没资格大声要球。但现在，我的态度有所转变，我会面对后卫，设法让他们把球传给我。

父亲总是对我说，我得做出点儿成绩。要做到这一点你就必须脚下有球。签约切尔西之际，他对我的选择给出了直截了当的建议："儿子，你可以去那里踢球，然后每隔几场比赛拿出一些亮点。或者，只要离控球的队友很近，你就可以大声地要球，然后创造进球。只有那个时候，人们才会说弗兰克·兰帕德帮我们赢下了这场比赛或那场比赛。"

我知道爸爸说得对，我也深知那是我的目标。即使是现在，如果赛后我觉得自己在比赛里的参与程度不够，我会看看电视上的集锦，读一些记者关于我表现的分析。如果我没有取得进球或是送出关键传球，那会令自己大失所望。之前在厄普顿公园球场的那些压抑情绪被我带到了斯坦福桥球场，但现在通通消失了。我成了自己梦寐以求的那种球员，但我发现这很难跟别人解释清楚。很多球员都让我敬佩不已，比如罗伊·基恩和维埃拉，不过激励我的是他们的精神和才华，而不是他们踢球的实际风格。

我不想成为罗伯特·皮雷和古斯·波耶特那样的"得分型中场"。我想成为能进球的中场球员，能从各个方面去影响比赛，从比赛的防守端到进攻中的最后一传，时不时再收获一些进球。其实希望自己具备这种能力的球员并不多。基恩有几个赛季做到了，他能取得两位数的进球，但大多数时候他回撤得很深。因此，我试图汲取他人身上的长处，并和自身的优势结合到一起。回首往事，我觉得在切尔西的头5年能踢那么多场比赛，最主要的原因就是我结合了多种不同的风格。如果我是主教练，也想要一个能攻善守的中场悍将，既能在球队中场腹地策动进攻，又能进球得分和送出助攻。如果你能发挥这些特点，那你将会变成不可或缺的人物，我会非常乐意拥有这样的球员。

那时候，我还有一个方面需要完善，那就是我刚刚掌握的中场跑动的技巧，而现在它已经成了我的标志。转会即将达成，我生活中的点点滴滴都发生了变化，包括额外训练、饮食习惯等各个方面。拉涅利花了很多时间来指导我，告诉我什么时候应该前插、什么时候应该后撤。万事开头难，而我的天性又是只要有机会就一定要进攻。在西汉姆联效力期间，作为中场，我打进了40粒球，我觉得自己在切尔西队能取得更多进球。我的父亲也赞同这一点，但他经常会出现在主场比赛现场看我踢球，这让我在加盟球队前几周的情况变得复杂起来。在西汉姆联期间，他已经不会在板凳席上给我指导了，我也习以为常。转会切尔西队后，我的父母会坐在斯坦福桥球场的东看台第一排——差不多就在主队休息区的正上方。我在切尔西踢比赛时经常会朝板凳席看一看，看到拉涅利让我贴防对方的某个球员或是向前推进。此时我父亲则在拉涅利后上方，用手势告诉我前插或者往后回撤之类的。我出于习惯会看看板凳席寻求教练指导，同时又瞥见父亲给了我完全不同的指示。不过父亲值得赞赏的一点是，尽管这是他多年来养成的习惯，但还是很快意识到自己不应逾越拉涅利的位置。父亲再也不会给我发出明确的指令了，不过他承认自己依然在心里默默告诉我要怎么踢。

有些队友会不时地马后炮似的提到这个现象，让我有些不爽。拉涅利会用非常个人化的方式去对待手下的球员，随着我在队内的地位越发重要，他和我单独聊天的次数越来越多，我们会讨论他希望我在比赛里怎么踢。这样的事情常常会被更衣室的人取笑，队友们开始叫我"拉涅利的儿子"，然后把他称为我的"爸爸"。

只要主教练叫我去接受指导，古德约翰森就会说："兰帕德，你爸叫你呢。"当然，我父亲也会在场边出现观看我的比赛，每个主场都会来，这样我就有两位父亲了。这就是我拥有两个老爸的经过，这种玩笑也是拉涅利的球队士气的一部分，同时显示出球员们对他有多尊敬和爱戴。

拉涅利非常执着于他对我的看法，说实话他看起来就像家长一样，甚至到了这种地步：即使是在训练和练习赛中，他几乎无时无刻不对我喊："留在中场，留在中场！"我会一脸难以置信地看着他，这对我并不奏效，因为我在西汉姆联取得的大多数进球都是来自积极跑动，不过大量的跑动可能只有两成的进球概率。

我学会了如何面对一对一的情况，去判断何时是射门得分的最佳时机，以及如何在没人防守的情况下更好地控球。我必须感谢拉涅利。他从西汉姆联将我买进，看到了我身上的潜力，并且帮我实现了自己，同时还约束了我急不可耐的前插习惯。

球队在球场上的表现也是蒸蒸日上。我们在一系列比赛中保持不败，直到圣诞节前夕在联赛杯中被曼联击败。不过，12月21日那天，我们登上了英超联赛积分榜首位，当时我们击败了阿斯顿维拉，我和古德约翰森各进一球。登上积分榜第一的感觉非常棒，球队的状态也正处于巅峰。可是，我不太会被这样的情况冲昏头脑，我似乎有着与生俱来的意识：不应该过度乐观。

周一抵达训练场后，那里一片热闹的景象。莫里斯、特里和古德约翰森已经率先赶到我们小小的"英格兰房间"了，这么叫是因为老训练场划出了6间小型更衣室，另外，还有一个意大利房间、法国房间以及世界其他地区房间。对俱乐部而言，这是一种糟糕的设置，无助于球队的建设以及士气的提升。球队的气氛还不错，但这种划分只会让大家的日子更难过。可是，却帮助我、古德约翰森、莫里斯和特里相互间的关系更进了一步。我们会聊很多关于比赛和俱乐部的情况，以及我们认为要前进的方向。也正是在那个时候我和这些伙计成了好朋友，而莫里斯随后离队也让我们与他渐渐疏远。穆里尼奥的核心三人组开始成型，我们三个人既经历了拉涅利时期，又目睹了穆帅的新时代。

我和古德约翰森迅速成为好朋友。尽管他比我小一岁，但我依然发现他拥有无比成熟和敏锐的头脑。古德约翰森非常聪明，而且善于学习。无论是你踢球的方式还是对某个球员或球队的看法，他总是对一切事物怀有好奇心。你加盟一家新球队后，只有少数球员会来问起你的私人生活和家庭，古德约翰森总是非常关心这方面。我们现在都有孩子了。露娜出生之前，我从他那里学到很多相关的生活经验。他是个非常热心的人，多年以来我们一直是最好的朋友。

古德约翰森在切尔西如此受重视的一大原因就是他的足球智商，他是我遇到过的最聪明的球员，他完全了解自己的任务以及执行的时机。有些球员也拥有他那种控球和盘带的天赋，但他们会浪费在过人上，这可不是古德约翰森的风格。他太机灵了，总是在吸引对方防守的注意，然后在正确的时机把球传出。和他踢球非常舒服，我把球交给他，然后继续跑位，我明白他是我信得过的队友，会把球敲回到我跑动的路线上。他是组织核心中的典范，而他的能力绝不仅限于此。

刚加盟球队时，我完全被哈塞尔巴因克的实力震住了。任何阻挡过他射门的人都会很直观地感受到他的射门力量。哈塞尔巴因克是我搭档过的球员里最具天赋的锋线杀手，他和所有伟大的前锋一样具备自私的特点，并且还有让自己大获成功的杀手直觉。我入队的第一个赛季结束后，他和古德约翰森联手攻入了53粒进球。可接下来那个赛季里，只有其中一人有机会再度展现自己的实力，那便是哈塞尔巴因克。

我为古德约翰森感到非常遗憾，2001—2002赛季中哈塞尔巴因克的大多数进球都有古德约翰森的助攻或是间接参与。不过，拉涅利决定要让佐拉踢一部分比赛，古德约翰森踢另一部分，这样古德约翰森就失去了连贯性。有时候，古德约翰森踢得非常好，还斩获了进球，但却不得不轮换为替补。我不太理解这种做法，但鉴于他在前一个赛季里的状态，我们都认为这样并不会阻碍他取得真正的进步。

我理解拉涅利的困境：佐拉很难放弃，哈塞尔巴因克也一样难舍。或许有时候古德约翰森无法出场是因为他是最好选择的那一个。我们当时的踢法无法让三个人同时上场，所以必须有人做出让步。我和古德约翰森在我们的"私人"更衣室里好好聊过这件事，我和特里、莫里斯都对他表示支持。

球队里还有很多气场强大的球星，比如佐拉、德塞利和佩蒂特这些人物，他们职业生涯里取得的成就让人肃然起敬。而哈塞尔巴因克则完全不同，他只会不停地要球，一直如此。我花了一段时间才鼓起勇气，因为我知道，要在切尔西队站稳脚跟，我必须扛住他不断地要球。他并不是球霸之类的人物，却是个性格强势、自信满满的球员。刚开始训练那会儿，他大声向我要球，我就会传给他。这种情况几乎贯穿了我效力切尔西的第一个赛季。他当时是球队的特权球员之一，而我只是还在努力适应的新兵。我的"英格兰帮"队友都比我效力时间长，他们也没有为难我。不过，我做出了一个理智的决定：我要凭自己的直觉踢球，而不是让别人指手画脚。直到这一刻，我才开辟了自己的方式。

"兰帕德！兰帕德！传球，快传球！"我们在训练场上，传来的又是哈塞尔巴因克的声音。我继续带球，打出一脚射门，最后被门将扑出了。

"嘿！我早说了传球给我啊。"哈塞尔巴因克大声吼道。

"去你的，吉米。"

我无法相信自己说的话，连哈塞尔巴因克也难以相信。训练场立马安静了下来，大家都在等待暴风雨的到来。哈塞尔巴因克向来以应变能力快而著称。他朝我走来，我在想自己是不是会被他大吼一顿，他杀了我都有可能。他咧嘴笑了，笑起来十分温暖，好像在说没事、一切都很好。这件事就这样解决了，他接受了我的做法。我继续投入训练之中，此后，我向队友要球会比以往都要大声。我为自己感到自豪，我正在逐步证明自己是对的。

我们的圣诞节赛程刚刚开始，这段时间常常会决定联赛冠军的归属会偏向哪一支球队。我们乐观地进入了这段赛程，我自己对比赛也充满了希望。不过切尔西向来无法撑住这段时间里的考验，我们将在6天内踢3场联赛，其中2场还是客场作战。圣诞节前夜的训练结束后，拉涅利召集所有人开了个会，向大家描绘了他对接下来一周的展望。节礼日那天，我们将在主场迎来南安普顿的挑战，然后做客埃兰路球场对阵利兹联，元旦当天我们则要前往海布里球场面对阿森纳。拉涅利说，我们球队共有19名球员，所有人都会在前两场比赛中获得出场机会。圣诞节那天，我来到了训练场。很明显，我不会在同南安普顿的比赛里出场。

我去拉涅利的办公室找他，显然，他料到了我会去找他。

"哈，"他并不吃惊地说道，"我就知道你会来见我。"

"到底是怎么回事，教练？"我开门见山地问道。

"我想踢球。我不是自大狂，但我觉得应该派出最强的阵容去赢下比赛。主场踢南安普顿队是拿3分的好机会，接下来去利兹的比赛会非常艰难。

"或许我们会赢球呢？我们刚刚排到联赛积分榜第一位。"

他一直听我说着，但眼神却告诉我他心意已决。

"弗兰克，你必须耐心点儿，"他回答说，"你会在同利兹联的比赛里出场，我们会在那场比赛里轮换6名不同的球员。"

我在对阵南安普顿的比赛中坐在了替补席上，比赛只剩下5分钟时，我才和威廉·加拉一起替补上阵。这场比赛我们踢得很蹩脚，最终与对方战成平局，这或许是对双方都公平的结果。对手踢得还不错，他们的主帅戈登·斯特拉坎把球队组织得井然有序。我们忍受着被逼平的痛苦，两天后奔赴到利兹。球队派上了之前所有休息的球员，最终0：2告负。我们踢得太臭了，这种状况非常棘手：我们一周之前才爬到积分榜顶端，却无法利用或巩固球队的排名。

如果我们在面对南安普顿的比赛中派出最强阵容应战，我不知道是否会击败对手，但的确有这种可能。我从未见过哪个教练会在一连串比赛中告诉队员，他会在这些比赛里轮换使用这么多球员。我的思维是要用最强阵容出战；如果他们赢球了，只要阵容保持健康，就应该使用相同的阵容参赛。我们毕竟是职业球员，3天内2场比赛应该是可以应付的。你或许会感到有些疲劳，但所有球队在这个时间段的赛程都是一样的，所以你要对抗的是相同处境下的其他球员。我知道轮换是拉涅利的惯用策略，但回首一看，有时候这并非最佳选择。

罗伯特·萨西是拉涅利团队里的体能教练，他在轮换球员的选择和时机上有很大的话语权。执行血液检测和训练测试的正是萨西，他会建议主教练哪些球员需要休息，这至今还让我耿耿于怀。萨西并不是足球圈人士，但他的影响力巨大，不少球员都会去找他咨询问题。老实说，有些队友在一周后和拉涅利聊了一次，他也承认自己犯了错。他对此毫不避讳，我很敬佩他承认了这次失误，可萨西从来不会承认自己犯错。其实只要我们在这两场比赛里赢下一场，就能留在积分榜第一位，我们本应更努力一些的。

更糟糕的还在后面，客场挑战阿森纳，他们是我们争夺冠军的直接竞争对手，最后我们2：3告负。我不会把这次失利怪在教练头上。我在拉涅利手下取得了长足的进步，会一直感激他对我的栽培。不过，球队在那个赛季原本可以取得更好的成绩。阿森纳和曼联都没有了前些年的那种统治力，我们显示出了击败他们并且挑战冠军位置的能力。关键是我们缺少他们那种丰富的经验，这是领先群雄和甩开对手的法宝，拉涅利也缺乏这样的经验。你需要更坚韧一些的心理素质才能赢得冠军，其中一部分来自赢得冠军的条件，还有一部分则是来自失去冠军的痛苦。

切尔西队还没有和这些强队一较高下的实力。自从阿尔塞纳·温格入主海布里球场之后，只有一家球队能从曼联和阿森纳手里抢到联赛前两名的位置，那就是利物浦，不过他们只做到过一次。这也是我们学习过程的一部分，尽管我们很失望在积分榜首位只有短暂的停留，但我们知道这个赛季还要继续下去，我们要尽全力踢出自己的水平。我们依然需要确保欧冠的一个席位，因此还有很多工作要做。

遗憾的是，似乎有时候削弱我们的是对我们有利的因素。就拿斯坦福桥球场举例吧。冬天球场的环境是最糟糕的，球场几乎会退化成一座沙坑，查尔顿来和我们踢的比赛都被称作"沙滩大战"。这种场地非常糟糕，但对两支球队来说的确是同样的条件。我们当时的球风踢得很漂亮，我本以为查尔顿会把这种"沙滩"场地看作优势，并且有机会利用切尔西偏软的球风进行攻击。

几年后，斯科特·帕克加盟了切尔西。他告诉我，因为当天球场状态，阿兰·柯比什利确实要求手下的队员们向我们发起猛攻。他告诉球员们要多下脚，给我们点儿颜色看看。不过，这并未奏效，我们以4：1击溃了对手。讽刺的是，查尔顿随后向英超委员会投诉比赛的球场质量不佳。鉴于他们赛前的部署，还真是有点儿好笑。

我们的球风并没有某些人想的那么软，我感觉自己的信心和体能也在随着赛季的深入而不断增强。我很清楚自己想在球队大显身手的雄心，1月末球队3：2击败利兹联后，我感觉自己好像进入状态了。我打进一球，而古德约翰森则是倒钩破门，随后多米尼克·马特奥将我的射门撞进了自家球门，原本这会是我在切尔西的首次梅开二度。我深信自己有能力可以在短时间里改变比赛进程，不过我还想成为可以比肩基恩、维埃拉以及史蒂文·杰拉德的球员。他们可以一以贯之地影响比赛，甚至统治比赛。那个时候，人们还没把我看作和他们一个档次的球员。有的比赛里，你必须做出突出贡献。我开始为自己正名。

我还迫切地希望在英格兰队取得类似的进展。接下来，周三将会有对阵奥地利的比赛，但之前在周六面对伯明翰的比赛里我撞到了脚踝。赛后，拉涅利还在球队大巴上时就接到了埃里克森打来的电话，原因是我因伤离场了。主帅过来告诉我，埃里克森被我最近的表现打动了，他想让我在英格兰队出任首发，问我身体是否足够健康，我非常高兴，告诉他我没问题。

虽然有些伤病，但我坚决想代表英格兰队出战，尤其是这场比赛会在厄普顿公园球场进行。因为观众的缘故，那里并不是我最理想的球场，但为国出战一直是我引以为豪的事情，吸引我的原因还有这里是我的足球生涯起步的地方。训练前一天，我将受伤的地方紧紧包扎起来，让自己可以上场踢球，不过我更希望自己没有受伤。我在训练时感觉非常难受，知道自己的状态不对。我不想给自己找借口，因为我在比赛中的感觉其实还可以。

我首发出场，和尼基·巴特搭档中路。我们知道整支球队在半场结束后会有调整，因为上半场我们的表现堪称噩梦。中场休息时，我们已经两球落后，球迷们发出嘘声要把我们赶出球场。这是我早期为英格兰队效力时经常出现的情况，我上场比赛却感觉自己在比赛里没有太多作为。

最终我们1∶3败给了对手，这是我作为英格兰队成员期间最惨痛的一次失利。更为尴尬的是，我在切尔西的表现却神勇无比，其实我也急切地想把这种状态带到英格兰队里面。我感觉自己的意志越来越坚定，虽然我在英格兰队的经验并不丰富，但我能辨别出这场比赛还不是一次很严重的失利。媒体又是一顿劈头盖脸地攻击我们，有的批评是有理有据的，有些则是无稽之谈。那晚的比赛中唯一的积极因素是，韦恩·鲁尼在英格兰队首次出场。有趣的是，为我们攻入"安慰进球"的是弗朗西斯·杰弗斯，而注定要震惊天下的却是埃弗顿的另一位天才新星。

我们的赛季继续按照熟悉的模式发展，我们可以完成大多数设定好的目标，但却从未真正地脱颖而出。客场输给曼联的比赛，只是证明了我们早已明白的事：我们无法赢得冠军。不过，拉涅利鼓励我们继续在联赛中前进，对我而言，有希望进入欧冠联赛足以让我继续前行。

事实还证明，这也是球队继续前进所必需的。我对切尔西的财政状况越发担心，原因不单单是报纸上的各种流言蜚语。我们被告知不得与对方球员交换球衣，而且训练基地的餐厅里使用的金属餐具也换成了塑料刀叉。球队在削减开支，所有人都觉得压力巨大，因为此时赛季进入了激烈竞争的高峰期。

足总杯方面，我们在海布里球场逼平了阿森纳，结果或多或少在赛前就已经注定。不过，再次参加足总杯决赛还能为俱乐部带来一些收入，因此我们坚定地奔赴客场比赛。我们踢得非常努力，我在比赛还剩10分钟时用一粒美妙的进球扳平了比分，双方需要重赛一场。我们有信心在主场击败对手，但阿森纳队开局踢得如风卷残云一般，半场结束时我们已经落后两球了。我们最终以1∶3输掉了比赛，剩下的任务只有在联赛中争夺第三名以及获得欧冠参赛资格了。

和我们争夺欧冠名额的对手是利物浦。很不凑巧的是，我们注定要在联赛最后一轮相遇。当时曼联已经提前锁定了冠军，因此媒体将目光放在了联赛中仅剩的排名角逐上，而第三名的争夺早早地就被媒体渲染起来。

此次争夺充满了紧张气息。最后一轮比赛之前，我们刚刚在客场输给了阿斯顿维拉和西汉姆联，球队尤其心烦气躁。我们准备迎战利物浦之际，这场比赛已经被打上了"千万英镑淘汰赛"的标签，因为胜者会得到这样的奖励。大战一触即发，我们才发现这场比赛的意义远不仅于此，只是我们在比赛前夜才得知。

拉涅利决定在这场比赛前夜带我们去酒店住。通常情况下我们会去切尔西村酒店住，不过这次不知出于何种原因，我们住在了皇家兰开斯特酒店。财务控制每天都在影响着我们，我们得知后不禁大吃一惊，但当时也没有人表示怀疑。我以为球队是想好好犒劳一下我们，顺便强调一下这场比赛的重要性。

全队像往常一样共进晚餐，不过随后加里·斯塔克就告诉我们要去一个房间集合，有人要跟我们谈谈。这种氛围有些奇怪，大伙儿都在想到底是怎么回事。之前球队从没找过励志大师来给我们演讲，因此部分球员起了疑心。找我们谈话的那个家伙人高马大，介绍自己是一位前美国部队的士兵，也是参加过越南战役的老兵。我有点儿搞不懂了。队友们则安静了下来，这个家伙几乎一开始就吸引了我们的注意。

他为我们讲述了一个故事：他们当时正试图赶往某个村庄去解救一些平民，但他和一排士兵陷入了僵局。越共在一处战略要地设置了炮台，在那里他们可以完好无损，而美国人只要前进就会被击中。几位士兵在争抢敌人阵地的过程中先后牺牲，这种僵持不下的局面持续了大半天。终于，他的朋友只身一人启动了单兵行动，意图摧毁敌人阵地。

他详细地描述出这名战士的每一个动作，还有身后的战友们难以掩盖的情绪，因为他们明白，他再也无法生还。战士拿着刚刚引燃的手榴弹冲进了敌人的炮兵之中，顷刻之间灰飞烟灭，但他舍身换取了其他队友的性命。

房间里鸦雀无声，有的球员早已热泪盈眶。

然后这位士兵开始大声吼道：

"你们明天一定要赢，不成功便成仁。"

"你要敢于为你的队友们献身。"

他一边喊着话一边跺着脚，部分球员也跟着他喊了起来。这种场面极具煽动性，他显然明白如何给人们打气加油。这样的经历让我有些手足无措，但感觉还不错，房间里的每个人都备受鼓舞。如果队内还有任何担心我们能否赢球的疑虑，在那一刻便都无影无踪了。现在，我们深信自己能赢。

球队首席执行官特雷沃·伯奇走进房间后，热烈的气氛才有所缓和。他和全队所有人见面是一件非常罕见的事，尤其是比赛前夜，所以每个人都自然地安静下来。

"我需要告诉你们一件重要的事，"伯奇说道，"我不会跟你们开玩笑，也不会给你们描绘一幅不切实际的蓝图。俱乐部目前遇到了严重的财政困难。说实话，我们已经到了财政危机的地步。"

我听到房间里传来了喘息的声音：这包含着震惊，也包含着对未来的胡思乱想。我们没等多久就听到了答案。

"为了确保切尔西足球俱乐部下个赛季依然存在，你们务必要打进欧洲冠军联赛。简单地说，如果你们没能击败利物浦，那么俱乐部就要倒闭了。"

我听到了他说的话，但不太确定自己是否理解正确。整个晚上都感觉极不真实，我、特里以及古德约翰森开始聊了起来。我们都知道俱乐部有财政上的困扰，整个赛季都有传言说球队已负债高达8000万至1亿英镑。作为球员你会听到这些消息、看到这些报道，当然我们还感受到了开支方面的削减。不过，最重要的还是要继续做好自己的工作，赢下比赛，这是我们领工资的原因。而伯奇是一个严肃且诚恳的人，我们明白这不是危言耸听。老实说，我也不知道俱乐部这么做到底对不对。我们都清楚赢得比赛的压力全在球员身上，所以再把事关俱乐部未来的全部重任都压在球员肩上是非常有风险的。

现在看来，我才发现，伯奇在赛季之初接收球队时，检查过了所有球员的合同。他看过我的合同，金额很大，而且还剩4年。他提议可能将我裁掉最好，这样可以省下我这笔工资。不是我觉得好笑，而是这世界变化太快。

拉涅利显然清楚这一切的来龙去脉，但他还是没有直接提及此事。他一如既往地要求我们全心全意地投入比赛中。我们坚定地想要赢下比赛，为了俱乐部、为了球迷、为了主席先生、为了拉涅利，还有为了我们自己。

我们踏上斯坦福桥球场后，发现球场内的氛围十分热烈。这简直就是一场联赛中的杯赛决赛，赢家通吃。尽管我们心意已决，也清楚输球的代价是什么，但还是早早地一球落后，萨米·海皮亚利用头球破门得分。我仔细回味了一下伯奇昨晚说的话：输球就再无切尔西了。我无法相信会是这样的结果，我们不能让这种事情发生。

我们把球放回中圈的时候，我朝着周围所有的队友大声咆哮："振作点儿！打起精神来！你们知道这意味着什么。我们一起把比分扳回来。"

我们开始占据了更高的控球率：不停地传球、传球，不断地施压、施压。他们的后防线有些松动，只要他们一拿球，我们就会猛扑上去。我们逼出了一个角球、一个任意球，离进球越来越近，终于我们扳平了比分。我们感觉花了一个世纪才做到，但其实距离对手进球只过了3

分钟。

我们简单地庆祝了一下，因为一场平局还远远不够，只有胜利才能保住俱乐部，我们深知这一点。随着我们在球场上的每一个角落都占据优势，我们的信心也在不断增长。比赛初期的紧张感已经消失，我们所有的尝试几乎都有所回报。

比赛开始还不到30分钟，对手的一次松懈让耶斯佩尔·格隆夏尔得到了皮球，他踢出的皮球绕开了耶日·杜德克，为球队取得领先。每个人都喜欢格隆夏尔，他是个好家伙，既和善又有趣。我们冲过去和他一起在球迷前面庆祝，我能感受到整个球场都有种如释重负的感觉。我们保持住了领先，也配得上这场胜利，我们其实还能干得更漂亮。

要是当天的41911名观众明白我们到底获得了怎样的成就，他们会更加开心。比赛结束的哨音终于响起，我感觉精疲力竭，身体上和精神上都是。球迷们陷入了狂喜，我们团结在一起绕场一周向所有人致意。我非常享受那个时刻，那真是一个充满各种考验的赛季。我真的感觉到了自己的进步，我打进了8粒进球，并且在切尔西队年度最佳球员的评选中仅次于队友佐拉。

到处都洋溢着狂欢的气氛，成千上万名球迷留下来为我们歌唱，感觉就像是我们赢得了冠军一样。不过现在回首，我很好奇当时如果输球了会发生什么。我无法想象，连想都不敢想。

第 7 章　罗曼王朝

我听过这么一句话：革命不声张，始于无声处。几乎没有人听说过罗曼·阿布拉莫维奇有计划要收购切尔西，我第一次听说还是从手机语音信箱里得知。我和艾伦一起前往美国度假，我们正待在拉斯维加斯的酒店游泳池里，突然我接到了一条语音短信，是里奥·费迪南德发来的。

　　"伙计，一个俄罗斯亿万富翁要买下切尔西了。我跟你说，这个家伙特别有钱，他买得起世界上任何球员。要有大动静了。我希望你准备好去竞争了，因为你即将在球队里面临竞争！假期愉快！"

　　谢啦伙计。费迪南德从来不会错过任何风声，这对他来说就是个千载难逢的机会。我也不知道要如何处理这件事，传言已经有好几个月了，提到各种各样的人物会投资切尔西，但我从来没听说过是阿布拉莫维奇。我想了一会儿，然后继续游泳，可能费迪南德只是在说笑吧。

　　两天后，我们到了洛杉矶，而消息在英格兰不胫而走：肯·贝茨已经将俱乐部卖给了一位俄罗斯石油大亨。我分别跟父亲和库特纳通了电话，但并没有得到确切的消息，更多的则是大胆的猜测。唯一确定的消息是，切尔西的新主人非常富有，简直富得流油。

　　几天之内，我们就和世界上最大名鼎鼎的球星联系到了一起：蒂埃里·亨利、罗纳尔迪尼奥、安德里·舍甫琴科、罗纳尔多，这还只是前锋的名单。中场方面，人们预测我们会引进罗马的埃莫森、利物浦的史蒂文·杰拉德，还有皇家马德里的大卫·贝克汉姆。除此之外，拉涅利还会被其他教练替换掉。

我给几个知情人士打了电话询问消息，尽管我得到的一切回答都是对于切尔西的积极消息，但我不知道这到底对我来说意味着什么。不过，我从不畏惧队内的竞争，也绝不逃避任何挑战。回家之后我才发现，球队名单里已经填满了新加盟的球员。格伦·约翰逊、阿德里安·穆图、韦恩·布里奇、达米恩·达夫、格雷米、赫尔南·克雷斯波以及阿列克西·斯梅尔京已经签约了，而且毫无停止的迹象。我看了看引援名单：已经有4名中场加盟，克劳德·马克莱莱、胡安·塞巴斯蒂安·贝隆和乔·科尔即将转入球队。那样就有7名中场球员了。我想了想这种情况，觉得自己只有两种选择：我可以离开切尔西，或是成为一个更好的足球运动员。我决定要成为更好的足球运动员。

我们刚回球队报到，参加季前训练没几天，阿布拉莫维奇先生就来到了哈灵顿训练基地。我们得知他要来参观的消息，所有人都早早地赶到了那里（有的年轻球员甚至把自己的车刷得干干净净）。训练基地里弥漫着一股紧张的气息，大家都不确定会发生什么。不过，我们见到的却是一个热情的男子，他似乎和所有人一样，对首次见面颇为紧张。他不会说英语，但还是礼貌地向球员和工作人员打了个招呼。我看着他走向我这边，我为他的样子有些吃惊。我猜，大家通常会想象有钱有势的人会有气势凌人的气场，但他看上去却很单薄，而且还非常腼腆。

和他一同出现的还有尤金·特南鲍姆，他是阿布拉莫维奇的心腹，也是俱乐部的总监，同时也是翻译。特南鲍姆的母语是英语，但他说得一口流利的俄语，并且同阿布拉莫维奇共事多年。拉涅利为所有人做了介绍，试图尽可能地保持轻松、随意的氛围。

阿布拉莫维奇先生过来和我握手，冲我微微一笑。主教练向新老板介绍我的名字和位置，我也报以微笑并打了个招呼。他一边听着介绍，一边直视着我。我瞬间从他的眼神里看到一种决心，他让我相信，他不是来这里玩的。阿布拉莫维奇先生经营生意非常成功，他讨厌失败。

我还喜欢他的行事风格。他看了一眼训练基地里陈旧腐朽的设施，包括隔成不同区域的更衣室以及脏乱差的餐厅，嘴里念叨了一句"真是垃圾"。我不知道俄语是怎么说的，但他说的绝对没错。他立即吩咐人寻找新地址建立训练基地，并且配备专门定制的配套设施。

我听人说，他曾经坐在自己的直升机里在海德公园上空寻找合适的土地。

"那里怎么样？"他应该问了这么个问题。

"先生，那里可不行啊，那里归女王所有。"

"她会不会出售呢？"

这个故事变得有点儿像都市小说了，但这种感觉传递得恰到好处：什么都无法阻止阿布拉莫维奇先生达到自己的目的。当时球队的转会预算似乎也没有限制，等那个赛季的第一场英超联赛开打之时，球队在安菲尔德球场派出了6张新面孔，其中5人还是首发出场。在安菲尔德球场的球员通道里，我们每个人都感到压力扑面而来。拉涅利在对球队训话时并未提及新老板，他的焦点还是在球员和俱乐部上。他试图让我们忘掉：我们现在被看作全世界最富有的俱乐部，我们无法承担失败。

可是，这场比赛很艰难。贝隆在上半场为我们取得领先，在比赛的很长一段时间里，我们似乎能用胜利为阿布拉莫维奇的革命开一个好头，而世界足坛都在等着看究竟会发生什么。但是灾难出现了，迈克尔·欧文利用点球扳平了比分。似乎所有人都灰心丧气了，但在比赛还剩3分钟时，哈塞尔巴因克破门得分。我们冲过去和他一起庆祝，但那晚晚些时候，我在电视上看到的画面却将永远留在我的脑海里。球队打进第二球后，镜头切到了董事长包厢。罗曼·阿布拉莫维奇从他的座位上一跃而起，并且和俱乐部其他官员击掌相庆。我心想："他也会这么为我庆祝的。"

那个赛季的第二场比赛同样令人难忘，不过不是为切尔西出战。英格兰队将在接下来的周三晚上迎战克罗地亚队，这场热身赛会在伊普斯维奇进行。我感觉十分亢奋，不仅是因为上一周发生的事件，更主要是因为我察觉到能改变自己在英格兰队的命运。那年夏天有一系列比赛，包括5月对阵南非队的热身赛、6月对塞尔维亚和黑山队的热身赛，还有接下来与斯洛伐克队的欧锦赛预选赛。那段时间我已经成为英格兰队的常规一员了，作为回报，埃里克森则是第一次体现了他对我的信任。

这次英格兰队之旅非比寻常。漫长的赛季结束后，进行如此长距离的旅行去参加一场表演赛似乎有些奇怪，但这也是一个可以见到纳尔逊·曼德拉的机会。此前这场比赛并不在我们的日程表上，所以看上去组织得也不是特别井然有序。我们在训练后坐上了大巴，比赛前两天才有人问我们想不想踢这场比赛。参加比赛意味着我们要在清晨6点赶一班从德班飞往约翰内斯堡的航班。我很敬佩曼德拉所做的一切，但他并不是我心目中一位特别的英雄。尽管如此，我觉得自己还是应该代表英格兰队出战。比赛还有两天就要开始了，我更希望准备得更加充分，这也是很多队友没有一同出征的原因。最终，我很高兴自己选择了出访南非。见到曼德拉后，我发现他非常友好。这是一次震撼人心的经历，使我明白了我正面对的这个人创造了历史，他为别人做出了伟大的贡献，他才是真正的名流。当时还发生了非常搞笑的一幕，就在别人介绍我们时，费迪南德跳到了最前面。我给他拍的照片中，他就坐在曼德拉旁边与其握手。费迪南德非常激动，就像个大男孩儿。

对阵南非队的比赛里，我踢了最后30分钟的比赛，并策动了一粒进球，发挥得不错。不过，我在看台上看见了一面圣乔治旗，上面写着

"WHU"三个字母（西汉姆联的首字母缩写），热身的时候就有一个胖子在辱骂我。同一天，先是得到了伟大的政治家纳尔逊·曼德拉的接见，接下来又在比赛里被一个无知的球迷羞辱了一番：人生真是大起大落啊。我们以2：1击败了对手，我现在才意识到，当初在南非的表现是我在英格兰队生涯的转折点。

英格兰队的中场四人组前一年踢过世界杯，他们依然实力强劲。不过，世界杯后的第一场比赛我就迎来了证明自己的机会。当时大卫·贝克汉姆手臂受伤，无法出战，因此我在对阵塞尔维亚队的比赛里首次在埃里克森手下出任首发。我踢得不错，但我明白这还不够好，接着问题来了：随后在米德尔斯堡迎战斯洛伐克队的比赛里，代替贝克汉姆出场的究竟是杰梅因·杰纳斯还是我？最终被选中的是我，但随后我的好心情被磨灭了，因为我将出任菱形中场的左中场位置。任何为英格兰队踢左中场的人都要面对这样一个问题：不管你踢得有多好，总会有人告诉你，你无法解决英格兰队左路的问题。尽管特里认为我在切尔西踢边路的表现不错，但我真的配不上"吉格斯"这个标签。

在欧锦赛预选赛首发，对我而言是个重大时刻。主教练在这样一场关键比赛中非常信任我，我很感激他赋予我重任。我已经准备好了，觉得自己在开放的阵型中传球自如。上半场我们一球落后了。中场休息时，我一边走下场，一边在想：如果比赛输掉了，所有人都会说是因为贝克汉姆没上场，而我出场了。我的消极想法太多，所以我让自己埋头努力、打起精神来，继续去踢下半场比赛，我相信我们会逆转比分的。迈克尔·欧文独中两元，让我不禁赞叹他真是一个好球员、一个特别的球员。他有能力在球队最需要进球的时候破门得分。

保罗·斯科尔斯则是另一位天才球员。他一直是英格兰队里最好的训练师，也是我见过的最佳球员。永远都像剃刀般犀利，他送出的传球又快又准，而他的射门则具有炸弹般的威力。其实，他在射门方面可能是最好的终结者。作为一名攻击型中场，看着他这样的球员，我时常在想：我会不会达到他那样的境界呢。有一段时间他未能帮助英格兰队进球，一度成为众人讨论的焦点。可是人们在那种情况下忽略了一点，当你习惯从中场进球得分后，反而是在自找麻烦。我也经历过类似的遭遇。即便所拥有的进球机会和前锋们根本不可同日而语，人们依然期待你多进球，要知道有的前锋也会遭遇进球荒。

如果我在某场比赛中不进球，我就会被人说成是"没用的"球员。这让我非常恼火，因为他们忽视了我的其他贡献。在英格兰队阵容中，斯科尔斯是菱形中场的最顶端，而尼基·巴特则是负责衔接后防和中场的。我想起了自己在英格兰21岁以下的青年队效力期间，彼得·泰勒曾经和我有过单独谈话。

"弗兰克，我看到了你的潜力，可以长期踢拦截型中场。"他对我说。"你说什么？我不想踢那个位置，"我回答道，"那和我的天性不符，我喜欢插上进攻。我就是这样的球员。"

"不是，我看到你有潜力发展成拦截型中场，或许你也能时不时地从中后场插上进攻。你要想想自己在哪个位置最能发光发热。"

我想过，我明白最适合自己的位置就是攻击型中场。或许彼得·泰勒看到了斯科尔斯的能力，认为我在成年队里不太可能抢走斯科尔斯的位置，所以换个思路可能是再进一步的更好选择。不过，我没有踢拖后中场的兴趣，还是决心让自己成为心中梦寐以求的那种球员。

我的第一次和第二次英格兰队出场时间相隔了3年之久，所以我不缺时间去考虑自己的选择。史蒂文·杰拉德当时经验相对较浅，但在我看来，他当时已经是英格兰队的头号选择了，而贝克汉姆是队长，且状态正佳。总的来讲，我获得出场机会的最大挑战正是这些队友。不过我很感激，因为他们是球队拥有的最佳球员，而且影响着我，让我不得不变得更强。尽管我一直都很清楚，为英格兰队效力可能要比在俱乐部踢球更变化无常，但我并未因此而困扰。为英格兰队效力可能是我在足坛最棒的经历，但也可能是最糟糕的经历。没有什么事能比代表你的祖国出战并且发挥神勇更棒。可是，你可能经常要在一些平凡无奇的比赛里面对小国弱队，要是你没有完全打起精神、拿出好状态，很可能会受到惩罚。

我们经常要面对一些理应碾压而过的对手，比如马其顿队、斯洛伐克队以及列支敦士登队。你对这些球队知之甚少，也不清楚他们的打法如何，他们的技术水平通常比公众预期的要好出不少。我能理解大众对我们的期望，因为英格兰队球星云集，但国家队的比赛并不是简简单单地大鱼吃小鱼、强队扁弱队。比赛开始后，观众们就急不可耐了：他们会催你压上进攻、进球得分、踢出赏心悦目的比赛。而事实却是，你如果天真地这样放开踢，可能会被对手抓住空当，进球的就是对方了。这样的例子就有几个，其中一场是我们在主场被马其顿队2∶2逼平了，随后又在河畔球场和斯洛伐克队战平。

让我心烦的是，有人会说英格兰队应该令人信服地击败这支球队或那支球队，这种说法忽略了现代足球里国家队比赛的实际情况。我在切尔西师从外籍主教练，也和其他各国的国脚一起踢球，我跟他们学到的是，你的状态得比对手还要犀利。我在西汉姆联效力的时候，或许还会信奉斗牛犬一般的狂热信条："冲上去撕碎对手"。可是，这种思维只会在面对大多数球队时奏效，如果对手是巴西队和阿根廷队这样的强手，被撕碎的就是你自己了。

面对强队，你知道对手的实力，而弱队则不同，因为有的球员在国家队看上去非常厉害，但到了英超俱乐部就没那么显眼了。这是因为国家队比赛本身节奏更慢，也更讲究技战术。你需要具备过硬的技术和良好的心态才能成功。

经过那个夏天的比赛，我感觉自己在英格兰队里信心大增。面对克罗地亚队时，我感觉异常兴奋。我的状态也显露无遗，我作为尼基·巴特的替补出场，打进了自己在英格兰队的第一粒进球。这场比赛不算精彩，但足球场上最美妙的时刻莫过于你在20米开外轰出一脚远射，皮球离开脚下时你就清楚，这个球一定会进。更加美妙的是，你还穿着三狮军团的球衣。所以就算这场比赛没那么激烈又如何？我终于在英格兰队打开了进球局面，带着爆满的自信心进入接下来一个月对阵马其顿队的比赛。

对阵马其顿队的比赛中，教练让我出任菱形中场的最顶端位置，要踢好这个位置很不容易。你要花很多时间背身拿球，然后衔接中前场球员。前锋身后位置传统意义上是属于技巧精湛的"10号球员"的地盘，这个"10号"其实是前锋，但他的能力又不仅限于进球得分。迭戈·马拉多纳就是最好的例子，在我心目中他也是历史上伟大的球员。我不是马拉多纳（哈里也曾经指出过），但是我有自己的特色，我能从中后场发动进攻，然后在正确的时间赶到禁区试着来一脚射门。

我在斯科普里一度感到孤立无援，但发挥还算正常。不过，主帅显然不这么认为，我在半场休息时即被换下。我讨厌在比赛中的任何时段被换下场，而这次真是令人尴尬。球队当时一球落后，埃里克森认为需要做出调整了。他派上了鲁尼来踢这个位置，最后球队2:1取得了胜利。我很高兴我们赢球了，但对于自己中途被换下依然耿耿于怀。随后，主教练向媒体表示，我一直踢得不错，但他需要调整阵容来取得进球。他的说法很公平，但并未给我带来太多慰藉。不过，在回国的航班上，我得到了来自队长的鼓励。

在此之前，我和贝克汉姆并无太多交集。我第一次入选球队时还对他心怀敬畏。彼时我还只是个小屁孩儿，而他已经是个大明星了。我们之间的距离感保持了很长一段时间。可是，正当我坐在飞机上，不断地在脑海里回想自己在比赛中的细节、分析自己表现的优缺点时，贝克汉姆走了过来，坐在了我旁边。

"你没事吧，弗兰克？"他问我。

"嗯，还好。赢球了我很开心，但半场就被换下让我有点儿心烦。"我回答说。

"我明白你的意思。不过你也不要太灰心了，因为你踢得很好，你在英格兰队和切尔西队一直发挥出色。球员在国际赛事中比在俱乐部比赛中更容易被换下，这种事时有发生。别对自己太失望，你会有机会去表现的。"

我们聊了几分钟，但真正鼓舞我的不是他说的话，而是他做出的这种努力。他非常随和，且乐于助人，我想正是这些特质构成了一个优秀的队长。这次谈话也让我们俩开始了解彼此，因为他和我一样腼腆。从此以后，我们相处得很好，我也体会到了更多亲切感。我很高兴他对我的支持，而且终于开始感觉自己是英格兰队的一分子了，而不仅仅是"一个成员"。

4天后，我在击败列支敦士登队的比赛里也出场了。毫无意外的是，我们同样遭到了口诛笔伐，因为只赢了个2∶0。然而，接下来与英格兰队会合时发生的事情，让我明白场外发生的剧烈风波会怎样影响队里的生活。这件事正如一道晴天霹雳，影响非常深远。

那天早上，我应该和其他队友会合，我们将在下一场比赛里对阵土耳其队。此时却爆出新闻，费迪南德错过了曼联的一次药检，他已经被踢出英格兰队阵容了。我事前并未从费迪南德或其他人那里得到任何预兆，连传闻都没听到。我抵达球队下榻的酒店后，看见队友们已经聚集到一起商讨这个事情了。来自曼联的球员明显比我们中的大多数人了解更多信息，加里·内维尔大声疾呼要支持费迪南德，他是最积极的一个，而其他曼联球员都在后面附和他说的话。房间安静了下来，每个人都满腹愤慨。所有球员都不了解事情的经过。尽管我会尽可能以各种方式支持费迪南德，但我不知道具体应该怎么做。加里·内维尔站了起来，给全队说了一段话。

"事情是这样的，"他说道，"里奥在卡灵顿①错过了药检，因为他当时已经离开，忘了自己被选中要去提供药检样本。那天下午他才想起来，等他回去接受检测的时候却被告知负责检测的官员已经离开。我们要面对的问题是，由于他的无心之过，他被球队开除，并且在任何调查开始前都会背上违反规矩的罪名。"

"真差劲儿，里奥，你这个大傻帽儿。"我非常同情他的处境。不过，经过了早上读报后的震惊，事情的后果开始慢慢发酵。费迪南德会错过同土耳其队的比赛，而且他还可能错过本赛季剩下的所有比赛，以及2004年欧锦赛。

加里·内维尔为讨论开了个头，队友们也赞同处罚存在不公。我们想知道我们对此能做些什么。曼联的球员出了一个主意，他们说我们应该抵制参加对阵土耳其队的比赛，以支持我们的队友。我不太确定这么做对不对。我很赞同我们有必要展现出团结精神，但这次情况很麻烦，因为我们要对抗的"敌人"是英格兰足球总会，正是他们做出了这次处罚。

"要让他们明白我们有多愤怒，我们唯一能做的就是罢赛，"内维

---

① 曼联的训练基地。

尔继续说道，"我们都应该考虑下是否要去土耳其踢这场比赛。"

我听到这些话感到十分震惊。的确，我们有机会做出一次重要声明，说出我们的感受以及我们认为合适的立场。我看了一下房间里的其他人，他们的表情或惊讶或忧虑或不解：这么做的意义是什么？我支持他的主意，但我觉得很多队友不过是出于一时冲动。内维尔刚做过一段情绪激昂的演讲，基本上得到了球员们的支持。可是，我不知道我们当中是否有人好好考虑过这样威胁英足总会带来什么后果。

尽管如此，英足总还是意识到了事态的发展，他们给出的消息是他们并不准备谈判。4名球员代表组成了球员委员会，会见了当时英足总的首席执行官马克·帕里奥斯，却怒气冲冲地回来了。这名官员的回答是，如果我们继续罢赛，那他们会重新挑选20名准备好的球员取代我们所有人去土耳其参赛。我对马克·帕里奥斯并不熟悉，但他给我的一贯印象就是非常傲慢。我很希望坐在他那个位置的人能多考虑一下球员的感受，并且理解大家的感受。当然，这也是他工作中最重要的一方面。相反的是，他更喜欢无所事事地到处显摆自己"我最大"的地位，令我和许多队友都无比反感。

其实马克·帕里奥斯并不是什么特别的人物，他压根儿就没什么特别之处。首席执行官不应该让自己成为英足总最重要的人物，他本该安静、高效地做自己的事，让主教练和球员们去处理球队的事务。他应该做好自己分内的职责。

这一切都无助于当时的情况，费迪南德还是被开除了，事情告一段落。有消息宣称当天晚些时候，埃里克森教练将所有球员召集到了一起，之前他已经和一些球员聊过了。他知道大家的心思，但实话实说，他所处的位置也非常尴尬。他一直都在坚定不移地支持自己的球员，但另一方面，他还得让自己的雇主英足总相信他。

"听着，我完全理解你们对这件事情的态度，"他说道，"而且我也认为，你们应该一直相互支持。我很钦佩你们身上的品质，也明白作为球队主教练的我和这支球队都因你们的团结而受益匪浅。我觉得，你们所处的立场在道义上是正确的，但我们还有一个问题，那就是必须出征这场重要的比赛，对手是土耳其队。

"如果我们不踢的话，那之前付出的所有努力就会付诸东流，我们进军欧锦赛的机会也会受到威胁。你们必须记住，这和你们正在争取的东西同处于危机之中。"

至此，我们心头的死结终于被解开了。费迪南德不会再回到球队中了，有些队友私下也谈到下一步可能会是什么状况，他们也意识到了后果会是什么样。我们是被选中代表祖国出战的球员，为英格兰踢重要的比赛，这些比赛将决定我们在2004年欧锦赛上的命运。还有球迷怎么办？他们一直支持我们。我们要考虑罢赛的影响，不论是短期的还是长期的，都要为球队考虑。

这个时候，媒体开始竞相报道。报纸的头版就是英格兰队球员的照片，同时给我们打上了"叛徒"的标签，事态失去了控制。我非常讨厌被人贴上这样的标签，而这些人又期望我们在球场上展现实力和团结。我说的就是英足总和英格兰媒体。他们还想让我们放弃一个无辜的队友？门儿都没有。

对阵土耳其队的比赛将在周六进行，我们计划周四飞往伊斯坦布尔。就在我们热烈讨论之际，有消息说航班延误了。等到周三晚上，我确信不会有罢赛发生了。我理解使用罢赛作为威胁只是一种手段，但除此之外我觉得会有更好的办法。尽管如此，我相信有些队友已经准备好要坚持到底了。最终，球队聚在一起，我们达成了一致：最好的选择还是踢这场比赛，赢下3分让我们可以直接晋级欧锦赛决赛圈，稍后再来解决费迪南德的药检事件。虽然他会缺席本场比赛，但我们要为他赢得比赛，以确保前往葡萄牙参赛的资格，这样他至少还有机会出战欧锦赛。

有报道说费迪南德给我们发了条短信，请我们不要为他罢赛，但据我所知，情况并非如此。我完全没收到这条信息，或听说相关的事情。他的确在周四早晨给一些队友发送了短信，当时我们已经确定要去参赛了，他的短信是祝我们好运，并且鼓励我们赢下比赛。费迪南德对于事情解决的方式很满意，部分原因是如果我们真的罢赛了，他就会成为一次全国性的丑闻之源，没人愿意承担那样的责任。

所有人都在预测，一团乱麻的准备期很可能会导致球场上出现负面结果。其实效果恰恰相反：比赛前一天训练的气氛非常紧张，你能察觉到每个球员都感觉到了不公，因此全场铲球不断。练习赛中的对抗性更是我见过最激烈的一次。我们当时的态度是："干掉他们""干掉他们所有人"。我们要用一场胜利来还击所有质疑我们、抨击我们以及怀疑我们对国家是否忠诚的人。当然，这种战斗精神将会让我们在对阵土耳其队的比赛里发挥不俗。他们的球迷充满了敌意，他们的球员也非常擅长激怒对手，我们团结一心，足以应付任何挑衅。这种一致对外的心态，连何塞·穆里尼奥都会感到骄傲。

贝克汉姆罚丢了一个点球，不过这又不像他的左脚那样精确，所以我们并没有感觉失去什么。特里顶替费迪南德出场，发挥非常神勇，他阻挡住了所有只有他能拦截的球。中场休息进入球员通道时，埃米尔·赫斯基卷入了一场群殴中，因为他被对手种族歧视的话语侮辱了。我并没有看到争端的前因后果，不过在我及时赶到后得知，赫斯基已经放倒了土耳其队的一个球员。干得漂亮！

我从未有过随球队晋级大赛决赛圈的经历，尽管只是在比赛末段替补登场，那种感觉也是妙不可言。前些天里堆积的所有愤怒、焦虑和苦涩，都在终场哨音吹响的那一刻烟消云散。我们赢得了小组第一，所有人都欢呼雀跃：我们要进军葡萄牙了！我很好奇，那一刻费迪南德在干什么，他又做何感想。

我后来也和他聊到这件事，他向我解释了当天他错过药检的经过。我明白他在随后因禁赛而无法出战的那几个月里，对他而言是多么大的折磨。人们不知道他有多难受、多孤单。那是全世界最糟糕的感觉，训练了一整个星期，结果发现周末没有比赛可踢。我只有在刚刚伤愈复出的阶段体会过这种感受，简直太折磨人了。费迪南德原本可以来一趟环球旅行，可以证明自己的清白，或是直接退出足坛。他在那几个月里刻苦训练的方式值得赞赏，他重回球场的方式也让人赞叹。费迪南德年纪尚小时就承担了很多审视和期望，因为他拥有惊人的天赋，这意味着他的健康和状态的每一个细节都会被人当作国家大事去分析。那段时间最让他感到烦恼，但还是挺了过来，现在又是生龙活虎的状态了。

我得知他会被禁赛8个月后，感到非常愤慨。英足总发表了声明称错过药检就视作检测呈阳性，但这也太荒谬了。除了忘记参加药检外，没有任何证据可以证明费迪南德有罪。我可以证实，他的记性确实很糟。你想想，马克·博斯尼奇和穆图承认服用了可卡因，分别受到14个月和10个月的禁赛处罚；相比而言，费迪南德的遭遇简直算是丑闻了。法规上写到，如发现有人犯下此类罪过，可处以终身禁赛。如果他们都有罪，为什么没有遭到终身禁赛呢？我不理解，是不是只有严苛的处罚才能阻止更多案件发生？

况且，适当的测试应该有助于解决问题。我知道这些药检是如何进行的，可能还会有混乱不堪的局面产生。我在西汉姆联以及初到切尔西时接受过药检。你会被他们选中，要求在训练后上交尿样。可是，如果你去洗了个澡，就很有可能忘掉这件事，没有完成任务就离开了。经过费迪南德事件后，这个流程现在要比之前严格了一些，但我也听说过有球员故意错开药检，他们的球队或队友会为他们瞒天过海。球员的名字没有提及，但手法却都是如出一辙。如果这些报道属实，那么有球员故意错开药检是很有可能的；既然如此，有球员无意错过了药检也是很有可能的。确保药检实行是那些工作人员的职责，那是他们的工作，而我们的职责是踢球。

如果费迪南德拒绝了药检，然后离开了训练基地，那么他就可以因故意逃避药检而获罪，但事实并非如此。就我个人的经历而言，整个药检项目并不是由各家俱乐部实施，而是由足总的官员执行，因此显得并不专业，时常还颇为草率。检测频率也不够高，或是不够稳定。我明白突击检查是有必要的，但目前的药检制度在监督比赛方面还是很低效的。药检过程非常随意，他们这种随意近乎失职：一个球员可能一个月内接受两次检测，也可能三年里只接受一次检测。是不是所有球员都应该每月接受一次甚至更多次药检呢？还有，这些药检过程应该使用更多的规章制度。举个例子，球员在训练后应被带到特定区域，只有交完尿样后才准离开。如果是为了让人放心足球是干净的运动，我非常乐意每周或是每天都接受检测。这样也能防止球员吸毒的愚蠢谣言四处扩散。

我也被类似的流言蜚语困扰过，有一次某个在卡迪夫队踢球的家伙声称，有5名英超球员在吸毒。不出意外地他将自己的故事卖给了一家报纸，报社直接将他的说法印了出来，其中并未提及是哪些球员，只说那个家伙是涉案球员的"朋友"。几天后开始大量流传我是吸毒球员之一的谣言。这个家伙宣称，他在某个晚上跟我和其他几个球员一起出去玩了，然后发现我们在厕所里吸毒。这全都是瞎扯啊。我给一个球员打了电话，他也被认为是牵涉其中的人物之一。他告诉我，这个家伙是费迪南德很久以前认识的，有几次确实跟我们一起出去玩了。我模糊地想起那个家伙是谁，我甚至都没跟他说过一句话。他的那些说法不仅可耻，还会给我们带来诸多危害，而且完全就是瞎编的。从此之后，还有很多关于我和其他球员吸毒的传闻，但事实是这些人编造这种消息只是为了赚钱或者让自己出名。甚至还有人告诉我，有的网站说我是同性恋。艾伦会被吓到的，更别提我的女儿露娜了。

应该受到指责的不仅仅是这些贩卖虚假新闻的人。现在我们需要审视自己以及这个社会，为了挣钱，有人会去恶意制造关于足球运动员或其他公众人物的新闻。还有一个例子是有家报纸爆出克里斯蒂亚诺·罗纳尔多涉嫌强奸，这条垃圾新闻出现了一个月后，他还受到了警方的调查。性犯罪的指控可能对一个人的品格产生极大的伤害，但当时没有任何证据显示罗纳尔多在这个案件里有任何过失。罗纳尔多要终生忍受这样的指责，但最开始编造这个故事的人又如何呢？除了说谎收钱之外，一点儿事都没有。

报纸会鼓励这种行为，方法是给线人提供报酬以换取他们公布与名人的私情，甚至更隐私的信息。我知道有些刊登出来的新闻是真实的，但还有一些明显就是谎言。我一直对媒体及其运作方式抱有极大兴趣。不过作为一名球员，面对一些报道，你的脸皮要厚。在媒体上被人夸奖是一件让人心情愉悦的事情，但还有一些文章需要你有更务实的态度。对球员的批评、对球队的批评，还有关于俱乐部和主教练的各种传言，这些都是你要学会去忍受的，很多都是需要你无视的。有的球员为了做到这点就完全不看报纸了，不过我却是恰恰相反的类型。

我会定期阅读各类报纸，从头到尾地看一遍自己感兴趣的部分。2003—2004赛季初，切尔西和阿布拉莫维奇先生达成了重要收购协议的消息占据了许多报纸的头条，因此关于转会的传言开始有所降温，平均每天也就5条而已，焦点已经转到主教练的人选上了。那个时候我们已经习惯了这样的新闻报道，拉涅利也决定不必在意这些消息。他在新闻发布会上自嘲了一番，但在面对球员时又闭口不谈。

然而，就在新赛季即将开始之际，关于埃里克森有可能接手切尔西的文章开始更加频繁地出现。这是一条挥之不去的消息，总的来看颇为可信。我跟特里、古德约翰森以及莫里斯都聊到了这个话题，但我们早就明白自己对此无能为力，因此唯有埋头努力、顺其自然。

某日早晨，情况急转直下。报纸上公布了一张照片，埃里克森在著名的经纪人皮尼·扎哈维的陪同下拜访了阿布拉莫维奇先生家。还透露出一点信息：扎哈维在收购切尔西的过程中发挥了关键作用（他也是费迪南德的经纪人，因此不难解释我当时在拉斯维加斯的游泳池边收到了费迪南德的语音信息），所以我们现在明白埃里克森的消息是有据可循的了。

拉涅利已经抵达了哈灵顿训练基地，他在从入口到更衣室的途中碰到了我。"弗兰克，早上好！"他的问候和往常一样，但声音里有着轻微的颤抖。我尽力不去在意这些，但还是感觉到了那里有种异样的气氛。我们试图按正常节奏进行训练，就在训练即将结束之际，拉涅利让所有人都更换好衣服上楼吃午餐。我爬了4层楼，感觉脚就像跑了十几公里后一样沉重。所有人刚刚就座，拉涅利就站到了我们的桌前，餐厅突然陷入了异样的沉寂。

"我知道你们在想什么，"他开始说道，"鉴于你们看到和读到的各种消息，我不会责怪你们。我唯一能告诉你们的是，我已经和老板谈过了，他让我继续在这里执教。他告诉我这是我的球队，以及这个赛季他对我和你们有什么期望。我要告诉你们的是，这是我的工作，你们是我的队员。我们要忘掉外面风传的消息，我们要关注我们的使命和身份。我们是切尔西队，你们和我在一起，所有人都是。我们要记住这一点，然后做好自己的工作。"

我竟然不禁想为他鼓掌，但那个场合似乎又不太合适。说这些话非常勇敢，他也会在整个赛季里不断重复说给我们听，不是他想安抚我们，而是他觉得有这个必要。即使埃里克森被迫承认了与阿布拉莫维奇会面的事实，且重申了自己不会离开英格兰队帅位，但都无法移开悬在拉涅利脖子上的"巨斧"。就像他随后总结的那样，他像是一具"行尸走肉"。

我非常同情拉涅利，因为他帮助我提高了球技，更帮助我在职业生涯中更进一步。我也清楚，任何生意里的新老板都自然而然地想安插自己的人来管理，但拉涅利和球员之间有一种纽带。我跟特里和古德约翰森都聊到过这点，我们都同意大家应该继续为主教练展示自己的忠诚，就像他之前一直为我们做的那样。不论什么时候媒体问到我们关于拉涅利的问题，我们都会支持他，并且重申我们的观点，那就是他就是率领切尔西的正确人选。这是我们发自肺腑的想法，我觉得这种团结精神从始至终都照亮着那个赛季。

我们轻松地进入了欧冠联赛的小组赛阶段，但首场比赛对阵布拉格斯巴达队的经历却变得有些苦涩。比赛本身并没有问题，问题出现在比赛开始之前，我们都在球队下榻的酒店里，拉涅利宣布了当场比赛的首发阵容。令我吃惊的是，我和特里以及古德约翰森都被放在了替补席上。一开始我还以为是弄错了，或者只是玩笑罢了。我们之中要是有一个人无法首发就会令人失望，两个人就很严重了，但如果三个人都无法出场，那就让人冒火了。我们的位置都让新援占据了，他们可以算是"改革之子"，首发出场的新人共有7位，老将们都得为他们让路。

我冲出了会议室，紧跟在我后面的还有特里和古德约翰森。我说道："我上个赛季拼尽吃奶的力气帮助球队杀进欧冠联赛，不对，应该是所有人一起。我才不要新人在场上踢球，自己坐在板凳上看呢。"我当时怒气冲天，从未对球队阵容的选择如此暴怒过。我回到了自己的房间，给艾伦打了个电话。

"宝贝儿，我落选了。"我告诉她，心中依然怒气不止。

"什么？"

"我没开玩笑。我要坐板凳了，还有古德约翰森和特里也是。"

"冷静点儿，弗兰克。到底怎么回事？"

"我告诉你怎么回事，我可能要离开切尔西了，因为他们不能让我为队里的其他人坐一个赛季的板凳。"

"弗兰克，冷静点儿。我们看看比赛会是什么情况，然后等你回家我们再说。"

她说得没错，但我当时怒火中烧，怒气蒙蔽了双眼。我走到古德约翰森的房间，想搞清楚答案，但是答案显然只有一个：引进新球员就是用来取代我们的。

"我真希望改革从来没发生过。"我怒不可遏地说。

"我现在更希望回到当初的日子，至少我们还有比赛可以踢。"古德约翰森回答说。

通常，我和我的好伙伴古德约翰森以及特里在一起时，会讲笑话逗逗乐，但是那天晚上的板凳席更像是人间炼狱，充满了绝望和怨气。球场上我们的球队发挥不佳，我也不能说自己特别失望。中场休息期间，拉涅利叫我换衣服准备好。我在下半场替补出场，最后以1:0取得了胜利。特里和古德约翰森则在整场比赛里苦坐板凳。

尽管最终看来这种事情只是偶然发生，但那天晚上我们依然在聊这件事情，倒不是因为我们中有人认为自己有神圣不可侵犯的首发权利，而是因为我们都非常努力地帮助球队进入那样高级别的比赛，我们认为自己应该有机会帮助球队更进一步。

我们在国内赛场没有再遭遇同样的痛苦，我们三个人都得到了主力位置，帮助球队在英超打出了良好开局，前七轮联赛六胜一平。接着我们奔赴客场挑战伯明翰，我们知道只要拿下比赛就能升至积分榜第一位。比赛最后以平局收场，有趣的是，我们依然凭借着净胜球优势排在第一，但我们在当晚的比赛里其实并未取得进球。尽管我们在冠军争夺战里处于领先位置，但我逐渐平静了下来，心里并没有大家想的那么激动。而在拉涅利对这一成绩发表了看法之后，我的心情更加糟糕了。

"排到积分榜第一位并不重要，"拉涅利向报纸表示，"或许我们可以有些小激动，但是不能太过。"这就是典型的克劳迪奥·拉涅利，他不会指出积极因素或赞扬球员的表现，而是从鸡蛋里挑骨头。那是他的方式，我们都已经习惯了。不过，我还是在想，这是不是争夺冠军的正确方式呢。

一周后，我们要面对阿森纳，尽管所有人都准备充分，但还是未能取得理想结果。我们在榜首的位置整整享受了4天，就再也没有品尝过那种滋味了，因为阿尔塞纳·温格的球队完成了英格兰足球史上最神奇的壮举，阿森纳以整个赛季不败的战绩夺冠。尽管如此，我们从未放弃英超联赛，而且还有其他烫手的任务要解决。球队从曼联挖来了彼得·凯尼恩担任首席执行官，他一上任就警告我们，至少要赢得一座冠军奖杯才行。至此阶段，我们在两项赛事中均表现出色，而足总杯也即将开赛。

对我们来说，欧冠联赛变得如同探险一般。所有人都预测我们会在欧洲赛场遭遇更多失利，我们却冷酷地击败了布拉格斯巴达，但随后在主场又被贝西克塔斯打进两球，带走胜利。这场失败引起了我们的注意，我们在主客场都击败了拉齐奥，我在两场比赛中各进一球。我们在欧洲赛场找到了赢球的节奏，这是我从未体会过的。我们最后轻松地晋级淘汰赛，然后在两回合的比赛里击败了斯图加特，我们唯一的进球是在客场打进的。

在球场上，我环顾周围的队友，对这支球队感到无比的乐观。我们在每个位置上都有实力，并且战绩也十分稳定，这是之前我在球队中不曾做到的。和佐拉踢球是一种乐趣，而且我们球队里还有几位大人物，他们知道怎样做才能赢得重要赛事的奖杯。我唯一担心的是，需要有人让我相信，我们会赢得冠军。队里来了很多新面孔，有些球员融入得比其他球员更好更快，但对我来说，球队阵容似乎还有一些不平衡的地方。这就意味着我们无法有所作为。切尔西素来以招募球员而闻名，引进的都是有天赋的球员，而不是为了打造统一的球队体系。有人会怪罪到主教练头上，但老实说，我觉得主帅不应该负全部责任。你只会签下你认为会对整支球队有益的球员，但有些球员加盟之后就只顾自己了。

尽管如此，我们还是前所未有地团结在一起了，我们得知将在欧冠1/4决赛对阵阿森纳后，整个英格兰都陷入了疯狂。当时，阿森纳在联赛中依然保持不败，还在足总杯的比赛里将我们淘汰出局，另外，我们在联赛主场败给了对手，3周后我们就要在欧洲赛场碰面了。媒体将这场比赛称作"不列颠之战"，我们迫切地希望赢得这场较量，为我们自己，为拉涅利，也为切尔西。"不列颠之战"将会见证我们打破历史纪录，这场对决事关荣誉以及晋级欧冠半决赛的机会。

这次对决还变成了我们代表拉涅利出征之战。无论比赛结果如何，关于他帅位的猜测愈演愈烈。我能看出这些传言对他的态度有所影响。我对此并不惊讶，鉴于他一直承受着巨大的压力，任何人都难以保证不为所动。整个赛季里，他会定期重复自己的讲话，说起自己对工作的投入。一旦他觉得我们需要吃颗定心丸，他就一定会留下来讲话。拉涅利并非唯一承受着压力的人，但对于球场上的状况，他一直都承认自己的责任。

自从阿布拉莫维奇为切尔西投入重金以来，我们每一天似乎都生活在公众的显微镜下。我们的一切都遭到了质疑：从实力到薪水，从品格到战绩。我们回应了其中一些问题，但现在有机会让所有人闭嘴，我们有机会打败阿森纳的"不败之师"。

球员们士气正旺。为了这场比赛和拉涅利，球迷们也和我们一样坚定。"要么赢球，要么滚蛋"的故事在赛前就已经出现不少了，尽管拉涅利觉得没必要去否认这些说法，但他在复兴球队的过程中发生了重大转变。虽然这种变化不明显，但的确是可以察觉到的：重要的不是他说的话，而是他说话的语气。他的情绪以及对比赛的感觉都发生了变化。他还没有投降，绝对不会，但又只能听天由命：他在切尔西的帅位上是待一天少一天了。我问古德约翰森和特里有没有同样的感觉，直到那时我们才明白，这是我们能帮助拉涅利的最后一次了。

我们和阿森纳的比赛正式打响，斯坦福桥球场充满了激情，我们和所有球迷都渴望收获胜利，但却无法企及。古德约翰森为我们首开纪录，但领先优势并未持续太久，罗伯特·皮雷就将比分扳平。雪上加霜的是，德塞利在最后时刻领到红牌下场，他也将缺席次回合的比赛。虽然这还称不上是灾难，但局外人似乎都以为，阿森纳队将会在海布里球场轻松取胜。因为对手状态神勇，我认为得出这样的结论非常合理。阿布拉莫维奇先生在赛后造访更衣室。他非常乐观，告诉我们踢得不错，他相信我们会在第二回合的比赛里发挥出色。我非常感激他对球队的热情。我们在联赛中大胜狼队，随后又击败了托特纳姆热刺，在对阵阿森纳的比赛前我们士气大振。比赛到来之际，我们早已蓄势待发。

拉涅利为我们带来了一次激情澎湃的演说，他的热情前所未见。他强调，如果我们把阿森纳淘汰掉，我们可能会达到怎样的成就；我们有机会去创造历史，这种机会不是随时都有的。拉涅利的罗马先辈一定会为他感到自豪，因为我们就像角斗士一样走进了斗兽场，准备与对手决一死战。

球场也像斗兽场一般，比赛的节奏可能会让有些人失魂落魄。比赛就像激烈的战场，但我认为我们在中场控制得不错。不太走运的是，何塞·安东尼奥·雷耶斯为对手取得了领先。6分钟后我们就扳平了比分，但我一心只想着获胜，并未过多庆祝自己的进球。进入加时赛似乎已成定局，但这个时候拉涅利来到了边线附近，催促我们在边路增加火力，多打对方后卫部分。阿森纳习惯让边后卫自由前插，之前我们就讨论过要用积极的奔跑去抑制对手。比赛只剩下3分钟了，韦恩·布里奇正好跑了上来，斜对着阿森纳的球门。我从他后面跟上，希望可以为他提供支援。他把劳伦甩在了身后，直接冲向禁区。我还看到前面有好几个身穿蓝色球衣的队友。"布里奇传球，快传！"他并未选择传球，也没有把球带到底线，而是径直一脚射门打进了球门。布里奇，干得漂亮！我们陷入了疯狂，用叠罗汉将刚刚进球的功臣压到了最中间。我环顾球场，看见教练们相互拥抱了起来。过不了多久我们还会如此庆祝的。

走向球员通道的那一刻，我既感到欣喜若狂，又感到筋疲力尽。我们的球迷正在庆祝队史上最重要的一场胜利，恐怕只有通过手术才能阻止我的微笑了。然后，我看到了拉涅利：我们走向更衣室的途中，他在场边迎接每一个队员。他大声笑着，但我觉得他的笑里透露着更为巨大的压力。他拥抱了我。

"我们做到了，弗兰克！我们做到了！真棒！棒极了！"他说。

我向后退了一下，然后望着他的脸，这个时候我才确信一切都结束了。他抓着我的手臂，眼泪从他的脸上滑落。他很开心，但他哭的原因并不是出于快乐。他的眼泪是因为他生活里的一部分即将画上句号，是因为他付出的所有努力，是因为他知道：不论自己多么努力，他再也无法完成这里的工作了。

我们在半决赛中要面对摩纳哥。当时谣言四起，据说凯尼恩已经会见过了何塞·穆里尼奥和迪迪埃·德尚，商讨下个赛季取代拉涅利帅位的事宜。穆里尼奥同样带队挺近了半决赛，他手下的波尔图队将对阵拉科鲁尼亚队；而曾经的切尔西球员德尚将作为我们对手的主帅，与我们抗衡。当时，带领我们的拉涅利值得赞扬，因为他一丝不苟地继续履行自己的职责。任何压力或者流言蜚语都不能分散他带领球队创造历史的决心。

我们在第一回合的比赛里做客蒙特卡洛，其间我们在码头散步，还看到了阿布拉莫维奇先生的游轮就停泊在海港边。虽然这种价值百万以上的庞然大物在摩纳哥并不罕见，但他的游轮依然让人印象深刻。其他轮船在它面前就像小木船一样。这真是令人叹为观止，也让我们见识到阿布拉莫维奇先生是多么有实力的人物。我们都清楚拉涅利背负着沉重的压力，但无论主教练身上发生了什么，我们都不会将老板当作坏人看待，其实多亏他拯救了切尔西。我们都明白，当时我们已经处于破产的边缘，要是没有罗曼·阿布拉莫维奇，俱乐部可能早已不复存在，更别说打入欧冠半决赛了。作为新老板，他接手了所有球员和主教练，他没有责任要将我们都留下，他有权决定下一步该怎么办。希望赢得欧冠冠军能让他相信，我们值得他付给我们的薪水！

然而，次日晚上的比赛却让我们所有人呆若木鸡，我们的心情也跌落到了谷底。我们开场踢得不错，也基本上控制住了比赛，虽然对手先得分，但克雷斯波为我们扳了回来。我们的阵容看上去也很平衡，有能力抗住任何困难，包括所有来自摩纳哥队的进攻。崩盘的源头来自更衣室，中场休息期间就开始了。

"贝隆！换上球衣，赶紧热身。你要上场了。"拉涅利对贝隆说道。

"可是，教练，我还没准备好上场比赛。我身体不对劲儿。"贝隆回答说。

听到这段对话后，我们都惊呆了。贝隆一直带着点儿轻伤，但他的身体状况是足以进入替补席的，他也从未因此抱怨过。因此，这个时候跟教练抗议，确实有点儿晚了。

"贝隆！换球衣，你要替下格隆夏尔。"

我转向了古德约翰森，他沮丧地看了看我。格隆夏尔上半场踢得并不算出彩，但他在比赛里多次过掉了和自己对位的球员。还有，谁会去踢左边路呢？显然是贝隆。

我们在混乱之中回到了球场，谁也无法弄清楚到底是怎么回事。我们此前一直踢得很舒服，但此时却在球场上多了个思想和身体都不对路的队友。对方的安德列斯·济科斯被罚下后，场上局面好了一些，但我们很快又陷入了更糟糕的状况，确切地说是一团乱麻。哈塞尔巴因克替下了马里奥·梅尔奇奥特，而斯科特·帕克被放到了右后卫的位置上。哈塞尔巴因克慢悠悠地跑向自己的位置，我问他怎么回事，他只是耸了耸肩。几分钟后，帕克又被罗伯特·胡特替换下场。我有一种不祥的预感，球队阵型变得畸形了。我果然没猜错。

我们本能赢得那场比赛。我们当时1∶1打平，还有一个客场进球，对手只有10人应战。我们离决赛只有20分钟的距离，却1∶3输掉了比赛，谁都不明白是怎么输的。除了脱球鞋的声音外，更衣室里一片死寂。我茫然地坐在那里。哈塞尔巴因克打破了沉默。

"这到底是怎么回事？"他说。

没人回答他，因为我们都在问自己同样的问题。如果要回答的话，可能拉涅利有个答案，但他也没接话。他后来承认，那是他执掌切尔西期间最糟糕的45分钟。这是显而易见的事情。人家一直都管他叫"补锅将"，但那次是我在球队期间他进行过的最大范围的东挪西补。

那还是我经历过的最诡异的一场比赛，因为发生了罕见的情况，有人开始问是不是球队主帅刻意葬送球队的胜利，作为即将离队的报复。我至今也无法解释，但我非常讨厌用那种思维去想这件事。拉涅利的人品绝不至于对球队如此恶毒。他非常正直，也为自己的工作而自豪。要他刻意破坏球队是难以想象的事情。

第二回合比赛成了走过场。我认为，我们还没从第一回合的比赛里恢复过来。尽管我们打进两球，但最后也丢了两球，摩纳哥进入了决赛。那个赛季剩下几周的比赛在我脑海里变得模糊不清。拉涅利在斯坦福桥球场亮相的最后一天，得到了英雄般的欢送。虽然他告诉球迷们希望和大家再见，但也清楚再次回来之日，他将不再是切尔西主教练了。如果他能面对面地和球员们说声再见，效果会更好。但最后他只在电话里完成了道别，因为当时赛季已经结束，而我们中的大多数人已经在随英格兰队准备2004年欧锦赛了。

我对拉涅利十分感激，因为他为我做了很多事：他信任我，花下1100万英镑把我签下来；他指引我，让我成为更好的球员；他带领切尔西队接近成功的果实，只是没能亲自品尝。英超联赛结束几天之后，我打开电视收看欧冠联赛决赛。我确信那一年我们要是击败了摩纳哥，我们可能就是冠军了。不过，波尔图队击溃摩纳哥队的方式也给我留下了深刻印象，毕竟我们是后者的手下败将。

最终，我看到了球员们在狂喜的球迷面前大肆庆祝，也看到了穆里尼奥领取了自己的奖牌，然后离开了球场，让队员们接受喝彩。他刚刚赢得了俱乐部层面最重要的奖项，但看上去对更多的成功早已饥渴难耐。

第 8 章　初登大赛

足球是我一生的梦想。童年时期，我梦想为西汉姆联效力，梦想在足总杯决赛打进制胜进球，还梦想过自己在比赛中能够点石成金。而我也踢过一些最后成为我心中最可怕噩梦的比赛。

足球和参与者的梦想惊人的相似。不论是球员、教练还是球迷，我们都曾经幻想过比赛里会发生什么。有时候，如果我们足够幸运的话，我们会在足球场上体会到那些只在梦里才会发生的场景。

我在2004年6月13日星期六经历到了类似的体验。更具体地说，那是英格兰队在欧洲足球锦标赛决赛圈的第一场比赛的最后时刻，位于里斯本的光明球场充满了傍晚惬意的温热。那一刻的画面在我脑海里无比清晰，只是持续的时间只有几秒钟而已。

比赛中断了一会儿，我记得有个球员倒地了，但我不太确定是谁。齐内丁·齐达内在我身后用法语大声喊话，我听不懂他说的话，但我从他的声音里听出了一丝恐慌，此时我的注意力集中在位于我右手边雄伟的看台上方的巨大的比分牌上。上面写着：**法国队0……英格兰队1……第38分钟，兰帕德**。我的名字闪闪发光，就是这样！我被这一刻深深吸引住了，接着比赛继续进行，我投入了为领先而防守的比赛中。这是我在大赛上第一次代表英格兰队出场，比赛只剩下两分钟了。几个小时后，我将躺在床上，痛苦地接受球队的失利。

我的脑海里不断回放着我们错失的绝佳机会，过程就像是经历酷刑一样：有好几次我本该处理得更好些的半机会球、鲁尼面对法比安·巴特兹的单刀球，以及贝克汉姆罚失的点球。随后齐达内用任意球扳平了比分，接着史蒂文·杰拉德回传门将，蒂埃里·亨利不知从哪里冒了出来，为法国队赢得了一个点球，也宣告了我们的败局。我重新回顾了比赛的第88分钟以及记分牌，当时我已经打进了对阵法国队的关键进球。那一刻，我就是国民英雄。可接下来的一切发生后，已经没人会记得我打进了一球。我感觉非常绝望，其中掺杂着对比分的怒气，又夹杂着对自己的怜悯，因为我那一丁点儿荣光也被夺走了。那对于我的梦想有着诸多意义，想到这些我就无法入睡。

对阵法国队的比赛只是这次历险的起点，而非终点。欧锦赛开赛前几周一直热闹非凡，媒体和公众一直在追问这样一个问题：谁会在这届大赛中出任首发中场，兰帕德还是巴特？球队的其他位置已经确定，球员也挑选完毕，球衣号码也名花有主。不过，公众的印象却与实际情况有些脱节。

全国都在热烈讨论谁是中路第二点的最佳人选之际，埃里克森早在几周前单独找我谈过话，说明了他自己的想法。

"我知道人们会一直讨论你是否会在葡萄牙首发出场，"他告诉我，"我现在告诉你，你会同史蒂文·杰拉德搭档。我觉得你有必要为自己做好准备。"

"好的，教练。我会的，别担心。"他刚说完，我就立马回答了他。

"别人爱怎么说就怎么说吧。前往欧锦赛之前，这次谈话必须保密。"

他主动跟我说的方式很不错，他本可以不用事先和我说，但我很高兴他这么做。两年前，他打电话告诉我落选了世界杯大名单，我经历了痛苦和失望，现在我终于找到了一剂解药。除了兴奋之外，我也有些同情巴特。2002年世界杯上，作为最佳中场，他被选入阵中。不过，这也是一种积极的信号，证明了我在这段时间里取得了多么长足的进步。解决了这个问题之后，我就能展望欧锦赛决赛圈以及我在英格兰队的第一次大赛经历了，倒不是特别激动，因为首场比赛的对手就是法国队。俱乐部的赛季刚结束，我就立即把焦点对准了这场比赛。

前往葡萄牙之前，我们携家人在撒丁岛度假一周，有的球员得到了更多的放松机会。那里的环境很好，也是我第一次可以长时间与艾伦待在一起。我们享受了很多休闲时光，比如和大卫·贝克汉姆和他妻子维多利亚共进晚餐。可即便是如此轻松的环境，我发现自己的心思还是在即将到来的比赛上，可能还是因为我真的不知道会发生什么。踢欧冠联赛，甚至连踢欧锦赛附加赛都远不同于踢一次大赛的正赛，我们走出飞机的那一刻，就得到了印证。我们得到了当地官员的接待，他穿着民族服饰，同时还有小学生为我们歌唱和欢呼。我看到欧锦赛的标志无处不在，人们都穿着2004年欧锦赛的工作服。整个经历一度显得有些不真实了，我几乎要掐自己一下才行。在我们从机场乘大巴去往酒店的途中，穿着球衣的球迷络绎不绝地朝我们挥手。进入房间后，我下意识地打开了电视机，找到了一家英国的新闻频道，看见英格兰每个城市的街道上都挤满了国旗飘扬的汽车，汽车经过的房屋大多被漆成了红白色调。原来是这种感觉，我被深深地震撼了，原来这就是全国都对你寄予厚望的感觉。

气氛越发热闹，但我发现自己非但不紧张，反而从中获益不少。炙热的阳光让训练异常困难，不过我们被安置在旧的光明球场，那里的环境华丽雄伟，营造出独特的气氛。随着比赛日益临近，我也越来越自信。这就是我想来的地方，我属于这个地方。

我的身体和精神方面都到达了最佳状态。每个人都明白自身承载的期望，而首场比赛就要面对上届冠军，使得我们更加渴望比赛。唯一的伤病隐患在特里身上，他大概在一周前拉伤了大腿，轻微的伤痛一直困扰着他。他没办法在周三之前复出了。那天晚上我们坐在一起聊了聊可能出现的后果。

特里和我在某些方面非常相似，我们永远都希望踢球、训练以及参与比赛。即便是我们有伤在身或者感觉疲劳，本能永远会驱使我们俩，只要有可能就要回到球场，甚至没有可能，也要回去。特里在切尔西有一个出了名的段子。某周四的训练后，特里还是一瘸一拐地溜进了训练场，他明显很难在周末的比赛里出战。

"你怎么了，特里？"有人会担心地问他。

"我的脚踝要断了。"他的回答倒是直言不讳。

他说的是真的。尽管疼痛依然存在，但他还是会在两天后出场，然后在90分钟里拼尽全力。这就是特里的表现。那个赛季我们俩都取得了长足的进步，可能还没有踢出我们希望在切尔西踢出的最佳水平，但3天后我们就要代表英格兰队参加欧锦赛了。特里很有信心，相信自己的腿没问题。

"我能感觉到疼痛，但治疗一下就没问题了。"他说。

"对，我了解你。如果真要你上，拖着一条腿你也会上的。"我说。

"不过，伙计，不知道这样能不能搞定亨利。"

我相信，即便是只有一只脚能踢，特里也足以对付法国队最好的前锋。次日早晨，他使用左右脚踢球，但依然无法全力训练。我们俩都明白埃里克森有条不成文的规矩：赛前两天无法训练的球员他是不会考虑的。周四晚上，我感觉肌肉有点儿僵硬了。特里给我打了个电话。

"周日的比赛我踢不了了。"他说。

"什么？你还好吧？"

"还好。我看过了医生，他说我要是现在冒这个险，那我整个赛季都踢不了了。我觉得莱德利·金会上场的。"

我为他感到非常难过，我明白这届比赛对我们来说有多重要。莱德利·金是个出色的球员。可是，由于费迪南德因药检遭到禁赛，这是特里第一次为英格兰队展现实力的机会。

埃里克森教练召集球队开会，告诉我们谁将首发出场。莱德利·金显然会入选，而教练念到我名字时，我感到一股兴奋的暖流从背上穿过。保罗·斯科尔斯将出现在左路，鲁尼和欧文则是搭档锋线。在前往球场的路上，我没有感觉到丝毫的紧张。我坐在车上微笑着，看着大家在大巴上开着玩笑，但我知道我们即将面对的可能是这届比赛里最强的球队。

我看了一眼对手的出场阵容。齐达内一直是我在那5年多里最喜欢的球员，但我从未有面对他的机会。现在我有机会了，而且对方的左路还有维埃拉、皮雷和亨利。我要怎么对付他们呢？我身上也背负着压力，因为这是我在大赛决赛圈的第一次亮相。我决定一如既往地将压力转化为动力，希望报答主教练对我的信任。我跑进赛场热身，听到了成千上万的球迷在为我们呐喊助威，我也想到了他们的期望。然后我想到了，如果我发挥不佳的话，下一场比赛球队可能会让巴特重新回到自己的位置。我想向自己，也向其他所有人证明：我是球队的正确选择。

我对自己抱有信心，比赛一开始我就踢得很舒服，韦恩·鲁尼一拿球，这种舒服的感觉就延伸到了整支球队，队友们都亲切地称他为"韦扎"。那个时候我才明白他是个多么厉害的天才。他立即策动进攻：将球直塞给队友，为队友送出斜长传。我在训练以及其他比赛里见过他这样传球，但和这场比赛的压力完全不是一个水平。在这种大场面下，对手还是法国队，他的跑动同样十分厉害，他让米凯尔·西尔维斯特望尘莫及，并赢得了一个点球。不过，鲁尼可不仅仅是速度快，速度与天生力量的结合让他变得无坚不摧，这就是他的天赋。外表可能是骗人的，对鲁尼而言尤其如此。他的体格看上去像个彪形大汉，却有着天使般的触球技巧。他只有18岁，你会想哪有球员能将所有这些素质融合到一起，但在他身上这是与生俱来的。那个时候，他就像久经沙场的老将，已经具备了良好的意识，同时无所畏惧。

我想起自己在赛前还忙着做拉伸运动以及常规热身活动，当时还没有人穿上球衣，然后我看到了鲁尼，他已经穿上了全套装备。他迫不及待地穿上了球衣，然后轻轻挑起足球，接着一脚踢到墙上，然后哈哈大笑。他既不紧张，也不怯场。

他让我多少想起了泰迪·谢林汉姆，后者能拿到球，然后巧妙地将球挑传至后卫身后。这届欧锦赛上，每次我在恰到好处的位置上接到球，几乎都是来自鲁尼的传球，他非常了不起。那个时候，我们就察觉到，他会成为英格兰队的重要一员。

相比之下，我就显得平淡无奇了，我踢得不错，但称不上惊艳。我们球队占据了更高的控球率，法国队也几乎很难给我们制造麻烦。我们在比赛第38分钟时获得右路的任意球，我抢到了有利位置，希望抓住机会来次头球攻门，否则就是帮对手解围了。父亲总是告诉我，这种情况下一定要冲进禁区，他相信我会破门得分。我的经验告诉我，要是可以用脚射门，进球的概率会更高。头球并不是我的强项，我应该还能提高，我把头球看作自己最薄弱的环节。我抗住了离球门最近的球员，等着队友把球传过来。2005年，切尔西招入了蒂埃里·洛朗，他是一名法国国家队的队医，那天在里斯本他就坐在对方板凳席上。洛朗后来告诉我，同样在板凳席上的还有德塞利，他大声喊道："盯住兰帕德，快让人跟住他。"此时巴特兹正在组织防守。德塞利知道我喜欢临门一脚，但我肯定他并不担心我会用头将球顶进球门死角，因为我从没在比赛里做到过。至少，在那之前还不曾有过。我顶了一记好球，但我一度看不见皮球，直到我倒在地上，看见球飞入了球门。接下来几分钟内发生的事情我都不怎么记得了，印象里只有一种前所未有的欣喜。这种感觉直到接下来的赛季里才再度体会到，我在击败博尔顿的比赛里梅开二度，帮助切尔西提前锁定联赛冠军。

我们在上半场取得了领先，我们也明白自己掌控住了比赛。这得到了主帅的认可，他认为我们应该继续保持这样的踢法，但也提醒我们不要分心：要多控球，然后把球传给鲁尼；这样我们会创造出更多机会。他说得很对。可是，接下来发生的事情却成为那年来英格兰足球史中最经典的"悔不当初"案例。贝克汉姆罚丢点球后，我为他感到无比遗憾，尤其是我现在已经成为俱乐部和英格兰队的点球主罚手。他主罚的点球干脆利落，但无奈巴特兹判断对了方向。可能是因为他们俩都在曼联效力过数年，所以巴特兹才能猜对方向，但对我们来说这却是震惊的一幕。罚点球是一项令人生畏的任务，也需要承担巨大的责任。不过，点球不进的失落只是短暂的，因为比赛要求我们立即投入进去。

可是，比赛进行到那个阶段，我其实并没感觉到很大的变化。我看了看周围的人，看到的是一支几乎快要放弃的法国队。你能从这些球员的眼神里读出放弃和绝望，他们并不相信自己能逆转比赛，也能从他们的踢法中看出同样的态度。法国队依靠长传球冲击我们的频率是怎样的呢？就在过去的15分钟里，他们一直在长传冲吊。我们占据着上风。所有来球都被索尔·坎贝尔和莱德利·金解围出去，对手无法真正威胁到我们。直到比赛进入伤停补时阶段，我看到齐达内上前主罚任意球，麻烦来了。接着亨利跑位，然后点球，又是齐达内，麻烦更大了。

我尽可能快地走出球场。我们的更衣室里只有震惊之后的沉寂，但过道那一侧传来的歌声打破了这种沉默，他们高唱："法国队加油，法国队加油！"得意忘形的家伙。比输球更糟糕的是，在最后时刻输球。我们的表现不该只换来失利，我们真的不该输球。球队里最先说话的是斯蒂夫·麦克拉伦和萨米·李。我们在90分钟比赛里的表现盖过了上届冠军，我们没什么好羞愧的。他们说得没错，但现在我们的压力在于打进下一轮的淘汰赛。先输一场后，我们必须击败瑞士队和克罗地亚队。

我几乎彻夜未眠，次日清晨早早醒来，胃里依然还有失利带来的反胃感。早餐期间，英格兰队的教练团队也非常努力地帮助大家提升士气。我们在酒店里做了点儿放松训练，包括健身房运动、浴缸按摩以及冰浴。下午，我们和自己的家人躺在太阳底下，整个世界看上去光明了一些。艾伦非常乐观。自从我们在一起后，她很快就了解了足球运动。唯一令我恼火的是，她经常问我为什么踢得不如罗纳尔迪尼奥。她阅读比赛的能力很强。她还与亚历克丝·库兰[①]、科琳·麦克洛克林[②]以及其他球员的女伴儿成了好朋友，她们在葡萄牙开始一起外出游玩。球员女伴儿们的关系好有助于全队士气的提升，不过也让我们最终被淘汰出局变得更为苦涩，艾伦和我一样沮丧，因为她无法和她的新朋友们在太阳底下再待一周。她甚至还怪我没有使出更多本事来帮助球队继续留在欧锦赛里。亲爱的，谢谢你啊！

我们看完了与法国队的比赛录像，为我们的踢法找到了值得乐观的依据。我们将那场败仗抛在了脑后，精神抖擞地前往科英布拉迎战瑞士队。我们很清楚，只有取胜才能将出线权掌握在自己手里。不过，球队中场又出现了新的隐忧。我们在训练中会不时地尝试一种菱形站位，埃里克森一直在提这种可能的变化。我对此持怀疑态度，因为这样我的站

---

① 杰拉德的女朋友。
② 鲁尼的未婚妻。

位就很靠后了——就在后防线前面，杰拉德和贝克汉姆分居左右两侧，斯科尔斯顶在最前面。我认定这样不是利用我技术的最好方式。除了斯科尔斯之外，我知道其他队友对这个方案也不是特别热衷。

比赛前一天，我们在球场里进行训练。埃里克森总是会在最后一场训练赛里让首发球员对阵替补球员。让我们吃惊的是，他把我们排成了菱形站位。一开始我想："好吧，他这么做肯定是有充足的理由，我们就这么来吧。"但就在对手打进3球，我们中场完全失控后，我迅速改变了主意。我非常沮丧，看得出来我不是唯一沮丧的人。我们被对手的传球轻松打穿了，这种战术并不奏效。主教练也意识到他肯定用错了战术。我不知道训练结束后贝克汉姆是不是私下跟埃里克森谈过话，但那天晚上的事却成了此后臭名昭著的"球霸"接管英格兰之夜。我必须说明白，实际情况并没有那么跌宕起伏。

晚餐过后，埃里克森邀请中场四人组与他会面。我有些吃惊，很好奇究竟会发生什么事。我们进入了一个私人房间，然后各自就座。

"你们觉得菱形中场站位怎么样？有效果吗？"他立即向我们发问。

我不知道该如何回答。这感觉就像是回到了学校，坐在校长面前，让我解释我在纸上画的画，而我早已离开学校去西汉姆联青年队踢球了。我瞅了瞅旁边的队友，他们比我更有经验。我们沉默不语，或是耸了耸肩，已经说明了问题。

"那好，你们想怎么踢？怎样才能让你们踢得更舒服？"

我听得目瞪口呆，其他队友也是如此。我无法相信英格兰队主帅竟然在问我们在比赛里到底想怎么踢，这事关球队在大赛里的命运。我尊重埃里克森的做法，但这种情况是我万万没有料到的。贝克汉姆是第一个表态的球员。

"教练，我觉得我们更适应平行中场站位。"他说。

杰拉德也赞成道："我觉得菱形站位还好，但更喜欢平行站位。我也很乐意在左路踢球，如果您觉得合适的话。"

我也大胆地说出自己的想法："教练，我更喜欢踢平行站位。"

埃里克森坐着听我们讲。整个谈话持续的时间不超过15分钟，我们一直在讨论战术选择问题。我们又不是什么都不懂的菜鸟。我在俱乐部和英格兰队都踢过菱形中场，如果你在左右两翼都有边路好手，这种站位可以发挥效果，这将为球队战术增添新的维度：宽度。对球队的攻防两端而言，宽度都非常宝贵。况且，鲁尼并非单纯的锋线终结者，他在比赛中经常会游弋到欧文身后。如果斯科尔斯踢的是菱形站位的前腰位置，那鲁尼最终会跑到斯科尔斯的位置上去。除此之外，我们还缺少一个纯粹扫荡型中场来坐镇中后场，这也可能带来麻烦。

斯科尔斯是唯一持相反意见的球员，他说自己更愿意踢菱形中场站位。我们都理解他的观点，但是他并没有提到任何换回平行站位的可能性。他和我们一样为球队好，也同意如果其他人觉得那样的方式更舒服，那样踢也没关系。埃里克森点了点头，球队的阵型再次做出改变。

媒体在早间的报纸上预测我们会使用菱形中场站位，但下午比赛开始前又慢慢传出我们可能会改变阵型的消息。这似乎带来了诸多争议，我觉得这些猜测都是不正确的。主教练不过是意识到了使用不同的战术，球队可能会有更好的表现，因为他在与球员商讨后做出了调整。何塞·穆里尼奥也询问过我对于某一场比赛的看法，以及我们要如何解决问题。我知道他在拟定计划的时候会考虑我的意见。这种事可不像某些人想的那么罕见。

讽刺的是，这场比赛却是我在这届大赛上最糟糕的一次表现。我在上半场好几次被对手断球，不过鲁尼打进两球后，一切都变得轻松起来。从比赛中足以看出鲁尼是在全力付出，他配得上所有赞誉。对年轻球员而言，他在球队里有着非同一般的巨大影响力，而且并不局限在球场上。

"韦扎"这个名字来源于加斯科因的外号"加扎"。他和加扎类似，拥有与生俱来的足球天赋，能够凭一己之力扭转比赛局势，而且他也有同样热情和调皮的性格，能同所有人打成一片。这支英格兰队中没有任何小团体，但人们天性就喜欢和熟悉的人一起出去玩。因此，来自同一家俱乐部的球员就会经常坐在一起聊天或者打台球。可是，鲁尼可以轻而易举地在切尔西球员、利物浦球员、阿森纳球员以及其他任何球员之间来往自如。他跟每个人都相处得很棒，每次还成为小组里的焦点。他和特里还有些相似的地方，因为他从来不肯休息，总得做点儿事情，不论是运动、电脑游戏还是其他活动。韦扎有点儿像小孩儿，一直在笑个不停。即使你进了他的房间，他也能一边颠球一边和你聊天。我认为，使这一切更加让人着迷的是，在足球人的眼中，韦恩·鲁尼正作为全世界最炙手可热的新星冉冉升起。我们都很确信这点，但你可能不知道他有自己的态度，鲁尼很乐于和大家待在一起。

迎战克罗地亚队之前，队里的确洋溢着一种乐观的情绪，部分原因是因为鲁尼的横空出世，但更主要的是整支球队都积攒了良好的势头。我们满怀信心地进入这场比赛，我们不仅会赢下这场比赛，还要赢得这次大赛的冠军。当然，每次英格兰队参与大赛，都会有人相信球队能赢得冠军。不过，我想说的是，在我看来，信心满满的人不止我一个。特里在对阵瑞士队的比赛中复出，让我十分开心。把俱乐部的情谊延伸到英格兰队的比赛里，会给人带来一定的慰藉。知道特里就在自己身后会让我倍感安心。他是我的好朋友，也是我搭档过的最佳中后卫。

对阵克罗地亚队的比赛可能是我们在这届大赛中的最佳战役，部分原因是我们曾经一球落后于对手。我们在比赛开局阶段遇到了麻烦，在防守定位球时使用了区域盯人防守。谢天谢地，我们并没有落后太久，我很满意自己为欧文送出了一记直传，然后他帮助斯科尔斯扳平了比分。至此球队火力全开，鲁尼又一次在比赛里梅开二度，而我也用左脚为比赛画上了圆满的句号。这是我们在晋级1/4决赛之前对自己的真正激励。我们不能奢求更多了，球队表现出的水平极高，而且还在持续提升，我们越发地相信我们可以走到最后。

我们整支球队都踢得不错，但欧文还没有取得进球，也因此受到一些批评。我在电视上看到一条新闻，有人建议欧文干脆下一场比赛别上了。我对着屏幕怒吼道："你疯了吗？"球队里所有人都清楚欧文的进球数还是个"鸭蛋"，但我们并没有将其视作消极因素，反而认为进球即将来临。他是为进球而生的前锋，没人能否认他的天赋。

我们还得等一天才能确定在八强战里的对手是谁，不过我们都希望会是东道主葡萄牙队。无论是对阵结果，还是晋级后让我们放松的方式，都没有令我们失望。球员们的亲友团再次来访，其中一天我们还去麦当劳吃了一顿。英足总这次请客真不错，他们在整张桌子上摆满了巨无霸和薯条之类的食物里，球员们风卷残云地大吃一顿，感觉这顿饭就像是给国王的晚餐。所有人都很享受，除了菲尔·内维尔。我记得自己一头埋进了这堆不健康的食物，并且和其他球员一起享受这种小男孩儿似的欢愉。因为我们表现不错，所以这次破例算是给我们的奖励。然后，我看到菲尔站在沙拉柜旁边，夹起了一大盘生菜和其他蔬菜。这个场景很有趣，但并不那么出人意料。菲尔·内维尔是我共事过最投入的职业球员。尽管当时他在球队中上场时间不多，但他永远会以恰当的方式做好准备，并且为所有上场的队友加油鼓劲。这就是那支球队里典型的队友之情。

虽然生活看上去滋润无比，但对阵葡萄牙队的巨大压力还是远远超出了我们的想象。在此之前，我们发挥尚佳，但也没有意料中的那么好。1/4决赛的气氛特别紧张，我们要关注的是，现在我们到了淘汰赛阶段：输球就要滚蛋了。没有什么比这更可怕的了。我对比赛产生了前所未有的自信，这种信心也传递到了整支球队当中。我们清楚自己肩负的期望，我们看到了来自英格兰的报纸和新闻，成千上万的人在分享我们的梦想：让这届大赛变成我们的囊中之物。训练中，我看见自己可以倚仗的人无处不在：特里和坎贝尔组成了默契的中卫搭档，加里·内维尔和阿什利·科尔状态稳定，锋线上我们还拥有决赛圈里最棒的两位前锋。有人在讨论遇到葡萄牙队是好还是坏，但对于东道主而言，他们身上承载的压力更加沉重。

整届大赛中，葡萄牙球迷的素质非常高，他们并没有向我们或其他球队展现出敌意，比赛日当天亦然。前往球场的路上，一切都十分顺利，唯一让我担忧的是自己的感觉。我在热身阶段无法让自己完全进入状态。这对我来说相当罕见，不过有时候会无缘无故地发生。可是，我会一整天都是这种状态吗？"我能克服的。"我心想，然后强迫自己冲刺跑步，摆脱这种慵懒的感觉，但这次并不奏效。我环顾这个巨大的运动场——当时已经人满为患，两边的球迷都充满了巨大的期待。我的父母，还有艾伦都在观众之中，同时还有新任切尔西主教练穆里尼奥，他在这届比赛中已经考察过了英格兰队的比赛。而这次则有所不同，他会支持我们的对手——也是他自己的祖国——葡萄牙队。

因为感觉到自己未达到最佳状态，所以我对比赛的紧张感越发强烈。比赛开始后，我踢得有些挣扎，难以跟上别人的速度。不过，我并未慌张，我明白，只要坚持住、继续踢，情况就会有改观。3分钟后我终于感觉双腿轻盈了许多，当时迈克尔·欧文实现了我对他的期望，他打进了一粒重要的进球。我感觉自己更加强大，感觉球队更加强大。我们让忠心耿耿的主场球迷安静了下来，也让我们的球迷快乐起来。

我们从未丧失动力，即便是鲁尼被若热·安德拉德铲伤离场，我们也没觉得天塌了下来。这倒不是因为我不懂他的下场是多么巨大的损失，而是由于这场比赛的激烈程度让人没有时间去仔细分析。不管发生什么，你必须投入比赛，我一直都在忙着破坏对手进攻。科斯蒂尼亚的位置很靠后，要接近他并不容易，而马尼切用精准的传球不断将球送至四面八方。看到担架的一刻，我才明白这次伤病很严重。有的球员倒下后，离开场地几分钟还会回来。可是鲁尼并没有回来，因此我意识到，如果他上了担架，就不会再回来了。现在回想起来，你会明白那个特殊的瞬间会对比赛结果产生至关重要的影响，但当时你根本没时间去想。

葡萄牙队虽有控球，但并不能威胁到我们。可是没有了鲁尼，我们传出球效果就下降了许多。鲁尼非常厉害，他能带球、策动进攻，并且为对手制造麻烦，就像对阵法国队的比赛里他赢得点球前所做的一切。没有了鲁尼，我们抢下了球，却浪费了球权。对手的反击更加迅速，这是不应该出现的。

对手制造出了一些惊险的瞬间，但我们还是熬了过去。我大多数时间都在挤压对手的空间，双腿逐渐变得沉重，但那一刻我们已经算是踏入半决赛了，我试图把焦点放在积极的事情上。比赛还有几分钟就要结束了，此时皮球出界，我抬头看了一眼记分牌，就是这样，我的梦境再次浮现，却再次变成了噩梦。比赛还有10分钟结束，埃尔德·波斯蒂加接到队友开出的任意球，甩头破门得分。比赛形势急转直下，反而对葡萄牙队更加有利。等一等，我们必须缓一缓，我们绝不能再像同法国队交手时那样丢球了，只要耗到加时赛，我们依然有机会获胜。

加时赛让我们的身体和精神都备受折磨。最能解释我们感觉的，就是鲁伊·科斯塔直接奔向我们，没有遇到任何拼抢，然后射门得分，帮助葡萄牙取得领先。那一刻我无法相信。球场内的呐喊声开始有所缓和，但没过多久，整个球场陷入一片死寂。

我想了想该怎么办。我想愤怒地嘶喊出来；我想从中圈带着球一路杀过去，直接射门得分；我想哭出来。经历了110分钟让人又惊又喜的比赛，居然要以这样的结局收场？我无法忍受，也不允许比赛就这么结束。我不会半途而废，也知道这支英格兰队绝不会放弃。

加时赛还剩10分钟，我们开始向对手施压，但并未真正地威胁到对方球门。我们赢得了一个又一个角球，然后贝克汉姆角球传中，我看到球直奔特里。我瞬间想到了特里有两种选择：如果有得分的机会，他可以利用自己的力量头球破门，但禁区里堵得水泄不通；他的传球也非常精准，我觉得这或许才是最佳选择。

我大喊一声："给兰帕德！"

特里听到了我的呼喊，用头一顶，皮球飞到了我的脚下。我的下一步触球必须靠左脚停稳，否则我会遭到对手的铲抢。其实我必须稳稳地把球卸下，这样才能转身射门。之前我已经做好了完美的铺垫，我知道我一定会进球，接下来完全依靠直觉，我的射门又稳又准。

我没有看到球是怎么进网的，但我听到了山呼海啸般的欢呼声。这和我想象的一模一样。我记得儿时在电视上看过英格兰队的比赛，也见过他们进球，但听到球迷的反应后，你就会明白的确进球了，就像是需要这种激动的反应来确认刚刚发生的一切。现在我也会从视频上观看这个进球，但只要听到球迷们的欢呼声，还是会让我起一身鸡皮疙瘩。

我们继续向对手施加压力，坎贝尔在比赛的最后一分钟顶进一个头球，我们都希望自己完成不可能的任务。所有人都这么以为，只有裁判除外。乌尔斯·迈尔迅速制止了我们的庆祝。我记得特里急得跳了起来，直至今天他都发誓自己没有阻挡葡萄牙队门将里卡多移动。我相信他，只可惜裁判并不相信。这是个致命的判罚，我不知道这次判罚有没有影响到我们进入点球大战后的势头。当时有队员还在庆祝这粒没有算进记分的入球，而葡萄牙人已经开出了任意球。这种事会耗尽你所有的激情，但终场哨音吹响时，我很清楚接下来会发生什么。我们之前训练过点球，很清楚最先主罚的会是哪5名球员。我在第三位出场。

对于一名足球运动员而言，最大的挑战莫过于在这样的环境下踢点球。我从未参加过大赛的决赛圈比赛，也未曾输掉过点球大战，所以当时的压力可能更加强烈，但我却不那么认为。我们在中圈肩并肩抱在了一起，贝克汉姆走上前主罚第一个点球。尽管在对阵法国队的比赛里他罚失了点球，但他依然带着足够的勇气和信心走上了点球点。主场球迷在加时赛中目睹了主队的胜利被我的进球所剥夺，因此贝克汉姆准备助跑、主罚点球的那一刻，主场球迷善良的天性突然变成了猛烈刺耳的喝倒彩。贝克汉姆的点球飞过了球门横梁。我和其他队友不禁发出一声叹息。贝克汉姆俯首看了一眼草地，似乎正是草地让他的左脚失去了平衡。没有人责怪他，这不是一场责怪的游戏。我们必须罚进下一粒点球。如果我们做不到，那比赛基本就结束了，这就是现实。

迈克尔·欧文罚进，然后鲁伊·科斯塔罚丢，这样双方比分重新回到了同一起跑线上。我必须罚进。我一边走向12码，一边忽略掉周围的一切，这是我唯一的处理方式。这条路很漫长，且十分孤独，但我有信心可以罚进点球。我想直接轰进球门正中，但发力并不理想。不过，里卡多扑向了另一侧，所以球进了。

这种感觉很奇妙，球飞入球网的一刻，我知道自己已经完成了使命，并感觉所有积攒已久的情绪全都释放了出来。下一个将是特里去主罚。我必须承认的是，我对他不太有信心。他在训练里从未踢过点球，我很欣赏他主动请命的精神。他跑向皮球，而且似乎毫不担心，然后他脚滑了一下，那一瞬间我以为我们赢球的希望随着他的动作不复存在了，但最后居然进了。（特里在切尔西偶尔会重现那次点球，脚下完全打滑的情况下，有时球能进，有时进不了。不过，他会迅速提醒大家，他在2004年欧锦赛上罚进过点球。）阿什利·科尔命中了点球，然后波斯蒂加的点球让所有人屏住了呼吸，他用一记"勺子"点球把球吊进球门正中。放肆的浑蛋，他要么是个天才，要么就是个蠢材。

然后点球大战进入了"死亡阶段"，我开始感觉胜利要偷偷溜走了。和国内的所有人一样，我也看到过英格兰队在类似情况下输掉点球大战：1990年意大利世界杯败给德国队、1996年欧锦赛再败德国队、1998年法国世界杯负于阿根廷队。现在我们再次来到这样的时刻。我开始变得更加紧张。我们在1/4决赛中领先了80分钟，现在我们要面临失利的痛苦了。

达柳斯·瓦塞尔很不走运，他罚丢了点球，而对方门将里卡多攻破了大卫·詹姆斯把守的大门，决定了我们被淘汰的命运。结果出来后，我茫然若失地走在球场上。我情绪太激动了，根本没有其他感觉。我明白我们已经出局，但当时一片混乱，我发现眼前的景象和听到的声音都已模糊，更不用说回想比赛的思绪了。

我们回到了酒店，家人正在等着我们。艾伦抱着我，轻轻地在我耳边说："亲爱的，你特别了不起，你已经倾尽全力了，你的表现非常棒。"

我不知道。我总是会自然而然地问自己：我在哪些方面还能提高？我可以用怎样的方式改变比赛进程？晚餐的气氛也黯淡无光，我们喝了几杯啤酒，试图让自己缓和下来，而我却在沮丧的心情里越陷越深。

上床睡觉后，我也无法放松下来。在灼热的天气下苦战120分钟后，我的身体开始隐隐作痛，但最让我痛苦的是我的各种想法。主裁判吹掉了坎贝尔的进球公平吗？我能在鲁伊·科斯塔射门得分之前逼得更近一些吗？我辗转反侧地回想着这些问题，脑海里一遍又一遍地思考着其他的可能性，但无法改变最终的结果。

我彻夜难眠，醒来后开始收拾东西。我郁闷地将自己的训练装备塞进了袋子里，再也不需要这些玩意儿了：球鞋、护腿板以及其他装备。我拿起第一场比赛的球服，呆住了。我想起了那个头球、那个辉煌时刻、那种喜悦，然后就是那场耻辱的失利。

这就是大赛出局后的感觉：千万种思绪和猜想，更有百万种假设和不甘。我为这场比赛的失利深感悲伤，随着时间的流逝，还意识到我们失去了赢得2004年欧洲杯的机会，这是最让我沮丧的地方。我坚信只要我们过了葡萄牙队这一关，英格兰队就能举起队史上的第一个欧锦赛冠军奖杯。遗憾的是，这种想法在点球大战后化为了泡影，但我的梦想依然不灭。

第 9 章　穆里尼奥

你很少会深信不疑地认为某个人改变了你的人生，但对我来说，何塞·穆里尼奥就是这么一个人。事实上，认识他不久后我就知道他十分特别——他的性格、雄心以及善于向别人灌输信仰的能力让他自身充满了感召力。别人因为他自称"特别"而嘲笑他，但我建议最好不要这样。虽然他的足球生涯相对较短，但看看他已经取得的那些成就吧。

和其他人一样，我在电视上看了他在切尔西的就职演讲。他就这么突然地进入了我们的生活，当时我和特里、布里奇，还有乔·科尔正在英格兰队集训，我们躲在曼彻斯特的酒店里备战2004年欧洲杯。我看了他在斯坦福桥召开的那场新闻发布会，觉得他相当自信和傲慢。但是他有奖杯在手，所以我并不介意这些。

其实，影响我对他看法的并不是那些葡超冠军、联盟杯冠军和欧冠冠军。我一见到他，就觉得他真的了不起。2004年的那个夏天我和他有过两次交谈，我相信这个人清楚自己想要什么，而且知道怎么去获得这些。

他有着不可动摇的自我信仰，这个标志性特点对那些有着相同思想的人影响深远。他或许令人生畏，但同时也具备让你消除戒心的魅力。2004年7月，我们一起去美国进行赛季前的备战，我开始对他有所了解。我们的训练内容十分多样化，而且令人愉快，他那招人喜欢的性格也让大伙儿觉得很舒服。不过，训练后发生的一切却让我毫无防备。

当时我是最后一个洗完澡的人，正准备离开的时候，主教练拦住了我的去路。沉默片刻后，我等着他挪开身子，但他盯着我的眼睛，我意识到他有话要对我说。

"没事吧，头儿？"我问道，猜不透他为什么要找我。

"你是世界上最好的球员。"他说道，眼睛一眨也不眨。

我感到很困惑，当时我全裸着，觉得自己有些脆弱。

"你，"他更有力地说道，"是世界上最好的球员。"

"哦，谢谢，头儿。"我谨慎地回答道。我不知道他这么跟我说，是不是想让我信心大涨。我知道自己不是世界上最好的球员，关于他对我的评价，我之前只是间接了解过，他在训练课上也曾用一种赞美的方式和我有过交流。他觉得有些误会，所以想解释清楚。

"听着，德科一年前便是一个出色的球员，现在他正在竞逐欧洲年度最佳球员。你觉得是为什么呢？我来告诉你。他还是一年前那个球员，但现在已经和波尔图一起赢得了欧冠冠军和葡超冠军，而且正在证明自己是最佳球员。你和齐达内、维埃拉以及德科一样出色，现在要做的就是赢得冠军。你是世界上最好的球员，但现在要证明这一点，要去赢得冠军。明白吗？"

"好的，头儿。"

我明白他的意思，但觉得有点儿尴尬。我想尽快离开淋浴间，结束这段对话。他把我提到了一个新的高度，我觉得自己信心倍增。那天我整个人都是飘飘然的，我还给妈妈打了电话，告诉她穆里尼奥跟我说的这些话。

"是的，"她若无其事地说道，"我早就知道你是世界上最好的球员。"

接下来好几天，我的感觉棒极了，训练也更加努力。我做什么都成功了——传球、射门，甚至还有几次头球！新教头的第一场比赛是在西雅图对阵凯尔特人，那是在某个周六，当时这座城市正在经历1983年以来最热的夏天，下半场替补上场的时候我的体温超过了华氏100度①。我面临着一个绝对艰巨的任务，但是没事，这对世界上最好的球员来说不成问题。不过，我上场后不仅传丢了球，而且抢断总是失误，感觉十分迟钝。下场的时候，我觉得自己像个大傻瓜，无脸面对主教练。我该怎么面对他？他说我是世界上最好的球员，但我踢的这半场球看起来只有低级别联赛的水平，而不是欧冠联赛的水平。但他什么也没说——好吧，直到一整年后，我们在纽约进行下个赛季的季前备战时，他才在训练中和我说起这件事。

"兰帕德，你还记得2004年夏天在西雅图，我们和凯尔特人踢的那场比赛吗？"他问道。

"记得，我踢得很烂，不是吗？"

"是的，你连两米以外的球都传丢了。"

我们都笑了起来，他把手搭在我的肩膀上。在穆里尼奥麾下，我们很容易便团结起来，极具团队精神。如果每次有人问我他成功的秘诀是什么时，我都能得到一英镑的话，也许我有足够的钱付给他，让他自己说出答案。我所能看到的是，他对人们工作的方式有着天生的理解能力，知道他们的梦想和期望是什么，也知道如何利用这股能量，将其转化为一道赢球公式。他没有做过什么大事，也没有点石成金的穆氏魔法；相反，细节决定成败，比如赛前在更衣室内，他会呼吁我们围成一圈互相鼓劲。和凯尔特人比赛的那天下午，特里找到我，和我说了他的计划。

"头儿让我赛前把大家叫到一起，还让我发表演讲。"特里说道，

———————————

① 约等于37.8摄氏度。

"我要说什么啊,小子?"

"不知道啊。"我无助地答道,"我不确定我会喜欢这样做,挺让人尴尬的,谢天谢地你是第一个。"

"是啊,但接下来就轮到你小子了啊,所以我们最好一起想想该怎么办吧。"

"但对手只是凯尔特人啊,而且这是季前赛,不要紧的。我们今天的任务只是调整好状态。"

"这些都不重要,我告诉你,他希望我们今天就开始投入。"

关于演讲的内容,我们只知道必须有这么一个问题:"我们是谁?"然后大伙儿一起大声回答道:"切尔西!"大伙儿围成一圈的时候,那种感觉依然非常奇怪。特里做得很棒,他语气高亢,为这个演讲定了基调,然后情绪激昂地谈到了胜利,中间还夹杂着不少粗口。我的演讲就没有这么热烈了,不过我们都收到了成效,一种十分特别的友情也开始萌芽发展。

执教几周后,穆里尼奥就让我们完成了巨大的转变。以前我们只是一群有可能赢得重大冠军的人才,但现在冠军已成为最低要求。我一点儿也不惊讶,从他入职第一天与媒体打交道的时候开始,我就知道他有异于常人的地方。

不过,那些没有效力切尔西的英格兰球员可不这么认为。那天我去英格兰队入驻的酒店餐厅吃饭,我们的话题是穆里尼奥在电视上的表现。他那神气活现的样子让人印象深刻,我马上意识到自己有一位令人瞩目的主教练。"你在电视上看到你们那位新教头了吗?"我被好几名球员这么问过。然后他们一般会接着说道:"他以为自己是谁啊?"

我对此无动于衷。我理解他们的反应——毕竟大众也是这么想的,但我会被那些真正有性格的人所吸引,而且不会感到有威胁。我现在唯一担心的是他对我的看法。在穆里尼奥上任之前，迪迪埃·德尚原本有可能顶替拉涅利的位置，而且他对我大加赞赏，所以我有些自私地认为他可能是最佳候选人。相反，穆里尼奥在这方面显得很沉默。

不过，我一直在准备迎接穆里尼奥的到来。有位新闻界的朋友好几天前就告诉我，新任主教练绝对是他，好吧，他能说会道而且有板有眼。当然，穆里尼奥刚刚赢得了欧洲冠军杯。现在，我只等着和他交流了。等待十分短暂，饭后，埃里克森告诉我，新任切尔西主教练正在赶来曼彻斯特，他想要见见我。"看来不是你，斯文。"我脑子迅速反应了一下。

我和特里、科尔利①，还有布里吉被带到一间房里，在那里等着。我们都很紧张。我们在电视上看到这个陌生人自称"特别的一个"，还是我们的新主教练。我该和他说什么好？我听说他是一个办事有条不紊的人，而且会召集全队一起备战，专注比赛的每一个细节。之前在英格兰U21主教练霍华德·威尔金森麾下，我也体验过这样的管理风格。威尔金森会不停地开会开会再开会——十分无聊，毫无意义。我知道战术性和组织性十分重要，但是过犹不及啊。

门开了，彼得·肯扬、罗曼·阿布拉莫维奇、尤金·特内鲍姆走了进来，最后是穆里尼奥。我以为他是一个很严肃的人，但他笑着和我们握手，十分友好，不拘礼节，我们也因此放松下来。我注意到他期待的目光，他对这段新的旅程估计已经迫不及待了。肯扬第一个开口说话，他向我们介绍了穆里尼奥，然后简单谈了谈俱乐部会怎么发展。我几乎没有听他说话，我对他说了什么并没有印象——因为我的焦点都在穆里尼奥身上。他靠在椅背上，看起来十分舒服。但我却坐立不安，真

---

① Coley，乔·科尔的昵称。

心的。

"很高兴来到这里。"穆里尼奥说道，"我想来见见你们，因为你们是切尔西的本土核心球员，也是球队的重要一员，希望你们能在我的队中扮演更加重要的角色。我们将迎来激动人心的时刻，球队也会引援，但我想亲自来这里告诉你们，你们所有人下赛季都会起到重要作用。我已经看过你们的表现，我认为你们可以表现得更加出色。作为教练，我们会一起达到这个目标的。"

然后，他跟科尔利说起话来。我们其他人的位置都挺稳固，唯独科尔利状态起起伏伏，他加盟第一年的表现也不是很好。现在回想起来，我才发现穆里尼奥多么具有洞察力——他知道在我们4人中，科尔利是最需要鼓励的。

"我知道怎么使用你，知道怎么激发出你的最佳状态，"他说道，"我对于使用技术型中场颇有心得。在波尔图的时候我就成功做过这样的事情，我相信在切尔西也可以。"

我们又谈了几分钟，然后穆里尼奥暗示是时候走人了。不过，他又说到了一点。

"我要你们知道一件事，你们是胜利者。"

这有点儿夸张，我们点了点头，回答"是的，头儿"，然后就是一阵沉默。

"不错，因为我就是一名胜利者，所以你们现在也是，我们会一起赢得冠军。"

说到这里，他停了下来，和我们握了握手，然后走出房间。尤金和罗曼脸上带着自豪的微笑，他们知道球队迎来了正确的掌舵者——我们也这么觉得。整个欧洲杯期间我都没有再见到他，但我知道他看了英格兰的全部比赛。他在接受采访时表示会围绕我组建中场，这让我大感释然。坊间有很多传言称，波尔图的葡萄牙球员科斯蒂尼亚和德科会加盟球队，所以他的这一表态让我放心不少。

欧洲杯度假回来后，我发现哈灵顿和往常有所不同。穆里尼奥让人在球门后安装了一张巨大的网，训练场上也出现了球童的身影——以前我得亲自去捡球。这些改变虽然简单，但是效果非凡。他发给我们一本规则手册，并谨慎地指出，希望我们遵守最重要的一点，那就是要有职业球员该有的样子。

在美国时，特里和我就已经被分别任命为俱乐部的队长和副队长，这也意味着比起以前的那些主教练，我和穆里尼奥会有更密切的交流机会。拉涅利从来不会过多地和球员商量事情，但穆里尼奥很快就转会目标和训练结构这样的事情咨询我和特里的意见。

在签下一名中后卫之前，他让我们去见他，然后告诉我们他选了4个目标：一个英国球员，一个意大利球员，一个南美球员，还有一个是里卡多·卡瓦略。我和特里在欧洲杯上已经见识过卡瓦略的实力，我们认为他是一位非常出色的球员，但穆里尼奥觉得引进太多葡萄牙老乡有点儿不好。我们告诉他，只管买最好的那个。

对于参与到这种程度的管理中来，我一开始是比较谨慎的。我爸爸以前在西汉姆联当助理教练的时候，我和他有过一些谈话。我记得他好几次回家时都跟我们说，有些球员想要和他以及哈里谈论工作。

"我们今天在办公室做了某某事，"他会这么说道，"有球员告诉我们应该签下这个或那个球员。他以为他是谁啊？"

我记得他好像多次提到过保罗·迪卡尼奥这个名字。这和我们所熟悉的文化很不一样——也许保罗习惯这么做，但我和特里并不习惯对一些以前没做过的事情发表意见。

球队的饮食也不同了，我们以前吃的是无糖健康的食物，比如意大利面、沙拉、鱼肉和鸡肉，现在我们也有这些东西，但点心却多了曲奇饼干，甚至还有可口可乐。球员们都希望被当作成年人来对待，所以穆里尼奥给了我们自己选择的权利：要么选对，要么选错。但是如果选错了，他马上会知道，并迅速做出反应。

有些球员选择了以身试法。虽然穆里尼奥告诉赫尔南·克雷斯波他是球队的第一前锋，但第一天训练的时候他还是迟到了。俱乐部迅速做出交易，把他租借到了AC米兰。大家都意识到发生了什么，也很快划清了界限，并收到了一个重要的信息：不要糊弄主教练。那些越界的人在切尔西待不久，球队上一年签下的贝隆和穆图名气也很大，但他们都没能够留下。塞巴被租借到了国际米兰，之后再也没有回归；至于阿德里安，他已经越过道德底线了。

讽刺的是，直到克雷斯波惹恼他后，穆帅才决定放弃穆图，在这之前穆图暂时留在队中。穆图的加盟是阿布拉莫维奇革命的一部分，虽然他有时候带着一副"请勿打扰"的态度，但应该是一个挺不错的人。2003—2004赛季的前几场比赛，他的表现令人印象深刻，两只脚都可以进球得分。他最突出的一面大概是，如果想给别人留下印象或引起别人的注意，他会表现得有些冒失，最明显的就是面对阿布拉莫维奇先生的时候。如果他赛后来到更衣室，大部分球员都会很尊重这位俱乐部老板，会表现得很友好。但穆图不同。

"啊，老板，老板！"他一见到老板就会大叫起来。

"你那艘游艇开得怎么样呀？噢，不对，应该是那些游艇。"然后他会大笑起来，直到阿布拉莫维奇先生也笑了一笑。通常情况下，他会把阿布拉莫维奇先生拉到角落里，然后小声地交谈起来。我不知道他们在说些什么，但看起来相当友好。这发生在俱乐部被收购后不久，所以我想这位新老板很享受被当成自己人对待，不过从他看穆图的样子来看，我知道他很清楚自己正在做什么。穆图一般会把话题扯到球员奖金上，这时候罗曼会微笑地看着他，但表情有些尴尬。

我相信他以前很少遇到像穆图这样的人，或者至少在他直接雇佣的人中很少会这样。很难认同这是最聪明的要求加薪的方式，但对穆图来说是一件大事。他喜欢这么做——他是一个外向的人，如果没有成为焦点的话他是不会满足的。虽然游手好闲，但他在择友方面却是一个聪明的政治家。

我和穆图很少说话，但他明显挑了一些具有影响力的球员做朋友。我经常看到他和马塞尔、特里，还有佐拉一起聊球队，聊我们的战术踢法，等等，他在这方面还是挺可爱的。他成为罗马尼亚年度足球先生的时候，还邀请了马塞尔、特里以及马里奥·梅尔奇奥特一起去布加勒斯特参加当晚的颁奖典礼，还是坐私人飞机去的。

看他在这方面忙活还挺有趣的。我们有过几次外出聚会，穆图会穿得像都市恐怖分子一样，脖子上挂着很多条项链，在节奏把控方面不输给大多数的匪帮说唱歌手。不仅如此，要是能在夜店里找到一个指挥台或者可以摆姿势的地方，他就会十分开心，因为这样就可以看到那些在看他表演的观众。我一般会坐在酒吧一个比较安静的地方，和一些朋友聊着天。但穆图早已抽着雪茄，霸占了一张桌子，周围围着许多女人。

"兰帕德！兰帕德！过这边来。"他大声喊道。

我脑海里想着："这家伙可真会生活。"穆图特别喜欢派对，对此我没有考虑过多，毕竟他还是切尔西的新人，而且踢得还不错。没有任何迹象表明他不是球队阵容的有力补充，但他的状态很快就滑落下来，也遇到了进球荒，还受伤了，出场时间很不稳定。在这段时间内，穆图的社交生活开始失控。他似乎已经失去了节制，从他的社交行为就可以看出这一点——他那两辆跑车的故事也说明了他对自己的声望并不在意。

和俱乐部签约的时候，他买了两辆保时捷911[1]——蓝色的那辆开来训练，黑色的那辆留到周末开。不幸的是，他在切尔西海港的那套公寓只有一个停车位，所以他会把不用的那辆停在黄线外，而且是在知道会被扣押的情况下。每到周末，他就会给一名实习生大概400英镑，让他赎回汽车并开回切尔西海港。这样的事情接连发生了几周后，俱乐部有人听到风声，然后告诉穆图尽快解决这件事，以免被小报编成故事。如果一位知名球员做出这种事情的话，他离新闻头条就不远了。穆图的丑闻正在酝酿着，等待爆发的机会。

斯科特·帕克在穆图隔壁住过一阵子。斯科蒂[2]是一位非常职业的球员——从不迟到，随时待命。不过，他有时候会和穆图一起来哈灵顿。有一天早上出公寓电梯的时候，他无意中遇到了穆图。穆图看上去很不修边幅，显然昨晚玩得十分开心——开心得刚刚才回家。他请求斯科蒂等他换上训练服再一起走。斯科蒂表示如果他能马上下来就没问题，然后穆图居然很快就换好了，最后这两人及时赶来了。

这已经不是穆图第一次通宵后隔天直接来训练了。大家渐渐发现，他一般会练半节课甚至更短时间，就抱怨拉伤了肌肉或者受了其他轻伤，于是就这样回到更衣室。其实他只是体力不支，没有其他问题。

以前马克·博斯尼奇也是这样，他已经离开球队了，当时他对训练和比赛完全失去了兴趣。他开始有自己的社交圈子，整个人都变了样。我以前和波佐[3]相处得很好，刚加入球队的时候还常常搭他的便车去训

---

① 德国汽车品牌，911系列是该品牌乃至世界上最传奇的车型。

② 斯科特·帕克的昵称。

③ 马克·博斯尼奇的昵称。

练。不过，这个曾经无忧无虑的家伙变了，变得我快不认识他了。我不确定他有没有吸食可卡因，也没有看过他吸毒。不过当你训练归来，看到球队的替补门将穿着齐整，趴在按摩台上很快就睡着时，你就知道他有些不对劲了。他并不是因为训练才这么累，而且情况已经糟糕到有一次我和拉涅利聊天的时候，身后响起了波佐的鼾声。

穆图也是，我不清楚他有没有吸食可卡因。我听说过一些传闻，也注意到他越来越反复无常。比起踢球比赛，他显然对滥交更有兴趣。他的情绪变化很大——有时他会粗野地故意忽略掉你，但下一刻又会变好，然后和往常一样大声喧闹。

当他可卡因检测呈阳性的消息传出时，我其实不是很惊讶。我不知道他陷得有多深，但任何人都清楚他那忙碌的社交生活已经影响到他的竞技状态，所以看到他离开俱乐部我并不会觉得很遗憾。

我们并不想念他。穆里尼奥一开始就告诉我们，他决定把常规的4-4-2阵型换成4-3-2-1。他希望打乱三条线的站位，让阵型更具流动性。其实一开始还是菱形中场，但随着阵型的逐渐转变，我从菱形中场的顶端位置移到了三中场的最左边。

2004—2005赛季首轮，我们的对手是曼联，压力逐渐增加——甚至比阿布拉莫维奇先生掌权的第一年还大。现在我们有一位"特别"的主教练，也有更多新援，大家对我们的期望也随着投资的加大而上升。一共有7名新球员加入队中——德罗巴、卡瓦略、费雷拉、凯日曼、阿尔扬·罗本、蒂亚戈和切赫，他们的总身价达到了惊人的8200万英镑。这个夏天可真不赖。

为了造势，媒体还给这场比赛添柴加火，称其为两位主教练之间的一场重赛，因为穆里尼奥的波尔图在前个赛季的欧冠联赛中淘汰了坐镇老特拉福德球场的曼联，这让我们的新头儿和亚历克斯·弗格森爵士之间心存芥蒂。

赛前一天，穆里尼奥召开了球队会议。我们已经讨论过战术，也训练过很多次，非常清楚自己的实力，也知道该怎么去踢这场比赛。不过，老板传递给了我们一个更加重要的信息。

"你们会在媒体上看到或者听到我说，我并不指望在执教的首个赛季就赢得联赛冠军。"他说道，"我要你们清楚一点，我之所以这么说是希望你们不要背负太大的压力；我也希望你们清楚，我这个赛季就想夺得英超冠军，我知道我们可以的。我们是胜利者，胜利决定一切，不接受第二名或第三名。我们要赢得本赛季的联赛冠军，我们也会这么做的。"

我深深地吸了一口气，心想再也不用遵循拉涅利上赛季要求的"注重表现，逐步改进"这一方法了。赢球才是一切——新主教练，新切尔西，这才是我们所需要的。曼联抱着挑落我们的目的来到斯坦福桥，但他们没有成功。虽然场面不太好看，但我们还是凭借埃杜的进球赢下了比赛。我踢得并不是很好，我们的菱形中场发挥得也不太理想。不过，好在我们踢得很顽强，而且全队防守很坚决，这正是穆里尼奥要求我们做到的。作为一个整体，我们在防守方面下了很多功夫，也在第一场比赛就得到了回报。他太可爱了，他发现自己无法在7周内让我们踢出流畅的进攻，所以转而让我们练习防守。事实上，在这场和联赛争冠对手的首回合交锋中，我们击败了他们。这是一场谨慎又精彩的比赛，我们开始了联赛的征程。就这样一直到第四场比赛，才华横溢的科尔利挺身而出。

罗本和达夫在赛季开始前双双受伤，我们必须要等到11月份才能磨炼好新阵型，然后大放光彩。在那之前，我们一直饱受媒体批评，他们认为我们是一支注重防守的无聊球队。不过，穆里尼奥从来没有和我们谈起过这个话题，他不在乎这些。但是，我却担心起自己的状态。穆里尼奥对我十分信任，但我并不觉得我前两场比赛的表现可以为自己正名。

我们在第三轮的比赛中战胜了水晶宫，几天后穆里尼奥把我叫到一旁，说很喜欢我在中场的跑动情况——根据体育数据分析网站"专业地带"的统计，那场比赛我在全部4项与传球有关的统计中均名列前茅。这正是他希望我做到的——勤奋、刻苦以及高参与度。下一场对阵南安普顿的比赛，我攻进自己的首粒进球。球队也一直保持不败，直到10月16日对上曼城。

大家已经开始问我们能不能效仿阿森纳，取得赛季不败的成绩。答案是不能。尼古拉·阿内尔卡踢进点球，我们一球落败。比赛就是这样。泡沫破灭，现在我们又要重回旧轨，开始衰落。一点儿机会也没有。

穆里尼奥执教以来，这是我们第一次失利，我想看看他会做出什么反应。答案很简单：没反应。赛后他直接告诉我们，球队的表现好得足够赢下两场比赛，他让我们不要因此悲观，想要一场比赛都不输是不切实际的。"不过要确保没有下一次。"他笑着说道，我们也懂他的意思。

这场失利并没有让我们走向死亡，反而成为后来一路高歌猛进的催化剂。菱形站位已经演化成我们更为熟悉的4-3-3，罗本也伤愈归队，开始肆虐对手的防线。德罗巴是攻击线上的强力支点，我也从中场插上给球队提供支持，进球越来越多。我们掀起一阵进球狂潮，在接下来的21场比赛中攻进了47球——这样的表现对一支注重防守的无聊球队来说可不差！球队也凭借出色的表现豪取分数，主教练开始意识到他已经正式掌管这支球队——他在感情和理智上均征服了我们。

球队上下都信心满满，而且每当穆里尼奥给出指示的时候，这份信心就会自然而然地流露出来。大家开始注意到一点，他偶尔会让替补球员在上场的时候，给我或者特里捎些手写的纸条。上面并没有写着什么天大的秘密——指示我们角球防守时应该盯防哪名球员，或者教我们更好地利用阵型。有时候，纸条上就直接写着两个字：赢球。

我们知道他想要什么，因为我们的目标也是一样的。12月12日做客阿森纳主场海布里的时候，我们已经领先对手5分。他们曾经在联赛中领跑过一段时间，后来不败纪录被曼联终结，状态也有些迷失。穆里尼奥在赛前表示我们只需要一场平局，聪明地把压力转移到了对手身上。像往常一样，我们是冲着胜利去的。

我和特里以及埃杜都在切尔西待了有些时日，我们都很讨厌在联赛中输给阿森纳。球队所有人都没有体验过击败阿森纳的滋味，切尔西已经14年没有做到这一点了。我总是觉得我们已经是这些德比中的最强球队了，但却很少能证明这一点。这次碰面还算让人愉快，因为我们在客场落后的情况下两度追平了比分。蒂埃里·亨利梅开二度，但是他的第二粒进球颇具争议，因为他趁彼得·切赫还在布置防守的时候选择了快发任意球。特里和埃杜认为我们在道德上战胜了对手，不过更重要的一点是，这是我们第一次真正把目标瞄准英超冠军。主教练也是这么觉得的，之后他经常表示，如果我们赢下这场或者那场比赛，我们就离冠军有多近。他总是告诉我们球队正在领先的事实，以此激励我们继续扩大和追赶者的分差。

我们一路取胜，以往若是必须赢下某场比赛才能继续领跑的话，我们常常会失败，但今非昔比。我们以前常常在圣诞赛程遭遇滑坡，但今年表现得相当强势：客场2∶0战胜朴茨茅斯，客场1∶0战胜利物浦，主场2∶0战胜米德尔斯堡。我们的表现近乎完美。

我们可不仅仅在英超联赛中一路高歌。1月份的联赛杯半决赛，我们的对手是曼联。大家错误地以为我们会乐意放弃这项赛事，但这种事情在穆里尼奥麾下可不会发生。首回合我们主场作战，比赛节奏很快，大家也踢得很努力。比赛以0∶0收场，但赛后却没有这么平淡，因为我们的主教练告诉媒体说，半场休息的时候他看到亚历克斯·弗格森爵士在球员通道里指责裁判尼尔·巴里。穆里尼奥接着表示，下半场比赛因此出现了许多谜一样的任意球判罚（大多数对曼联有利），"比赛哨声四起，犯规不止，骗招频现"。不可避免地，他又一次因为自己的言论遭到处罚。英足总指控他言行失当，并处以5000英镑的罚款。

次回合做客老特拉福德球场，这次争议对我们的影响仅仅是燃起了球队的斗志。我前段时间就已经意识到，媒体对穆里尼奥的态度有所转变。我认为原因是我们一直都在赢球，有些人迫切希望我们失利，想看看主教练会怎么应对。不过他一直都很冷静，确保外界施加在他身上的压力不会被带到更衣室里去。

我们在各条战线上继续争冠征程，不少新闻头条都在讨论我们夺得"大满贯"的可能性。球队所有人都没有想到这一点。我们还没有确保拿下第一个冠军，更别提拿下四个了，我们要避免因此而分心。

即使是在联赛杯对阵曼联的次回合比赛中，在我接应迪迪埃的地滚球，然后左脚破门为球队取得领先后，我也没有想到这一点。经过首回合的骚乱后，这一时刻对球队来说十分美妙。不过对所有人来说，曼联依然是英国足球的标志，他们也不会放弃的。瑞恩·吉格斯用一记漂亮的进球作为回应，比分被扳平了，不过我们也还没完。达法①在比赛还剩5分钟的时候给对手防线造成了恐慌，他罚出一记任意球，如果我们再幸运一点点儿的话，这个球就进了。我对此一点儿也不在乎——你或

---

① 达米恩·达夫的昵称。

许可以成为世界上最出色的球队，但如果没有一点儿运气的话是不会赢下比赛的。我们进入了决赛——这是本赛季第一次，是穆里尼奥执教以来的第一次，也是阿布拉莫维奇先生的第一次。现在，我们要做的就是击败利物浦。

我之前在卡迪夫千禧球场的经历可谓五味杂陈。2002年足总杯决赛，我们在那里输给了阿森纳，令人无比失望。不过有两点令我挺满意的，一是比赛中与维埃拉的较劲，另一点是加盟切尔西首个赛季就可以走得这么远。我们这次入住的是圣戴维斯酒店，特里指出这是上次对阵阿森纳住的那间。他这么说是因为，他相当迷信。

许多球员都深受这种奇怪现象的影响，我也不是完全免疫。不过，我最多只是在每次胜利后的下一场比赛戴上同一只手表，特里就不同了。实际上，为了留住幸运女神，他在这方面下的功夫是最多的——他会在大巴上坐同一个位置，在更衣室内的同一个便池小便，赛前会吃同样的食物，停车的时候也会数数之前停在哪两根灯柱之间。

我担心住在同一间酒店会影响到特里，而且2002年的那场足总杯决赛他只是替补登场，因为那天早上起床后他感觉头一阵眩晕。所以这一次，我隔天早上做的第一件事就是检查他的平衡能力——一切无恙，这已经是一个好的征兆。不过这并没有延续到比赛中——开场不到一分钟我们就一球落后。我们拼尽全力但收效甚微，直到命运发生了残酷的转折。在一次任意球的防守中，史蒂文·杰拉德不小心攻进了一记乌龙球，比赛被拖进加时赛。

埃杜和克劳德·马克莱莱、我一起搭档中场，他的表现十分抢眼。大家都说他很全面，其实他是一个非常出色的球员。我刚加盟切尔西的时候，给我留下最深刻印象的就属他了。他的控球是如此自然，而且在球场上雷厉风行，这些都让我敬畏不已。他在这场决赛中的表现十分突出，当迪迪①的推射越过杜德克帮助我们取得领先时，我以为比赛就这样结束了。不过接下来却更具戏剧性，对手扳平了比分②，随后埃杜射门造成门将脱手，凯日曼近距离补射得分。

联赛杯夺冠是一段美好的回忆，那枚奖牌也被我视为珍宝。正如你可以预料到的那样，我们进行了疯狂的庆祝，这是我们在新主教练麾下的第一个奖杯。不过我最喜欢的一幕是罗曼在派对上高举奖杯，然后用它装上香槟大饮一口。我们都欢呼起来，我不觉得这辈子有见过更加灿烂的笑脸了。我很满足，我当年离开西汉姆联加盟切尔西，就是为了赢得冠军。4年过去了，我夺得了第一个冠军，但绝对不是最后一个。

球队对欧冠有着非常强烈的渴望。对我们大多数人来说，前一年输给摩纳哥后，这个未完成的任务一直让我们心神不宁。淘汰赛首轮对上巴塞罗那并不是一支好签，这不仅仅因为他们是整个欧洲最激动人心的球队。限制罗纳尔迪尼奥的发挥是一件很难的事情，满足家里人的门票需求更是难上加难。艾伦的亲戚都是巴萨球迷，到时家里一定人满为患，次回合在斯坦福桥也要为他们准备一个家庭小专区。不过，首回合的比赛却产生了我从未遇到过的巨大争议。

比赛的激烈程度和此前预测的一样：双方都在不停地自我吹嘘和侮辱对方，希望能占得上风。我们又一次得益于对手的乌龙球，领先结束上半场。巴塞罗那的主教练弗兰克·里杰卡尔德似乎被裁判的一些判罚惹恼了，我走回更衣室的时候，看到了非常糟糕的一幕。

我们的一些教练组成员正在大声喊叫着，其他人则对着巴萨的更衣室指指点点。穆里尼奥让我们到更衣室里去，开始总结上半场，并告诉

---

① 迪迪埃·德罗巴的昵称。

② 此处有误，实际是切尔西由德罗巴和凯日曼连进两球把比分改写成3∶1。

我们如何保持领先优势。大家走回球场的时候都很冷静，但是迪迪在重新开赛的10分钟内吃到了红牌，一切开始失控。迪迪此前已经被马克斯和普约尔这两个大家伙的滑稽举动激起情绪——他们上半场总是轻易倒地，然后向裁判抗议应该给迪迪出牌。现在则轮到他们的门将，在一次机会对半的球权争抢中，迪迪毫无冒犯之意的拼抢给了他制造事端的机会。巴萨球员将主裁判安德尔斯·弗里斯克团团围住，迪迪果然被红牌罚下。对手随后连扳两球，2∶1赢下比赛。赛后我听说，我们这边有人看到里杰卡尔德与弗里斯克接触，而他们谈话的地点在比赛当值裁判的专属区域。穆里尼奥拒绝在赛后的新闻发布会上发言，随后发生的一切让人觉得欧足联和媒体是在联手对抗切尔西。

俱乐部抗议道，里杰卡尔德尝试在半场休息的时候影响主裁判，并指出迪迪在下半场开赛后不久便被罚下这一事实。欧足联很快就否认了这一指控，但弗里斯克随后承认道，他有要求里杰卡尔德离开该区域，并告知对方不宜在此时此地谈论比赛。不久之后，弗里斯克宣布结束裁判生涯，并称他本人及其家人均受到威胁，事态一发不可收拾。欧足联发言人威廉·盖拉德在英国媒体中出现的次数比托尼·布莱尔①还多，因为他对穆里尼奥和切尔西大加批评。与此同时，另一位欧足联官员沃尔克·罗特将我们的主教练称为"足球公敌"。这完全就是一场反切尔西运动。我惊呆了，不相信这些负责人居然在完全没必要的情况下随意煽动事态的发展。

英国媒体也在煽风点火，损害我们的声誉。我觉得西班牙或意大利的媒体绝对不会和欧足联勾结，一起整自己国家的俱乐部。如果有人站出来为我们说话就好了，但事实上甚至没有人觉得我们受了委屈。

---

① 前英国首相，任期为1997—2007年。

我们在次回合的比赛中怒火中烧，不过这么说还是有点儿保守。我们感到强烈的不公，所以早早就爆发出来，26分钟的时候已经3球领先。经历了之前那么多事情，我们现在就像身处梦境一样。不过一分钟后罗纳尔迪尼奥就把我们拉回了现实，他罚进了点球，然后又攻进了一粒精彩的进球，现实狠狠地打了我们一记耳光。

这次对决被标榜为本赛季竞争最激烈的比赛，但现在却开始演变成一场混战。虽然我们不怕险阻，但是攻进巴萨3球毫无意义，我们会因为客场进球劣势而被淘汰。比赛的最后几分钟，特里使尽浑身解数，戏剧性地头球顶进制胜球，帮助我们晋级1/4比赛。正义终于得到伸张。我们都极度兴奋，好吧，我和切尔西的每个人一起庆祝，但那天晚上我家里还有一些加泰罗尼亚人。不过艾伦已经脱离他们了——她现在是切尔西的人了，而且会首先支持我，然后再支持家乡球队。

虽然我们晋级了，但还是付出了一定的代价。由于那番针对里杰卡尔德和弗里斯克的言论，欧足联禁止穆里尼奥在与拜仁慕尼黑的比赛中出现在技术区域。如果他们想借此打压我们的话，那就大错特错了。我们挑战这一权力机构的决心比以往任何时候都要强烈，刚好拜仁算得上是欧洲俱乐部的统治阶级。

斯坦福桥一役，我奉献出了整个赛季最出色的表现。我们心中都燃起了熊熊战火。主教练在比赛前夜对我们进行了训话，不过他并没有利用当时的形势来鼓舞我们。他不需要这么做。大家都在猜穆里尼奥会在哪里看比赛，这场整个赛季最重要的比赛也变成了闹剧，摄影师都在想方设法捕捉他的身影。开赛后不久，更有低级的阴谋论认为鲁伊·法利亚的羊毛帽里藏着通信设备。为什么不直接说穆里尼奥藏在那里呢？

事实上，"头儿"根本不需要出现在替补席甚至看台上。我们在场上踢球的时候，每一次跑位，每一脚触球，他都与我们同在。我们知道他在某个地方看着比赛，也希望他能对所看到的内容感到满意。场面有些胶着，比分维持在1：1，对手的这粒客场进球让我们有些担心。不过机会出现了，虽然皮球的位置有些靠后，但我还是在20码处完成了射门，并攻破了奥利弗·卡恩的十指关，帮助球队取得领先。这是一粒漂亮的进球，但我的表演还没有结束。

马卡①传给我一记高空球，我胸部一停却把球垫高了，当时的角度并不是很好，而且我能感觉到对手后卫正在逼近。我有两个选择：要么倒钩射门，要么让球落到我左脚处——这可能是踢球时很难做出的两个动作，而且很容易让自己出丑。我选择了后者，然后凌空抽射完成一记精彩的破门——这对我的"弱势脚"来说可不差。在为切尔西攻进的所有进球中，这一粒是我的最爱。虽然通常情况下我并不会留着球鞋，但这次我把当晚穿的那双球鞋摆在家里一个特别的地方。比分最终定格在4：2，次回合做客慕尼黑，我们在大比分上战胜对手，连续两个赛季挺进欧冠半决赛。

这是一项了不起的成就，甚至连媒体都勉强对我们表达了敬意，不过我还是得说我们和媒体的关系并没有糟糕透顶。那晚的比赛后我们留在了慕尼黑，有几位记者和我们一起去喝啤酒，还是他们买的单，谢谢了。

2005年2月份的时候，我们在足总杯中被纽卡斯尔淘汰出局，这意味着我们有一周的时间备战和阿森纳的英超主场比赛。如果取胜的话，我们会在还剩5轮的情况下领先14分，虽然理论上还未能夺得冠军，但基本已经板上钉钉了。可惜，事与愿违。我们收获了一场0：0的平局，这样就还需要再拿6分才能夺冠。突然之间，穆里尼奥又多了一项占星

----

① 克劳德·马克莱莱的昵称。

的技能。赛季初的时候，他预测切尔西会在4月30日客场对阵博尔顿的比赛后夺得联赛冠军。我们击败富勒姆后，只有热刺能化解穆里尼奥和罗素尔·格兰特①的敌意了。如果他们战胜阿森纳，我们便可以未战先夺冠，所以我们都聚集在家庭餐厅②观看他们的比赛。

　　为了备战和利物浦的欧冠半决赛首回合，主教练决定让我们提前两天集合，全队要一起住在切尔西村庄酒店。所以，我们周一晚进行了一次短途旅行。罗曼给我们带来几大罐上好的俄罗斯鱼子酱，我很喜欢吃这东西，所以吃得相当痛快，但大多数人都用奇怪的眼神看着我。我知道这些鱼子酱一罐就要5000英镑，但比赛实在乏味，还好有美食可供享用。阿森纳领先了一段时间，比赛进行到最后几分钟的时候，罗比·基恩③来了记头球攻门，我们都本能地跳了起来。皮球越过了门柱，我松了一大口气，因为我不想在这家位于国王路的餐厅里赢得联赛冠军。我一辈子都在等待夺冠的那一刻，如果不能在球场上以球队的名义真正庆祝胜利的话，吃再多上好的俄罗斯鱼子酱也弥补不了。

　　我躺在床上，想着接下来会发生什么事情。我们可能在未来8天内获得联赛冠军，晋级欧冠决赛。再说一次，这对我们这支西伦敦的"无聊球队"来说可不差！和利物浦的这场"不列颠战役"虽然是一次激动人心的较量，但却无法在进球数上媲美和巴萨或拜仁的比赛，次回合的比赛也好不到哪里去。安菲尔德歌声嘹亮，热情四溢，那种感觉就像是球迷们直接在草皮上空高声喊叫，而不是坐在场边。我们也许是被这样的氛围所影响，后防线早早就犯下错误，让对手攻进了一粒有史以来最

---

①　英国著名占星师。
②　切尔西的一家托斯卡纳餐厅。
③　热刺前锋。

无耻的进球。

我听过也读过人们的一些见解，他们建议切尔西停止抱怨加西亚[1]的这粒进球。他们认为，不管球有没有越过门线，反正裁判已经判定进球有效。噢，真的吗？我的回答很简单：如果你和我们一样历尽艰辛才晋级到这一步，你也会觉得自己有抗议的权利。

事实上，如果攻进那样一粒进球的是我们而不是利物浦，我很好奇他们的球员会有怎样的反应。我想，也许和我们没有区别。我们想尽一切方法希望挽回局势——不停地给他们施压，队友也大举压上，想方设法瓦解对手。

比赛还剩最后几分钟的时候，埃杜在离球门几码处接到皮球，我心想我们要进球了。只需要一脚射门，埃杜，一脚射门。他的确来了记凌空抽射，皮球也越过了杜德克，但是被守在后点的杰米·卡拉格碰了一下，最终没有形成破门。

终场哨声响起，我觉得自己满腔怒火。2003—2004赛季，半决赛输给摩纳哥属于运气不佳，但今年再这样就真的是不公平了。

我试着弄明白这件事。利物浦毕竟还在为欧冠资格而战，但切尔西已经快要捧起50年来的第一座联赛冠军奖杯了。我们在英超联赛中两次击败了他们，为什么欧战就做不到呢？不管我多么努力，就是想不明白为什么，只知道自己对结果很失望。我讨厌失利，真心的。

联赛冠军已经不可能旁落。在两场欧战之间，我们还要与博尔顿踢一场联赛。赛程十分紧密，这是一次与命运的约会。

北上的时候，我想到了几周前别人对我说过关于联赛夺冠的话，每一位遇到我的切尔西球迷似乎都迫切地想告诉我联赛冠军对他们的意

---

① 路易斯·加西亚。

义。距离切尔西上次联赛夺冠已经过了50年——多么漫长的半个世纪。虽然加盟俱乐部的时间与之相比只是零头，但我同样能感受到球迷的那份压抑和失望。我知道夺冠对他们意味着什么，因为对我来说也一样。

我们住在普雷斯顿的万豪酒店，比赛前夜，我和特里、埃杜坐着闲聊。我问了他们一个问题："你们能想象攻进一球帮助球队夺得联赛冠军的那种感觉吗？"大家都保持沉默，静静地思考着。我并不是想先发制人什么的，只是这个问题我已经思考过很多次，也梦想过很多次，但这一次它真的有可能发生。

我们从酒店出发前往锐步球场①，一路上既紧张又兴奋。和往常一样，我坐在特里、埃杜和比利·麦卡洛克身边，然后又抛出了昨晚的那个问题。那会是什么感觉呢？快点儿！快点儿！肾上腺素开始分泌，当我们抵达球场的时候，大家都充满斗志，蓄势待发。你会想象自己在这样的情况下是绝对可靠的，命运之手正在召唤你去触碰奖杯，没有什么能够让你出差错。直到你开始赛前热身，发现球场就像放牛的草地一样。博尔顿的主场本来就不好踢，现在又遇到糟糕的草皮条件和严寒天气，真是难上加难。

他们像往常一样进入比赛的节奏，凯文·诺兰很快打开比赛场面，对方也创造出了一些破门机会。我们上半场很少做出反应，似乎已被刺骨的寒风冻僵，紧握住历史的双手也开始慢慢松开。中场休息时，我们得靠训话来提高斗志了。原本以为主教练会一顿臭骂，但他却没有发火，反而抛出了一个问题。

"我们踢得不好，但也不算太差。"他说道，"这是为什么？我不明白。踢得简单点儿，按自己的方式踢，你们做得到的。我们之前有90

---

① 博尔顿的主场。

分钟去赢得联赛冠军，现在还有45分钟。就现在，放开去踢吧！"

他说得对。我们之前那么努力才走到这一步，不能让自己失望。我的双腿像是重新注入了一股力量；而且和主教练那天称赞我是世界上最好的球员时一样，我现在信心倍增。我听到他的声音在我的脑海里回响着："你现在要证明这一点，要去赢得冠军。"现在就是我的机会，现在就是我们的机会去证明自己是最好的。

迪迪用头将球垫给我，但是文森特·坎德拉挡住了我的视线，我看不到球门在哪里。我抬起头想看看可以将皮球传给谁，但眼前没有队友。见鬼去吧，我自己来一脚试试。我肩膀一沉，给自己留出半码的射门空间，然后攻破了尤西·雅斯克莱宁把守的大门。进球，进球，进球，进球，进球了！！！

我在场上全速疯跑着，边跑便喊。我跑到禁区的另一边，和我们的球迷一起庆祝。我的爸妈买不到贵宾席的球票，他们现在正在这个被染成蓝色的球迷区里和我一样庆祝着。队友们冲上来拥抱我，弄得我都快窒息了，我得拼命挣脱才能看到一点儿光线。就是这样，成为冠军的感觉就是这样。

我的心脏还在疯狂地跳动着，几分钟后，我发现面前出现了大片的空当。这太离奇了，像做梦一样。我就这么跑着——就像永远都跑不到对面球门那里一样，球门后面那群蓝白交织的球迷正踮起脚尖看着比赛。

我可以看到里基①从后面追上来，喊着让我传球给他。我假装没有听到，下定决心要单干。爸爸就坐在球门后面，当我跑到禁区边缘的时候，他大声喊道："射门，射门！"但是我没有听，我脑海里面有另一个声音告诉我要过掉雅斯克莱宁再射门——这不是我通常的射门方式，

---

① 里卡多·卡瓦略的昵称。

但是挺酷炫的。如果要赢下联赛冠军的话，还有比这更好的方式吗？

我进球后过了几秒钟，队友们才赶过来一起庆祝，不过还算及时。很难描述我当时的确切感受，因为语言在这种极度感受面前显得苍白无力。兴高采烈这个词不太恰当，因为当时的感受要更加强烈和充实，我现在闭上眼睛还能感觉到那个场景活灵活现。

随后发生的事情如梦幻一般，我之前想象到的一切都发生了，甚至还超乎想象。我们用香槟狂喷罗曼，然后把他带到了草皮上。在那样的情况下，我们并没有什么发人深省的交谈。那个赛季他每一分钟都和我们待在一起，他配得上和我们一起分享荣誉。他并不是投了钱就坐收其成——这个冠军也有他的功劳，而且他很享受和我们在一起。

我四处张望寻找着主教练的身影，发现他安静地坐在教练席里。他给家人打了电话，和妻子还有孩子报喜。他很高兴能和家人分享这一时刻，我们则继续在球场上发疯地享受着当时的喜悦。离开球场后我们上街继续庆祝，我和特里站在大巴顶部向外探出脑袋，和数百名等待我们的球迷一起高声歌唱。我们融入他们当中，这种感觉真的很特别。我知道这有多么重要，也知道对球迷来说也许更加重要。

相比之下，回到酒店后我们的庆祝则安静许多。周三我们就要做客安菲尔德，和利物浦踢欧冠半决赛次回合。我们晚餐喝了一些啤酒，开始意识到自己已经是英超联赛冠军了。肾上腺素还在起作用，我仍然激动不已地回味着比赛和进球。我坐到埃杜身边，我们一边喝着啤酒一边看电视，《今日比赛》①正在播放这场比赛的精彩片段。

我不敢相信自己看到的画面。我看到自己出现在电视上——我、埃

---

① 英国广播公司的足球节目，播放内容为当天或前一天的比赛集锦。

杜、特里、科尔利、大彼得①、里基、格雷米、蒂亚戈、马卡，还有迪迪。我进了第一球，然后又进了一球。这就像在观看梦境一样——大家都看得到你做的梦，那种感觉很完美，非常完美。

3天后，我们却输给了利物浦，这意味着我们连续两个赛季都是差一点点儿就能晋级欧冠决赛。我讨厌失利，真心的。不过还好赢得了两个冠军，而且通过联赛夺冠证明了自己是英格兰最好的球队。

几周后，我赢得了一项个人奖项，被足球作者协会评为年度最佳球员。这对我来说是莫大的荣誉，那个夜晚也是最特别的，因为可以和家人、朋友一起分享这份荣誉。他们是我最关心的人，他们改变了我的生活，帮助我走到职业生涯的这一步，而这是我最渴望做到的事情。何塞·穆里尼奥也是其中之一，不过和他不同，我不会说自己是世界上最好的球员。英格兰最好的球员，是的，我想我已经证明了这一点。

---

① 彼得·切赫的昵称。

第 10 章　卫冕之路

作为一名足球运动员，特别是在切尔西，我们会享有很多特权。不过，我不觉得生命中的一切都是理所当然的。不管是在场上还是场下，我认为所有事物都是有意义的，因为在我的家庭里，我从小就被教育：那些美好事物是你努力付出换来的。

回想起很小的时候，爸爸给我安排的那些训练日程——没完没了的有球训练、定点训练、折返跑训练、爆发力和耐力训练。每次练习的时候他都提醒我，如果想成为一名职业球员，我就必须做这些事情。现在，我不需要爸爸告诉我该练习什么（虽然他还是会这么做），我已经对自己很了解了。

不过，第一次赢得联赛冠军后，我发现自己有些茫然。夺冠的喜悦很快就被一个问题所代替：我应该怎样做才能把自己和球队提高到另一个层次？我经常设置新的目标，但现在需要别人的经验，需要他们告诉我如何利用这一次的成功来确保以后更加成功。幸运的是，没有比何塞·穆里尼奥以及罗曼·阿布拉莫维奇更好的导师了。

穆里尼奥已经被大众所熟知，但我知道对大多数人来说，罗曼依然是个谜一样的人物。他不喜欢抛头露面，也不接受采访，很乐意在背后默默支持着切尔西。不过，他和俱乐部的人关系却很不一样。他很开朗、很好问，也经常和主教练或者球员相处。我很荣幸可以认识他，了解他背后的一些事情。

罗曼最棒的一点是他会参与到我们中来。虽然还需要到处奔波处理更多更杂的商业事务，但他却经常和我们待在一起。只要在伦敦，他就会来训练场看看，和大家聊聊天，确保一切顺利。即使下着倾盆大雨，他也会出现在场边，观看我们的常规训练。有比赛任务的时候，赛前他会祝我们好运，赛后也会来看我们，不管比赛结果怎样。他和我们同甘共苦。

罗曼刚来的时候，我们都不太清楚要怎么对待他，也不知道在他身边要怎么表现。不过这么多年来，罗曼已经成为俱乐部不可分割的一部分了，他对俱乐部全心投入，对那些效忠他的人也是肝胆相照，因此赢得了大家的尊重。

除了主教练以外，我和特里也许是和罗曼关系最亲密的人了。有时候，我们会在比赛结束后马上和他谈论起比赛，其他时候他也会来找我们，咨询我们对某件事情的看法。起初，我担心自己会过度参与事情的决策。在我生存的那个足球环境里，我们必须听从掌权者的意见——包括主教练、主席、你的叔叔和爸爸。我并不想过多干涉一些不必要的事情，毕竟我的身份是职业球员，他们支付我工资是让我来踢球和赢球的。

但是，罗曼鼓励我要多发出自己的声音，从球队的踢法到如何补强阵容，这些都可以谈。我很感激他如此坦率，而且他也会很认真地聆听我的意见。不过，我永远都不会越界，因为我对他本人以及他在切尔西取得的成就充满敬意。

大家觉得他就像一位隐士一样无法接近，但以我的经验来看，事实正好相反。艾伦和罗曼的妻子伊琳娜相处得很好。他们和普通夫妻一样，只不过出行有保镖跟着，银行里有几十亿存款而已。他们的生活方式也许和大多数人不同，但其他方面和我们没有什么区别。他们会被一样的笑话逗乐，也可以和身边的人轻松相处。之前在西伦敦游行庆祝夺得首个冠军的时候，我很少看到有人像罗曼这样兴奋。他庆祝进球的时候，反应也和球场内其他4万名球迷一样。这样其实挺美好的，因为很单纯。

我从来没遇到过相处得这么融洽的俱乐部主席。我以前也经常和肯·贝茨待在一起，他会带我去吃晚餐，我们现在也维持着不错的朋友关系，但他和罗曼截然不同。罗曼让我觉得自己不仅仅是一位领取高薪的重要员工，他把切尔西当成自己的家庭，而我和特里是这个家庭的长辈，场上场下都是如此。我不仅仅是罗曼的8号球员，对他来说，我是切尔西DNA的一部分。

我想，部分原因是我在他身边表现得很自在。不过当我听说球队今年的年度最佳球员可以借用他的游艇时，我觉得自己可能有点儿得寸进尺了。俱乐部没人确认过这件事，但我当时很有希望获得这项荣誉，而且我上一年就是球队的最佳球员。我跟艾伦说起这件事，她觉得我可以去问问是不是真的，反正没什么损失。不入虎穴，焉得虎子。在这位充满好奇心的女友的怂恿下，我鼓起勇气决定试一下。

"老板，听说年度最佳球员可以借用你的游艇，是不是真的？"有一天，我在斯坦福桥向他问起这件事，罗曼哈哈大笑起来。糟糕，看来我多嘴说错话了。

"不，不，我是在别处听到这个传言的。"我知道自己不应该提起这件事。尤金想化解我的尴尬，所以他开口帮我打圆场。

"你是指救生艇吗，弗兰克？"他问道。

我们三个都笑了起来，我给自己挖的洞越来越大了，不敢相信自己居然提起这件事。当我羞愧得想自杀的时候，罗曼终于停止哈哈大笑。

"好吧，我们看看到时可以做些什么。"罗曼说道。

"噢，好的，谢谢老板。"

我再也不会提起这件事了。在你的亿万富翁老板面前出丑，这种事情一辈子做一次就够了。不管怎样，最后我获得了俱乐部和足球记者协会评出的年度最佳球员称号，而特里也从职业球员工会那里获得了这项荣誉。几天后，我在训练场遇到了罗曼和尤金，后者招呼我过去。

"算算自己需要借多少天游艇，我们会帮你安排好一切。"他说道。

"真的吗？嗯，能借一周我就很满足了。"我结结巴巴地说道。

"不，尽管说你要借多少天吧，没问题的。"他回答道。罗曼这时也在一旁点点头，露出了微笑。不管了，我想道，反正都这样了。

"好吧，那我就借半个月吧！"

我冲回家，将这个消息告诉艾伦，然后开始安排日程。罗曼的秘书帮我们安排了其他所有事情，然后将游艇的详细信息告诉了我们，还通知我们要去哪里见面。这些都美好得太不真实了。我？那个挤破脑袋才加入西汉姆联的家伙？那个赢得联赛冠军和年度最佳球员称号，然后现在准备乘最昂贵的私人游艇"耳语号"出游的家伙？你确定吗？

我和艾伦乘坐飞机前往昂蒂布①，在那里登上"耳语号"游艇。它更像是一座漂浮的宫殿，我们走过一个又一个宽敞的房间，一切都装饰得很华丽，布置得十分整洁。他们给了我们几瓶香槟，还给我们介绍了全体船员——10位工作人员加上两名大厨。

第一天，我们两个人都很享受，感觉十分放松。这里有5间卧室——大到足够邀请整个家族，我们也希望和他们一起分享。他们第二天会来，所以我们先充分享受了二人世界的美好时光。隔天早上，我们伴随着引擎的低鸣声醒来，我望向窗外，看到游艇正准备驶离港口。我

---

① 法国南部的一个市镇，位于普罗旺斯—阿尔卑斯—蓝色海岸大区的滨海阿尔卑斯省。

在甲板上漫步，有一位工作人员给我送来了现磨的咖啡和水果。是的，这就是生活。

妈妈打来了电话："亲爱的，你在哪里呀？"她问道。她和爸爸已经抵达港口，我的姐姐们也带着孩子一起来了，他们正在寻找着游艇。

"别担心，"我说道，"我派艘小船去接你们。"我不太相信自己刚刚说出了"我派艘小船去接你们"这句话。

我们在甲板上等着他们，我永远不会忘记他们被扶上船时的表情。只有爸爸除外，他戴上一副太阳眼镜扮酷，拼命装得好像对他来说，乘坐这艘价值4000万英镑的游艇是一件再平常不过的事情。这对一位来自罗姆福德的男孩儿来说可不赖！

我们驶向戛纳①，然后在圣特罗佩斯②上岸。这是一个航道较狭窄的小港口，我们必须在导航的帮助下慢慢前进。游艇靠岸后，我看到一群人挤在码头。看到游艇的规模，他们一定期待着一睹皇室风采，或者至少是好莱坞电影明星级别的。一开始我们神色尴尬地从椅子上偷偷摸摸地下来，但后来转念一想："去他的！"我们戴上墨镜，反正也无路可逃了。没人想到上岸的是一个来自埃塞克斯的家庭。

幸运的是，罗曼也在附近，他请我们所有人到他的"罗盘号"游艇上享用早餐。他派了艘小船来接我们（我现在已经习惯这句行话了），但是看起来跟游艇没什么区别。当我们接近"罗盘号"的时候，我看到一架直升机停在顶部，还有一艘小型潜水艇。

罗曼和我们见了面，我们一起在船上待了几个小时，谈到了足球，谈

---

① 法国南部的一个市镇，位于普罗旺斯—阿尔卑斯—蓝色海岸大区的滨海阿尔卑斯省。

② 法国南部的一个市镇，位于普罗旺斯—阿尔卑斯—蓝色海岸大区的瓦尔省。

到了过去的这个赛季，还展望了未来。爸爸从来都是大胆说出自己的看法，他也很享受和罗曼面对面交谈。与此同时，我的两个外甥女米莉和米娅在罗曼脚边跑来跑去，还偷吃自助餐的食物，罗曼也和她们开着玩笑。这两个小女孩儿绝对不知道罗曼是何许人也，她们正在和这位世界上颇有权力之一的人说说笑笑，想到这点我也笑了起来。

这种日子过了几天，我一直在尝试着习惯上流社会的生活，但是每当我差不多要适应的时候，总会有意料之外的事情发生——比如埃迪·乔丹①，这位一级方程式赛车的大亨把游艇停在我们旁边，然后邀请我们一家过去喝酒。太不真实了，这真的太不真实了。他是一位非常友好的人，也很欢迎我们。后来我们又一起回到我那边烧烤，埃迪叫了我一下。

"弗兰克，你今晚和艾伦有什么安排吗？"他问道。

"没有，没什么特别的事情要做。"我答道。

"太好了！那么你和我一起出去吧，我想介绍个人给你认识。"

"谁？"

"波诺②。"

噢，好吧。那个夜晚非常美妙，我永远都不会忘记。幸好拍了一些照片，它们提醒我那天晚上的事情是真实发生的。我不是什么音乐发烧友，但是波诺是我非常敬畏的一个人，不仅是因为他在自己的领域里取得了非凡的成就，还因为他倾注了许多时间和精力去做慈善事业，致力提高别人的生活水平。此外，他还是一个很实际很真实的人。我们一起

---

① 英国乔丹车队的创始人。

② U2乐队主唱，曾获诺贝尔和平奖提名，以及被《时代》杂志选为时代年度风云人物。

聊足球，一起说笑。

第二天，我们前往波特菲诺①，然后去撒丁岛②见了杰米和他的妻子露易丝。我们一起四处闲逛，能够和家人分享这么不同寻常的经历，我觉得十分开心。也许大家会觉得作为一名英超球员，我的生活已足够特别，我同意这个观点，但是这半个月的见闻实在令我大开眼界。

我离开之后，特里也度过了一周的上流生活，他也十分享受。虽然这一切都是源于我那个愚蠢的问题，我却从而了解到罗曼是一个多么大方的人，我想他是想感激那个赛季我和特里为切尔西做的贡献。不仅如此，他也是一位具有慷慨精神的人，乐意和别人分享自己辛勤工作的成果，我也因此对他更加尊敬了。

不过，你几乎不可能完全了解罗曼，除非你知道是什么驱使他成为一位成功的商人。他待人友善，富有魅力，无忧无虑，但同时也是一个果断坚决、野心勃勃、残忍无情的人，我十分欣赏他的这些品质。他把自己的这一面隐藏得很深，但如果你开始与他相处，而他也信任你的话，他就会打开这扇窗户，让你看看他是怎么取得这些非凡成就的。

他和穆里尼奥在这方面很相似，他们俩都清楚自己想要什么，而且一心追求自己的目标。他们最想要的就是胜利，我和罗曼的相处经历总会让我想起与何塞共度的那些时光。由于对足球的看法很一致，我和主教练的关系迅速升温，但我意识到我们互相认可对方的为人方式，这才是真正的纽带，罗曼也是这样的。

我不知道他的确切背景，从我读过的内容来看，阿布拉莫维奇先生以前十分贫寒，但他改变了自己的命运。在他的生涯中，他不甘位居第

---

① 意大利渔村，著名的度假胜地。
② 意大利西部的一座岛屿，位于地中海中部。

二，也不容许失败。所以我们比赛的时候，我总是觉得我们必须取胜，因为罗曼也是这样的。没有其他选择。

穆里尼奥也是这样的人，所以他才可以成为罗曼的总司令。如果你现在为切尔西效力，你是无法容忍成为第二名的。如果你想随波逐流，或者无法忍受被逼到极限，别人会发现的。你必须为胜利付出额外的努力，如果别人取代了你在球队中的位置，你必须像进行生死决斗一样把它抢回来。你必须做到残忍无情，因为罗曼也是这样的。

我曾经和他单独交谈过，那时我望着他的眼睛，看到的只有不屈的决心。我可以感觉到，他对成功的饥渴永远不会得到满足。我很欣赏这一点，因为我也是这样的。几乎在我们刚夺得第一个联赛冠军的时候，罗曼就问我怎样拿下第二个。他会问我们为什么会输掉某场比赛，尽管结果不影响冠军归属。他不会放过任何一件事情，而是希望一切顺利。不仅仅是接近完美，而是必须完美。

因为这一点，人们很容易以为他不是很懂足球，毕竟你总会输掉一些比赛的。但是，这样解读阿布拉莫维奇未免过于简单化。相对来说，他可能是足坛的新人，但他学习的速率是惊人的。他之所以问我们为什么会被对手破门，或者为什么某位球员的表现大失水准，是因为他想了解一切事情。知识才是力量，而不是金钱。

阿布拉莫维奇和穆里尼奥很相似，他们总是要探究某件事情或者某个结果背后的成因。我们也许踢得很糟糕，然后依然1：0拿下比赛，但他是不会满足于这种胜利的。他想知道我们为什么表现不好，而且更重要的是，他想知道怎么去改善。我看到主教练经常在赛后和罗曼谈话，虽然他们的职业背景可能截然不同，但他们显然志趣相投，英雄所见略同。

再加上尤金、彼得·肯扬，还有主席布鲁斯·巴克，切尔西汇聚了这些目标一致的能人志士，并不是每家足球俱乐部都有这么一群人。他们有着一样的雄心壮志，目标一致，并为之全力以赴，而且对此毫不掩饰。这种理念也在俱乐部老板、官员和球员之间一路传承。

不懂就问其实是一个很棒的优点。罗曼完全可以躺在功劳簿上，将那些成就归于自己名下，然后假装自己知晓一切，因为事情刚好就是这么顺利。不过，这不是他的性格。我以前过于害羞，不敢就自己不懂的事情询问别人，因为害怕自己会因此显得很蠢或者很无能。不过现在就不同了，如果我想完全了解一件事物，我就会打破砂锅问到底。部分原因是我变得更加自信了，在这方面罗曼是我的榜样。如果这位已经功成名就的亿万富翁都可以坐下来，问一些有关足球的简单问题，那我有什么不敢问的呢？罗曼和穆里尼奥深深地鼓舞了我。

有些人穷尽一生在寻找问题，罗曼则一直在寻找答案。我知道他和主教练经常促膝长谈，谈论球队和俱乐部，讨论该怎么提高和进步。当他找到我，向我咨询意见的时候，我总会感觉到压力，因为我知道他会先和穆里尼奥讨论。

我们有过一些谈话，他问我怎么看待某位球员的表现。我的回答是他可以在技术方面有所提高，罗曼的回应十分简单："那你为什么不告诉他呢？"

他的直接让我有些惊讶，我跟他解释说我已经在比赛中这么做了，但没有什么效果。罗曼又回应道："那么，你必须让他理解。"

他说得对，我的确必须承担起责任。那个时候我就意识到，他最伟大的品质就是能一针见血地发现问题，然后轻松解决。他知道自己不该跟球员说要怎么踢球（虽然他们会听的），但作为球队的副队长和老将，我应该这么做。

我思考了一下，然后开始明白他的真正意思。我看到了他那残忍无情的一面——但是没有令人感到不快，我知道他不是一个会找借口的人，他想要胜利。有些人把切尔西的成功归于金钱，这让我觉得既可笑又生气。罗曼的确斥巨资为球队引援，但是那些大言不惭地说"切尔西用钱买来冠军"的人，他们无视了俱乐部和我们为成功所付出的努力。

罗曼的确十分富有，但他在管理员工和人才方面也具有大智慧。他已经在自己的商业领域里证明了这一点，现在正在足球领域里证明着。只有那些在幕后和他密切工作过的人，比如主教练和球员，才会真正知道我们成功的原因。如果一定要给出一个答案的话，我觉得是"精神"二字。

切尔西有一股很强烈的团队意识，罗曼带头，主教练、员工和球员就跟着他。我们互相为每个人工作，朝着同一个目标奋斗。我们不欢迎目标不一致的人，那些对这种方式持有反对意见的人无法久留于球队。

在2005—2006赛季的卫冕征程中，球队有那么几次表现大失水准的时候，我们会审视自己，看看到底哪里做错了。我们互相提醒对方，之前的赛季已经证明了团结就是力量，还开了几次球队会议，探讨了一些问题：我们是不是和自己想的那样强大？为什么比赛时没有拧成一股绳？

大家都需要这样时不时地被提醒着。当你在赛季初期便领先15分时，很容易失去自制力。这种状况很容易发生，我们需要提醒自己球队的核心价值是什么，我们之所以成为冠军最重要的原因是什么。

主教练问我们，比起之前几个月，有没有觉得自己的标准下降了。他问我们，自己能不能接受这一点，罗曼·阿布拉莫维奇能不能接受这一点。他要我们纠正自己的做法，我们照做了。

说句公道话，穆里尼奥麾下的第二年，在杜绝自满和轻敌方面，他比俱乐部任何一个人都要下功夫。面对眼前的挑战，他争分夺秒地与我们一起备战。他也不会安慰我们说，其实卫冕成功也不是多么困难。第一天训练的时候，他就召开球队会议，大家坐在一块投影屏幕前，上面展示着一张我们5月份庆祝夺冠时的照片。我们并没有欢呼起来，大家都意识到这是一个严肃的时刻。

"上赛季，我们是冠军。"他说道。我们还没给出反应，他就把照片切换到一张列表上，上面罗列出赢得第二个冠军所需要的条件。他说，我们需要将自身标准提高一个档次，其他球队会提高奖金以击败我们，要好好应对这一变化，在保持野心的基础上，要防止过于自信。列表在屏幕上滚动着，他就在一旁解释给我们听。他给我们传递了一个重要且清晰的信息，要多拿一个冠军并不容易。如果有人以为我们露个面踢踢球就可以做到，这样想的话基本就没戏了。

穆里尼奥比加盟第一年的时候要冷漠一些。那个时候，他很迅速也很容易就和球员建立好关系。现在，不管是他跟我们谈论接下来的这个赛季，还是在食堂和训练场说话，我总觉得他的语气充满了距离感。我问特里和埃杜是否发现有什么不同，我们想知道他是否安好，平静的表面下是否有东西——麻烦在酝酿着爆炸。经过前一赛季，我觉得自己可以很好地解读他的情绪，不过有时候他有些离群，而且似乎变得内向了——这对于一个平时爱好交际的人来说可不正常。

这样的气氛持续了5周——整个季前准备期，然后我才意识到发生了什么。穆里尼奥有意在我们面前表现得更加冷酷，让我们更加警觉，更加不舒服，确保我们不会沉浸在舒适区①内。我明白他的意思，如果夺冠后便放松自己回到老路，哪怕只是潜意识里这么做，有些球员可能就会以为我们可以接二连三地取得成功。

我必须承认穆里尼奥的伟大，因为这的确有效。我开始怀疑他是不是对我和其他人感到不满意，然后就想把任何事情做好——跑得更快，训练也更加努力。和罗曼一样，穆里尼奥也有着钢铁般的性格，如果他

---

① 指一个人所处的环境状态，人会在这种安乐窝的状态中感到舒适，没有危机感。

觉得有必要的话，就会把这一面展示出来。

此外，穆里尼奥也有其他方法让我们保持锐利，包括增强阵容，引进足以威胁你位置的球员。大家也许会以为，我前一赛季取得的成就足以保证新赛季的主力位置，大概我也是这么想的。然后我就听说史蒂文·杰拉德即将加盟俱乐部，我的第一反应是十分开心。史蒂文是世界上最好的中场。他精力充沛又善于鼓舞人心，而且以进球为乐，这正是我们所需要的。等等，我也是这样的啊！问题是，我在这件事情上的态度十分积极，也希望自己能一直这样。谢天谢地，我还是可以确信一点，主教练引进史蒂文是为了让他和我搭档。那个夏天传闻四起，我都已经相信他会加盟切尔西了。

这真是令人既兴奋又期待，我、史蒂文和马卡组成的中场在英格兰和欧洲都是无人能抗衡的。我觉得史蒂文也知道自己即将加盟，因为他已经向利物浦递交了转会申请，这是一个让人想入非非的举动。可惜，他最后决定留在安菲尔德，我尊重他的选择。我非常乐意和他在切尔西共事，但我现在觉得，他基本上会把自己未来的职业生涯奉献给利物浦。媒体都在猜测是什么状况，有人觉得切尔西被拒绝了，但我觉得在那之前，没有多少人会拒绝与我们一起进行革命。

我意识到一点，如果有中场球员要加盟的话，那么也一定会有人离开。这是一个很明显的事实，因为即使是在训练赛中也有人要当替补，球队的阵容实在太拥挤了。人员过多是一件很不舒服的事情，有些中场球员甚至会在另一块场地上进行射门练习，因为其他球员都在踢比赛，而且人手已经充足。

最后，吉里·雅罗西克、阿列克西·斯梅尔京和蒂亚戈都离开了俱乐部，而迈克尔·埃辛、肖恩·赖特·菲利普斯和阿西尔·奥尔诺则与我们签约。不管怎样，球队还是有些过于饱和，这也让每个人都保持警惕。切尔西就是这样，穆里尼奥也是。我现在已经充分了解他了，我想他会承认自己是一个好斗的人。他是一个赢家，在竞争中一路前行，绝对不满足于平淡的生活，也不甘于平凡。不管是与队友竞争位置还是与对手竞争胜利，球员们的心态都深得他真传。

赛季开始之前，穆里尼奥在一次球队会议上给我们看了阿森纳的赛程表。他发现每次欧冠比赛后，阿森纳回到英超都是主场作战，而我们基本都要远赴客场，和纽卡斯尔、利物浦这样的球队比赛。这一发现让他感到十分愤怒，他把阿森纳比喻成"天使"，把我们比喻成"魔鬼"，引发了大众的激烈争论。报纸对此事展开了大量报道，大家也开始嘲笑地问道为什么他会这么无聊去抱怨赛程。毕竟这是随机安排的，不是吗？

我想，他绝对有权利去表达自己的观点，因为我们是一个团队，不想受到无礼对待，也不想因为赛程而度过一个比别人更加艰难的赛季。为什么我们只能保持沉默，被动接受呢？我们知道第二赛季会很艰难，这就是一个例子，比赛甚至都还没开始。事实上，他在一次新闻发布会上表达了这一观点，很快就引起轩然大波，球员们也开始关注这个问题。我们的主教练挺身而出，对他认为不公平的遭遇进行抨击。他顶住压力去攻击和嘲讽别人，但这么做是为了我们，也为切尔西。

在球队会议上，他表示赛程是卫冕之路上的另一个障碍。这让我们比以往都更加坚决，想要确保自己能卫冕成功。他是一个聪明机灵的人，有时候他做出的那些行为都是经过深思熟虑的，因为他已经预料到会引发怎样的反应。他并非总是想操纵某些状况，面对侵略行为和不公对待会奋起反抗，这只是他的性格使然。

2005年做客诺坎普球场挑战巴塞罗那的那场欧冠比赛，我当时也在场。我知道他很多时候都是为正义而奋斗，但却总是被描述为恶人，他的行为和言论也饱受批评。也许是因为他那不同寻常的态度——他的信念异常坚定，这会让许多人感到惊讶，但你不能因为一个人坚守原则就去谴责他。他总是为球员和俱乐部挺身而出，我很感激他对我和其他球员那份矢志不渝的忠诚。球队上下也对他忠心耿耿，愿意为他而献身，这是他自己赢得的。

但是，这并不代表他不会对我们进行合理的批评。2005—2006赛季的揭幕战就是一个例子，他批评了我们，但只是希望我们做出正确的反应。卫冕第一战，我们的对手是升班马维冈竞技，但是终场时的比分却没有很好地体现出比赛的真正走势。克雷斯波在补时阶段绝杀对手，帮助球队全取3分。但是，主教练在赛后告诉媒体，我们配不上胜利。事实上，我们连一场平局也配不上。我觉得我们不够锐利，在场上行动也很迟缓。关于卫冕，虽然之前已经有无数次训话，但这场比赛让我们真正明白了接下来这个赛季会是怎样的。

维冈的表现令人难以置信，我们依靠一记世界波才得以脱险。赛后在更衣室里，穆里尼奥的训话丝毫不留情面，不过他也没有单独批评某位球员。他对维冈主教练保罗·朱厄尔及其球队的踢法表达了敬意，但也同时指出，如果我们在一周后对阵阿森纳的比赛中延续如此糟糕的表现，那么与其说要卫冕，不如直接跟冠军告别好了。

老板迫切想赢下这场比赛，但我们与阿森纳的敌意也因为他和阿尔塞纳·温格的恩怨而有了一些个人色彩。我知道这一点，不过大多是从报纸上读来的。他们都公开与对方为敌，在我看来这只不过是无伤大雅的旧时玩笑。当然，人们会揪住这些不放去追问他们，他们也可能因此而失去理智。不过，我却在穆里尼奥和温格身上看到许多共同之处。

他们都是非常有天赋，非常有动力，非常有热忱的人。他们都想要胜利，而且从来不害怕承认这一点。所以当他们的关系有些失控时，我并不会感到特别惊讶。两家俱乐部的关系一直都这么僵，再考虑到穆里尼奥并不是一个畏首畏尾的人，和他们爆出火花只是时间问题而已。

温格有个习惯，他总是会对切尔西在转会市场上的投入指指点点，我想他是因为穷怕了吧。埃辛和赖特·菲利普斯之前都与阿森纳有过转会传闻，但是我们中途介入，并以4500万英镑的价格打包引入他们俩。即使有过阿什利·科尔这笔转会交易，我们两家俱乐部的关系也从来没有好过，那个赛季更是跌到有史以来最低点，而他们两人也像以前那些职业拳击手一样轮流过招。

我觉得这没什么问题，两家的主教练可以站出来决斗，这是一件很好的事情，也让我们所有人的生活和比赛更加精彩。之后出现过一段冷却期，即使他们依然反感对方，也只是日常工作环境中所能达到的那种程度。不可能每个人都能成为朋友，特别是在他们的目标是同一座奖杯的情况下。

在场上，我们和阿森纳也有事情需要解决。我们是冠军，但身为亚军的他们却总是吹嘘自己是"更好的球队"，简直是一派胡言。最好的球队会夺得冠军，但我没看到阿森纳拿到什么奖杯。不幸的是，之前那个赛季我们并没有在联赛中击败他们，所以那年8月，英超第二轮坐镇斯坦福桥对阵阿森纳的比赛，除了3分我们还要证明其他东西。

比赛十分胶着，最终我们凭借迪迪的进球拿下了比赛。虽然有些幸运，但对我们来说却是意义重大。我们迫切地想赢得比赛，就像前一赛季对阵曼联那样，因为这宣告了我们的卫冕决心。虽然穆里尼奥在公开场合表示，冠军归属不会由一场这么早进行的比赛来决定，但他却在更衣室里敦促我们拿下比赛，告诉阿森纳我们是来真的。

我们的联赛开局虽然不算精彩，但却十分成功，此后也一路高歌，代价是逐渐变成英格兰最令人讨厌的俱乐部。我们主场4∶0大胜西布朗，我还记得露娜是在比赛前的那个周一出生的。比赛前夜，艾伦和我们的宝贝女儿住在医院，我则睡在一张嘎吱作响的折叠床上。由于缺少睡眠，我感觉有些疲惫，但是女儿安全出生让我兴高采烈，我也不缺肾上腺素了。前往斯坦福桥之前，我亲了亲女儿，并承诺要用一粒进球来庆祝她的出生。回到球队的时候，大伙儿都为我感到高兴，特里把我拉到一旁，跟我说如果我进球的话，我们要一起做1994年世界杯决赛贝贝托的那个摇篮庆祝动作。最终我梅开二度，一个献给露娜，一个献给她妈妈。

随后我们又连胜3场且不失一球，创下了连续6轮不失球的纪录。不过，如此出色的取分能力，如此出色的防守能力，换来的不是尊重，而是怨恨。"切尔西怎么敢继续成为英格兰最出色的球队？"这就是有些媒体的态度。

主场对阵阿斯顿维拉的那一周，我在训练的时候听到大伙儿说，《太阳报》悬赏1万英镑给第一位攻破我们球门的球员。见鬼去吧，我不相信居然有人这么做。他们是如此希望我们输球，甚至还愿意为此给别人钱。一开始我很生气，因为这对任何人来说都是不公平的，除非是你自己的俱乐部在某场比赛提供奖励。不过消息还是传开了，而且还"善意地"表示赢得奖金的球员可以选择将其捐给慈善机构。最终，卢克·摩尔在那一周攻破了我们的球门，终结了我们的不失球纪录。不可否认，这件事的确影响了我们的注意力。

球队之前的联赛开局十分完美，所以这场比赛开始后我们显得过于放松，似乎丢了一球后才开始进入状态。我们已经连续3场主场比赛都是先丢一球，主教练为此召开了球队会议，因为即使后来4：2或者5：1拿下比赛，我们也不会感到开心。他也不会满意，因为我们在进入比赛状态之前，总是在等着什么事情发生。这个阶段十分危险，这样的坏习惯也不容易改掉。虽然不需要感到惊慌，但我们都知道出问题了。当球队战平埃弗顿的时候，讨论焦点变成我们是否能保持赛季不败，不到一个月的时间，我们就输给了曼联，这样的讨论也变成空谈。

我们一球落败，但这场比赛一直在我们的控制之中，没有得到什么回报实在是不幸。我没精打采地走下场地，感到十分烦躁。仅仅在几个月之前，我以冠军队长的身份率队来到老特拉福德，球队进入场地的时候还受到曼联球员的夹道欢迎。不过，穆里尼奥在赛后分析的时候却开始挽回军心。"你们配得上胜利，或者至少是一场平局。"他在更衣室里说道，"不要因此垂头丧气，我们今天有着冠军级别的表现。如果继续这样发挥，没人可以阻止我们卫冕成功。"

我们需要这样重振士气的鼓舞。不管到哪里，切尔西都被人鄙视，他们认为我们的财富是不公平的，还指责我们有欺诈行为，也有人说我们的比赛很无聊。我甚至都开始怀疑自己是不是回到西汉姆联了！

"无聊"的标签是亚历克斯·弗格森爵士前一赛季贴在我们身上的，现在因为我们领先12分，这一标签又重出江湖。有些球队的确无聊，但不是我们。弗格森认为我们的踢法太直接，这个观点有点儿奇怪，因为根据那年OPTA[①]的统计数据，我们的进球数最多，射门命中次数最多，完成传球数最多，而且最重要的是，分数最多。

有些利物浦球员开始对我们进行新一轮的嘲讽，把我们的踢球风格和以前的温布尔登[②]进行比较。我发现一个有趣的事实，既然利物浦签下了彼得·克劳奇，那他们这么做也是要发挥他的长处吧。

不过，这又是一场和联赛竞争对手的较劲。联赛初期，我们在安菲

---

① 总部位于英国伦敦的体育数据提供商。

② 英超创始俱乐部之一，以硬朗粗野的球风为人熟知，绰号"狂帮"。

尔德4：1大胜对手，所以等到2月份进行第二回合的比赛时，暗地里的气氛十分紧张——前一赛季的那次相遇也是部分原因。

我们支配了比赛，两球领先，等着终场哨声响起。就在这时，阿尔扬·罗本和何塞·雷纳在禁区内发生了冲突。雷纳推了罗比[1]的脸一下，然后罗比就倒了下去，引发了双方球员异常激烈的冲突。不过，这一次大家还是认为切尔西是恶人，真是不公平。

我们首先要考虑一件事，雷纳先是在角旗杆附近放倒了埃杜，然后面对罗比的时候又动手推了他的脸一下。在我看来，这两个动作足以导致他被红牌罚下，虽然通常情况下动手这一个动作就已经够了。我知道自己不能动手推别人的脸，因为会被罚下，不管起因是什么。后来，我又听说了一些有趣的事情。

如果我们队中有人被罚下，因此而输掉了比赛，那么我会责备那位球员。不管罗比有没有倒下，只要雷纳动手，他就有被罚下的风险。我并不是说罗比没有轻易倒下；我知道如果自己遇到这样的情况，我是不会倒下的。不过，球员与球员之间是不同的。我见过有些球员在很多类似的情况下倒地，我并不同意他们的做法。我当时并没有生罗比的气，我还为他辩护，因为他是我的队友。利物浦主教练贝尼特斯随后却对此大做文章，他问罗比是不是去医院了。我倒想问问在雷纳暴力挥拳之前，在他推罗比的脸之前，贝尼特斯有没有看到雷纳差点儿把埃杜送进医院？如果这位利物浦主教练承认他的门将也应该被罚下，那还算公平——但是他没有。而且，这起冲突发生在比赛的最后几分钟里，他们已经快输了，所以结果不会有什么不同。贝尼特斯故意把这件事情闹大，因为他想转移注意力，让人忽略他们完败的事实——典型的小题大

---

[1] 阿尔扬·罗本的昵称。

做，顾左右而言他。

不过最让我感到愤怒的是，接下来几周，罗比被贴上了骗子和假摔的标签。我知道他在那场比赛中摔得有些随意，但也知道他并不是世界上最强壮的球员。如果你在训练中碰到他，他也会倒下，那只是因为他的速度太快了。解释起来，就是说他在跑动中失去了平衡。这是足球世界的灰色地带，你很难做出正确的判罚。如果有人在没有身体接触的情况下明目张胆地倒地，那的确不对。我不希望足球世界里有这样的事情发生，我想任何一个心智正常的人都是这么想的。如果有人这么做是为了赢得点球，那就更加糟糕了。

利物浦和罗比的这起争议也引发了一场运动，大家呼吁把假摔从足球世界里踢出去。不过在我看来，这件事给切尔西带来的主要是负面影响。这并没有什么帮助，那个赛季迪迪埃还是经常被人指责假摔，而且他在战胜曼城的比赛后，在《今日比赛》这档节目上说了这么一句话："我有时会假摔，有时则没有。"但是，他说的这句话却被断章取义了，他原本是想说"摔倒"，但却用了"假摔"这个词。他应该被还以清白，因为他说的是自己没有假摔，更因为他坦白地说出了比赛中发生的事情。他想要解释的一点是——他被碰到了，不管力度如何，他有时能站稳，有时则倒了下去。这和承认自己假摔截然不同，后者是一派胡言。任何一个心智正常的人都不会在国家电视台上这么说自己，迪迪埃又不笨。不过从那以后，假摔就升级为一个大问题，而切尔西也总是成为众矢之的。

我经常看到，也经常听到一些主教练指责其他俱乐部的球员假摔，但他们自己的球员也有同样的问题。那又怎样？你是忘了那些时刻，还是不想指出那名球员？这样做事可行不通。随后他们又开始一窝蜂地将矛头对准迪迪埃，真是搞笑。

我看过西班牙和意大利的足球，那里有这么一种足球文化：如果你已经过了一名球员，但是觉得没有得到什么好处，那就可以选择倒下。那些在国外踢过球的球员就带着这么一种文化过来，现在大家的反应之所以这么大，是担心这种行为会传播开来。

爸爸总跟我说，踢英格兰队比赛的时候要小心抢断，因为如果靠得太近的话，对手会自动倒地。事实上，在这种情况下双方都有错。有人会说不应该倒下，但从另一个方面来看，防守方也不该如此懒散，不能指望伸伸脚就能解决问题，这样会让自己和球队陷入危险。比起假摔，保持平衡要难得多。

有时候在比赛中，我会看到本方球员用一种精彩的过人方式过掉对手，然后被对方绊到，不过依然能保持平衡站稳脚跟。我承认我会叫他们倒下，因为被犯规后，继续挣扎着站稳并不会得到什么好处。我在之后也会跟他们这么说。你问问自己是不是也经历过类似的情况，是不是和我想的一样？我打赌一定是的，我们都会这么想。

事实上，如果你是球队中的一员，那就不可能保持客观。原因很简单，你担心自己在这一事件中的既得利益遭到损害。由于效忠对象的不同，我们的党派观点也不同，所以裁判是唯一能对某一事件做出诠释和判罚的人。

在这一类型的事件中，大家都在激烈地辩论孰是孰非。我得出的结论是，如果没有身体接触，那么摔倒的人就是骗子。如果我们队中有人这样做，我也会这么称呼他。

如果有身体接触，那么事件就不会这么黑白分明：在判断是否有违比赛规则和比赛精神之前，我们应该仔细审查每一个单独事件，实事求是地分辨是非。在这样的情况下，我会站在队友这边，因为团结是我们最大的优点。我必须这么做，直觉也告诉我要保护队友——特别是在

2005—2006赛季的时候，那时迪迪埃正在被媒体和部分裁判所迫害。

我们不应被这场关于假摔的争论分心，那个赛季还有其他更重要的事情，比如两名与切尔西有关的伟人与世长辞。彼得·奥斯古德①和托尼·班克斯②因为不同的原因而备受俱乐部尊敬，我经常发现他们会很慷慨地花时间和你在一起，他们真的是非常友好的人。奥齐③绝对算得上是切尔西的传奇，对于我们这些想重现斯坦福桥荣光的人来说，他绝对是灵感所在。托尼·班克斯是一位忠诚的球迷，他总有时间陪我还有我的家人，他和切尔西同呼吸共命运。和奥齐一样，我们会将他永远铭记于心。

我们很快迎来了圣诞赛程，2005年12月18日要做客对阵阿森纳。这场比赛在联赛争冠的意义上不同往日，因为对手在赛季上半程举步维艰。不过，胜利的喜悦却一丝不减，而且我们在自己的位置上也待得更舒服了。直到10天后对阵曼城，事情错得十分离谱。

一个月之前对阵朴茨茅斯的比赛，我打破了英超连续出场次数的纪录。随着比赛的临近，我变得越来越紧张，害怕自己做不到这点。我已经走了这么远，也为自己取得这么特别的成就感到非常自豪。主教练对我也十分支持，没有一丝让我休息的想法，因为他也希望我能创下这一纪录。他从来没问我需不需要休息，只是想帮我。当我在弗拉顿公园④球场参加我的第160场比赛时，我马上就想参加第200场。这就是我。然而，命运却没有掌握在我自己手中。

和曼城比赛当天，我得了流感，感觉非常不舒服。我们抵达球场的

---

① 切尔西传奇球员，绰号"斯坦福桥之王"。
② 曾任英国工党议员，英国体育部部长。
③ 奥齐，奥斯古德的昵称。
④ 朴茨茅斯的主场。

时候，队医给我注射了维生素，希望能让我退烧，我也跟他说了自己的情况。穆里尼奥问我感觉如何，我觉得没什么问题。但是做了5分钟的热身运动后，我就知道自己踢不了比赛了。我坐在看台上看着没有我的比赛，因为生病而感到身体不舒服，也因为缺席比赛，无法再延长纪录而感到心里不舒服。意料之中的是，人们过来问我为什么没有参加比赛，但我知道自己没有那个机会。或许我可以再次接近那个纪录，我不担心其他位置的球员打破它，但我担心门将可能做到这一点。

除了破纪录外，我那段时间也有许多值得骄傲的事情。我在英格兰队的表现得到了广泛的肯定，也因此成为2005年的世界足球先生和欧洲金球奖双料亚军。作为一名球员，我因为自己的出色表现，还有在国内和国际比赛中的进球，而达到了一个新的高度，这让我十分高兴。

罗纳尔迪尼奥击败了我，首次夺得欧洲金球奖，他配得上这项荣誉。我前往苏黎世参加世界足球先生的颁奖典礼，我觉得这是一项最高荣誉，因为投票是由国际足联各个成员国的国家队主教练和队长决定的。最终的候选名单在一个月前就公布了，包括萨缪尔·埃托奥、罗尼和我，我很高兴能和两位如此伟大的球员一起竞选。

我抵达歌剧院参加颁奖典礼前的新闻发布会，之前已经听说我将再次位居罗尼之后获得第二名。我并不想去争辩，特别是我看到巴塞罗那所有高层都出席支持他们球员的时候。切尔西没人愿意陪我来参加颁奖典礼。

官方宣布的结果很合理，我很高兴可以和这位我认为是世界上最好的球员，也可能是有史以来最好的球员站在同一领奖台上。团队荣誉是最具价值的，不过这样的个人奖项也是颇具意义，毕竟你无法随便糊弄就得到它。

有些球员可能因为某个赛季进球最多而成为最佳射手，此后便悄无声息。同样，也有球员因为某一年的出色表现而获奖，此后便泯然众人矣。不过，想要被提名为世界前三，你必须先通过出色的表现进入别人的法眼，然后再上升到另一个档次，从而获得提名。

自从第一次见面后，我对罗尼就颇有好感，因为他是一个如此真实的人。我一直对他充满敬畏之情，见面的时候也不知道要做什么。但是他十分热情和友好，你很难不喜欢他。我以前把齐达内奉为偶像，觉得他是顶级的球员，但罗尼却更进一步。

在有史以来的球员中，我最欣赏迭戈·马拉多纳，但是罗尼还很年轻，如果他退役的时候成就超过迭戈的话，我并不会感到惊讶。在巴塞罗那，他以一己之力激活球队，让这个伟大的俱乐部重焕生机，他的功劳要大过其他任何人。

他的态度是其中一个原因。对他来说，足球是再自然不过的表达方式，就像语言之于我们一样——也许这就是他经常面带微笑踢球的原因。我和他连续两年在欧冠比赛中相遇，他的表现极具破坏力。人们说，那些最好的球员——蒂埃里·亨利是另一位，他们如果进入比赛状态的话，你是无法阻止他们的。罗尼再次展现出他异于常人之处，既可以破门得分又可以创造机会；他可能随时爆发，双脚甚至一个眼神就可以变出戏法欺骗你。你会害怕断他的球，因为你知道他一个动作就可以轻松过掉你，让你想死的心都有了。

不过，最重要的一点是，他总是可以很简单地扮演杀手角色。鲁尼也是这样的球员。他拥有一切技术和对足球的激情，可以用一颗皮球做任何想做的事情。但是，如果只需一记传球就可以造成破门，他会马上把球传过去。罗尼不是马戏团演员，他不是来取悦观众的。他想要赢得足球比赛，这种东西是教不来的，就像他的天赋，那完全就是靠本能。我喜欢看他踢球，他为巴塞罗那效力的时候也成了球队的标志。和全欧洲其他球员一样，当切尔西在欧冠首轮淘汰赛碰上巴萨时，我迫不及待地想与罗尼再度交手。

首回合交锋，我们并没有发挥出最佳状态。0∶3输给米德尔斯堡的比赛是穆里尼奥时代所遭遇的最惨痛失利，这也是我们唯一确实该输的比赛，因为大家都发挥失常了。其他时候如果输球，主教练会说我们依然是发挥更好的一方，我有时也会同意他的这一看法。但是和伯勒①的这场比赛，我们却输得快要投降了。球队开局很差，然后踢得越来越差。赛季初我们有过一些先丢一球然后全取3分的比赛，那个时候我就已经察觉到危险了。这场比赛之后我们就要面对罗尼、埃托奥和值得信赖的里奥内尔·梅西，这样的备战可不充分。

除此之外，巴萨此番回到斯坦福桥也吸取了之前26分钟内就被我们肢解的教训。他们的中场更加紧凑，而且聪明地选择了控球。在阿西尔·德尔奥尔诺被罚下之前，他们创造了不少机会。比赛又一次充满了争议。

德尔②侵犯梅西后，我立刻就同意了裁判的判罚，因为我知道欧洲裁判对抢断会做出怎样的判罚。不过之后在电视上重看这一幕时，我觉得黄牌会更加合理。这当然不是一次出色的上抢——时机不对，因此德尔倒在了巴萨球员的身上。不过，如果裁判在做出判罚之前再考虑一下的话，结果可能会有所不同。

我感觉这一幕似曾相识，之前是迪迪埃，现在则是德尔。如果10人应战的话，巴萨是这个世界上你最不想碰到的球队。我们上半场力保城门不失，下半场我和埃杜踢中场，我们表现也挺不错。我罚出了一记任

---

① 米德尔斯堡的别称。

② 阿西尔·德尔奥尔诺的昵称。

意球，特里给对方造成了混乱，皮球飞进球门。

但是，短短几分钟后我就明白了，如果你有机会杀死巴萨的话，一定要好好把握，不能手软。迪迪埃本有希望破门，但他的射门被扑了出来。随后，对手在我们角球进攻的时候进行反击，由埃托奥攻进扳平比分的一球。[①]他们的速度就是这么快，在你意想不到的时候马上进行反击。

这对主教练来说相当困难，10人应战的情况下，他本可以让我们全力死守，守一个0：0的平局。但巴萨拥有太多天才球员了，所以这个比分不太可能出现。我想他的决定是正确的，我们因为注意力不集中而付出了代价。罗尼和梅西的状态十分火热，他们可以从任意角度射门，而且具有很大的威胁，随时可能杀死我们。

然后他们就真的这么做了，第二粒进球又是源于一次出其不意的进攻，他们进球的时候我们刚刚以为自己的状态有所起色。带着1：2的比分劣势进入次回合，这本身已经够痛苦了，但情况却继续恶化。我在跟随英格兰队训练的时候拉伤了腿筋的一小块肌肉，也因此错过了和乌拉圭国家队的比赛，还有和西布朗的联赛。比赛中，穆里尼奥和西布朗主教练布莱恩·罗布森在边线大声对骂，人们说这体现出他的压力有多大。噢，真的吗？

比赛前的那个周一，我们在巴塞罗那进行训练。穆里尼奥透露会让3名边路球员首发——科尔利和达夫踢边路，罗比在迪迪埃身后踢中路。穆里尼奥计划让这3名速度飞快的攻击手蹂躏对手的防线，然后把我和马卡安排在他们身后。不幸的是，我们的进攻球员没有完成教练的任务，部分原因是巴萨对比赛进行了很好的解读，然后想方设法镇压住了他们。

----

① 此处有误，应该是罗纳尔迪尼奥开出任意球造成特里乌龙，巴塞罗那扳平比分。

罗尼又习惯性地攻入一球，我也在比赛还剩几分钟的时候攻进一粒点球，可惜为时已晚。首回合10人应战的时候，我们在主场输给了他们。我们在诺坎普并没有使用双前锋，这是一个大问题，但我对主教练的选择并不感到惊讶。我们无法承受暴露防线和比分落后更多的代价，所以穆里尼奥选择了一些攻守兼备的球员。被淘汰出局是一个令人很难接受的结果，但也没有前两个赛季那么糟糕，因为那时我们都已经晋级到半决赛了，而且输给了本应击败的对手。我觉得切尔西和巴萨是两支能在这项赛事中一路走到最后的球队，事实也证明了这一点。

比赛结束后，罗尼走到我身边，我们交换了球衣并互相拥抱。这是尊重和友谊的体现，然后他用特有的方式朝我笑了笑，开玩笑地说希望有一天能以队友的身份同场竞技。当时有许多传言称巴萨有兴趣签下我，罗尼在接受采访的时候也总是不吝惜称赞我。此前12月份参加世界足球先生颁奖典礼的时候，巴萨的主管们也对我十分友好。我很感谢他们的好意。

还是孩子的时候，巴萨就是我最感兴趣的欧洲球队，那时他们拥有马拉多纳、罗马里奥和罗纳尔多。我被他们的球场深深吸引，长大后也喜欢上了那座城市——特别是因为我在那里认识了艾伦，也探访了她的家人。人们总是猜测，艾伦可能是我想离开切尔西的原因，但事实上她从来没有在俱乐部的选择上给我施加影响，无论我在哪儿踢球她都很乐意。

作为世界上伟大的俱乐部之一，巴萨散发着雄伟和迷人的气息，成为他们的引援目标本身就是一项荣誉。如果我的确想出国踢球的话，巴萨是我想效力的俱乐部之一。罗尼开玩笑后，我看着他，脑海里想着他那番话的意思。我们都笑了起来，然后我祝他在欧冠中一路好运，他并不需要运气。

即使我们输了，能够和伟大的足球运动员过招儿，我也或多或少会觉得自己很幸运。我很幸运能够和许多出色的球员同场竞技，不管是以对手还是队友的身份。如果说罗尼是最好的进攻球员，那么约翰·特里绝对是最好的防守球员。

在英格兰队，我们很幸运能够拥有特里和里奥·费迪南德这对无与伦比的组合。特里是一名非凡的现代球员，他能凭直觉去阅读比赛，或者完全靠身体素质去阻挡任何一名球员。他总是以身作则，所以当他要求你做某一件事时，你无法反驳他说"你自己都没做过，凭什么要我去做"。作为队长，他善于鼓舞人心，你知道每次和他一起上场，都可以完全信赖他。

当你和一个人如此密切地共事时，你们的工作方式就会大同小异，这是一个巨大的优势。我在加盟切尔西之前并不是很了解特里，但之后马上意识到我和他心有灵犀。我们都在同一个联赛，都在西伦敦踢球。特里内心十分坚毅，我知道这也是我的优点之一。我们也同样具有对胜利的渴望，对成功的决心，以及随时都能上场的动力。

非常奇怪的是，我是在逆境中对特里开始深入了解，而不是顺境。他曾经有过一段很艰难的时光，那是在2002年，他和乔迪，还有一名夜店保镖卷入一起发生在惠灵顿夜总会外的纠纷。某个周五早上，我去训练的时候发现这两人都不在，那天的晚些时候我才知道他们昨晚在警察局过的夜。那个时候，足球已经无关紧要，因为我十分担心他们。那个周六我们有一场和诺维奇的足总杯比赛，特里是自己开车去的，而不是乘坐球队大巴。那场比赛他坐在替补席上，我也是。被拘留一夜显然给他带来了负面影响。之后情况变得更加糟糕，但其实他并没有做错什么事情——这是法院后来裁决的。这件事情拖了很久后才举行听证会，在这段时间里特里越来越焦虑。

特里和乔迪的性格都很强悍，不过在这件事情上，乔迪似乎能更好地处理压力。与之相反，特里变得非常情绪化，并一直持续到事件完结。我能够理解其中的原因，他很有希望成为英格兰最好的球员，虽然被指控，但他是清白的。不过，他还是担心如果局势失控的话，不知道会发生什么事情。

我们讨论过会发生什么事情，我也尝试让他保持乐观，提起精神。我很担心他，但无法想象他正在承受着什么。不过作为一个硬汉，他还是挺过来了，这也证明了他是俱乐部队长的合适人选。

穆里尼奥加盟的时候，他评估了我和特里的性格，认为我们可以一起带领球队，也可以代表俱乐部的形象。在被委以重任后，我们都成长了不少，也成了更加亲密的朋友。在与俱乐部有关的事务上，我们总是想法一致。举个例子，我有时候会对某件事情感到不满意，那么特里就会跟我提起这件事，然后询问我的意见。从某种程度上来说，这个与直觉有关，但也反映出我们俩都希望让事情趋于完美。

此外，我们内心也都希望能不断提高自己。没人会吹捧14岁的特里为英格兰未来的最佳后卫，更不用说扩大到世界范围内。事实上，他被看作一名又矮又壮，并且跑动不快的中场。但是他充分利用自己的天赋，最终成为现在的样子。每当想到这点，我就很佩服他所取得的成就。所以，当我们看到一些年轻球员无法发挥出自己的实力，或者甚至都没有尝试去这么做时，我们就会觉得很生气。

我们会注意到同一件事情，也都希望俱乐部能一直进步，所以我们希望每个人都走上正轨。训练的时候我们都十分努力，奋力向前，虽然有人说作为老将，有时候可以放松一点儿。我们不会这么做的，这不是我的天性，特里也不是这样。我们都知道，在切尔西不断提高要求是一件十分重要的事情。如果特里在五人制的比赛中输了，他一整天都会不开心，我也是。也许五人制的比赛无关大局，但对我和特里来说却意义非凡。胜者心态正是通过这样一个个小细节塑造出来的。

所以不管是在场上还是场下，在他身边我都感觉很舒服。如果需要防守球员，除了特里我谁都不要。而且他一个赛季还能打进10球左右，告诉我还有哪名后卫有这样的进球数！对我来说，特里是世界上最好的中后卫，我很自豪能和他做队友以及朋友。

不过，我并不是唯一这么想的。他扮演着一个很重要的角色，把大伙儿都团结起来，确保能坚守住我们特有的团队精神。他手机里存有每一位队友的号码，也负责组织我们去开卡丁车或打高尔夫球。有一次他组织我们去切尔滕汉姆①赛车，全队都玩得很开心。不过这次赛车比赛没有赢家，因为有些荒谬的报纸报道了我们输钱的事。球员间赌博一直是媒体热议的话题，报纸似乎对此特别歇斯底里。这种反应很奇怪，因为和足球、炸鱼和薯条一样，下注也是英国文化的一部分，它已经成为一项热门的消遣活动。但是，由于对足球运动员收入的执着，我们小赌一下突然就被认为是不正经的行为。这样显然是违背了赌博的原则，因为它是和你的收入挂钩的。数学道理很简单：足球运动员很幸运能赚得比大多数行业都要高的收入，所以我们下注的金额就会更高。那些下注过高导致自己陷入财政困难的人才是有问题的。

我很少赌博，即使参与的话也不会下很大的注，我总是严格遵守心中的那条底线，一旦接近它我就会不高兴，然后自动收手。我很辛苦才赚到这份工资，我觉得自己是一个花钱很谨慎的人。虽然我没有豪赌过，但是有很多报道说我输了多少多少钱，简直胡说八道。我总是在底线内下注，更不用说随心所欲地赌博了。

---

① 英格兰格洛斯特郡的一个温泉小镇。

也有很多人声称，足坛的赌博文化十分严重，很多人已经赌上瘾并且失控了。我知道赌博会上瘾，但是自己没有遇到过这样的事情。如果赌博的时候能明辨是非，它就不会带来任何危害，这一活动也不应成为丑闻的主角。

作为具有一定知名度的球员，你知道媒体会仔细审核以及分析你做的每一件事情。但就赌博而言，这个行为本身是没错的——它不像吸毒或者酒驾。不过有些人却在煽风点火，比如退役球员托尼·卡斯卡里诺，他声称某位球员在一场比赛中下注20万英镑——他不该在背后这样说别人的八卦。我知道那是子虚乌有的事情，但它给那些真的在赌博的人带来了非常不好的影响。不过如果报道的金额是诽谤性的话，那就当故事看好了。比如我们去切尔滕汉姆的那次，隔天有一家小报花了整个头版来报道我们，说我们一个下午输了50万英镑。通常情况下我会一笑置之，但这次一点儿也不好笑——这完全是不真实的，而且很乏味。我可以直接这么说，实际金额比报道的相去甚远，要达到那个数字相当困难。因为，有些葡萄牙球员的下注金额实在惊人，一场比赛投了整整10英镑啊！

在报纸上，赌博应该是和足球最不相关的话题。他们总会从道德上批判球员，几年前是性，然后是酒精，现在则轮到赌博。如果你从大多数人的生活中拿走这三样东西，他们会少了很多乐趣，所以为什么要为难我和其他人呢？仅仅因为我们是球员？这样的问题可以轮流问个不停（虽然我没有这样的机会），但现在足球场上有更值得我们去担心的事情。

这个赛季我们已经遇到了很多困难，作为冠军，我们的状态、能力和声誉都遭到质疑，不过不止我们这些球员受到审视。

2006年3月对阵富勒姆的比赛就是个例子，主教练做了他认为对球队有利的事情。我们当时一球落后，而且踢得并不好。所以比赛进行了大概25分钟的时候，他决定换下赖特·菲利普斯和科尔利。后来我们输掉了比赛，他的决定也遭到严厉的审视，有些人指责他过于冲动。他们忽略了一个事实，如果我们赢下比赛的话，别人又会说这是一次"神奇的换人"。其他人想什么根本不重要。如果何塞·穆里尼奥认为换上其他球员我们会有更好的表现，我是不会和他辩驳的。他在切尔西的这两年取得了这么多成就，我为什么要和他辩驳呢？这个例子再次证明他有能力根据自己的信念来做决定。我承认这场比赛球队输得很难看，但我不会因为球员表现不佳而去责怪主教练。

不过，我们的领先优势被缩小了，而且之后还有一场和曼联的比赛。大家开始极端地预测我们会停止前进，崩塌瓦解，然后投降。不过，我们用正确的方式回击了他们。我们三周后与伯明翰战平，但除了这场比赛外，球队再也没有丢掉其他分数，直到拿下冠军。那些看了我们的赛程，然后认为西汉姆联、博尔顿和埃弗顿很难踢的人，我想他们一定很失望吧。

主场对阵我的老东家，我们都知道如果拿不下比赛的话，曼联又会继续逼近我们。球队当时领先7分，但是我们在比赛进行到第11分钟的时候已经一球落后，接下来是我们整个赛季的转折点。马尼切在和里奥内尔·斯卡洛尼争夺对半球权的时候被判犯规，红牌离场。我觉得他有些不走运，但也没什么好争辩的。这个时候我几乎可以听到曼联球迷和其他球迷的欢呼声，他们以为我们要抛锚了。不过更糟糕的是，当我们正准备重新振作起来的时候，客队球迷在另一个看台上又唱又跳。我等着听他们的嘲笑，但没有因此而感到失落："兰帕德，兰帕德，比分是多少来着？"是的，是的，我知道，见鬼去吧。世界上所有的球队遇到这种情况都会有同样的反应，见鬼去吧。即使只有10人应战，我们也要击败他们。

我看了看主教练，他示意克雷斯波后撤，吸引防守他的人，然后迪迪埃一个人顶在最前面。不需要换人，不需要惊慌，我就喜欢这样。这是一个良好的信号，我们会赢下比赛的。几分钟后，迪迪埃接到我的传球扳平比分，然后克雷斯波和特里在半场结束前又各入一球。我们已经接近胜利了，向前冲吧！随后威利·加拉①又攻进了第4球，简直令人难以置信！

我不知道有没有球队在少一人的情况下，像我们这样干净利落地击溃对手。这是一场令人难以置信的比赛，我们心里已经清楚冠军是我们的了。比赛结束之后，我们留在场地上，和球迷们一起庆祝。他们知道这场胜利的重要性，我们也知道。有少数西汉姆联球迷还没有离开，当我走回球员通道的时候，他们开始辱骂我。我朝他们开心地笑了笑，并举起了拳头。吃我一拳吧！

我在接下来对阵博尔顿的比赛中进球了，然后球队又在复活节后的周一主场三球大胜埃弗顿。对阵大卫·莫耶斯②的球队，我攻进了本赛季个人的第二十粒进球，这对一名中场球员来说可是里程碑式的成就。有人说中场球员进10球就很不错了，不过考虑到之前那个赛季我也攻进了19球，我希望能将自己的标准提升到另一个高度。

有趣的是，之前那个夏天我们在斯坦福桥的体育馆内举行了派对，庆祝夺得联赛冠军。彼得·肯扬找到了我，谈起我取得的那些成就。

"恭喜你成为最佳射手，"他说道，"不过我打赌下赛季就不是你了。"

---

① 威廉·加拉的昵称。
② 时任埃弗顿主教练。

"我也不想要。"我回答道。

我最终还是再次成为最佳射手，不过我没有去确认他和我赌了什么。我对自己十分满意，因为有一段时间我和马卡搭档中场，埃杜在我们前面，我少了很多前插的机会。我在英超联赛中打进了16粒进球，这意味着我打破了罗伯特·皮雷和保罗·斯科尔斯保持的中场球员单赛季进球纪录（14球）。

进球数的增加得益于我射门技术的提高。以前我射门总是很大力，如果能把皮球轰进球门死角的话那自然没问题。不过，现在的皮球重量更轻，如果你能让它在空中旋转的话，门将会更难扑救。即使是我们队的大彼得，也可能把一记朝他飞去的皮球碰进球门，因为即使判断正确皮球也会突然变向。

战胜埃弗顿后，已经没有什么能阻止我们夺得又一个联赛冠军了。几周前我们就知道，除了联赛，我们唯一的夺冠机会就剩足总杯了。我们有机会率领切尔西第一次成为双冠王，这实在太吸引人了。只有一个问题：我们必须再次和利物浦决斗，而且还是半决赛。

如果我说没有一种似曾相识的奇怪感觉，那一定是在说谎。除了这点，这场比赛将会是我们近两个赛季第10次交锋。当时被利物浦从欧冠淘汰出局后，我们又前往老特拉福德参加了另一场决斗，但是心灵的伤口还没有完全愈合。

现在，我们在联赛中遥遥领先，而对手唯一的夺冠机会就是这项杯赛，这一情况也是出奇的类似。一般情况下，我是不相信命运的，但我开始怀疑是不是真的没有阴谋在针对我们。对手领先后，我便有了这样的想法。

半场休息后，加西亚又轰进一记远射。我们大举压上，全力逼抢，终于由迪迪埃在比赛还剩20分钟的时候扳回一球。这感觉像是整个赛季最漫长的20分钟，我们一次又一次地压上，发起一波又一波的进攻，但却无功而返。在半决赛的最后阶段拼命想追赶比分，足球世界里没有什么比这更令人绝望的了，尤其是在对英国人来说意义重大的足总杯赛事上。

当第四裁判示意补时5分钟时，我又觉得有希望了，心想胜利的天平不知道会不会倾向我们。当我看到科尔利在离门7码处无人盯防时，我们离扳平比分越来越近了。我看着他，确信他会进球破门，他必须这么做……他没有这么做。皮球越过横梁飞向看台，我知道我们的双冠王希望也随之飞走了。

这并不是科尔利的错。我们有过其他机会——多到足以赢下两次比赛，但都没有把握住。我感觉我们带着失落感在慢慢下沉，现在整个赛季的挑战都在接下来的这场比赛。但这是一场怎样的比赛呀！舞台已经搭好，夺冠派对也已经准备好，而特邀嘉宾是曼联。这是再戏剧性不过的安排了，除了我们已经在积分榜上遥遥领先这一事实。

不过，大家对比赛的期望值依然很高。对大多数和我同时代的球员和球迷来说，曼联对英国足球的影响十分深远，他们的踢法十分独特，他们的奖杯数不胜数，他们是这个国家足球的领军力量。在我看来他们代表着足球的标杆，你必须拥有至少一座冠军奖杯才能和他们进行衡量，切尔西的水平也许只到他们的膝盖——或者只到小腿。而且除了曼联，还没有哪支球队能成功卫冕英超冠军。我想起赛季初的时候，我和加里·内维尔一起坐在英格兰队的更衣室内，想到他拥有6枚英超冠军奖牌，就觉得实在了不起。我也想要这么多，也希望切尔西能这么出色，这么无情，这么成功。

赢下这支过20年来最辉煌的球队，我们就能夺得联赛冠军。球迷们已经感受到这场比赛的重要性，我们也是。球队一开始就爆发出真正的火花，短短几分钟内就攻进一球，然后继续保持火热的状态，连进两球巩固了三球的领先优势。毫无疑问，我们将称霸英格兰。

科尔利攻进一粒非常精彩的进球，他完全配得上，因为在穆里尼奥麾下他已经成为无价之宝——对切尔西和英格兰来说都是这样的。我认识科尔利保持这种状态已经有很长一段时间了。当我还在西汉姆联青年队的时候，有一天大家说要去训练场看一个小男孩儿，因为他踢球很厉害。我们听说他是那些年来俱乐部培养出来的最出色的球员，所以都冲出去看他。他的确名副其实：脚法出众，带球飞快，以戏耍对手为乐。这个人就是乔·科尔，当时他只有10岁。我想他所承受的压力一定很大，年纪轻轻就背负了这么高的期望。

随着时间的推移，他的压力越来越大，这是非常不公平的。鲁尼的负担没有这么大，因为他16岁才开始为人所知，但科尔利11岁就开始受到关注了。大家都看得出他是不可多得的天才，但天才距离人们的期望还有很大的差距。当他17岁进入一线队的时候，大家称他为"新马拉多纳"。不可避免地，科尔利在背负大家压力的同时，又给自己增加了不少压力。

我离开西汉姆联之后，他很快就成为一线队的主力，而且还被格伦·罗德尔任命为队长。我认为这是一个错误的决定——不是说科尔利没这个能力，只是他需要处理的事情太多了。为什么要让他当队长呢？这样只会让外界继续提高本就不切实际的期望呀！那个赛季，他们最终降级了，身为队长的科尔利不可避免地被千夫所指。科尔利不需要更多的负担，他充满热情，不过有时候很不稳定，我知道他接任队长一职只是想阻止球队继续滑落。但事实上，他已经是球队中最好的球员，所以给他施加更多压力并不是一个好主意。降级的那个赛季，他在对阵博尔顿的比赛中承受了太大的压力，导致自己被罚下场。

加盟切尔西后，科尔利又遇到了不同的压力。第一场比赛，他迫切希望展示自己的实力，但却只有几分钟的上场时间，这让他非常失望。第一个赛季，他的情况基本就是这样。从那以后，穆里尼奥对待他的方式十分不同。他把科尔利叫到一旁，和他一起工作，磨炼他的技术，让他意识到踢球节奏和战术纪律的重要性，帮助他成功转型。简短来说，他从一名个性天才变成团队之星。大家觉得主教练对科尔利十分严厉，因为他经常坐在替补席上，而且即使攻进重要进球也会被不时地批评。我不同意这个观点，穆里尼奥已经做了必要的事情来让他成为一名切尔西球员。

虽然主教练在指导科尔利转型方面要记一等功，但是如果科尔利自己没有动力和信仰的话，他也不会达到今天这一步。幸亏压力没有继续增加，他也因此找到了新的平衡点。现在，他知道在正确的时机传球，也可以让人眼前一亮，而不一定要过同一名球员两次。这样的细节给他的比赛表现带来了巨大的影响，他已经渐渐成为球队的一部分，并持续发光发热。不过，你不能因此指责穆里尼奥过于死板，批评他阻碍才华横溢的球员发展。重点是他在正确的时间点上做了正确的事情，我认为如果换成其他伟大的教练，他们也会这么做。

理念很简单，如果有球员为了秀脚法而晚传球几秒钟，我会感到很受挫。人们会敬畏这样的脚法，而且的确赏心悦目，但只有那些知道什么时候该做什么事情的高效球员才是最有价值的。如果一记简单的传球便足矣，你就不必秀你的剪刀脚。

世界上最伟大的球员们知道个中区别。罗纳尔迪尼奥就是其中之一——如果需要进球，他就不会浪费时间恣纵己意。有一种论点说技术型球员应该在队中享有自由权，这完全是谬论。一支有能力夺得欧冠冠军的球队是不会不负责任地踢球的。也许15年前可以，但现代足球对场上的每一个人都有着更高的要求。

每隔一周就会有一些退役球员建议给科尔利足够自由，我会想：噢，为什么你不是主教练呢？也许是因为你摸不着头脑吧。有人声称科尔利应该像以前那些边路球员一样踢球，但这对于志在夺冠的球队来说纯属误导。

现在每位球员都需要有防守责任和战术意识，不管他们有多少才华。如果有人认为自己可以做得少一些，他们基本都是效力于毫无进展的中游球队。如果你想达到顶级水平，那就得有奉献精神，而且还要不断实践。我训练后会留下来加练射门或任意球，科尔利也经常加入其中。

很少有人在练习射门方面像他一样努力，他也因此收获不少进球。凭借他的进球我们锁定了联赛冠军，这真是极好的结果。当他破门后，我和其他队友都跑过去一起庆祝，我们知道第二个冠军已经到手了。

与前一赛季不同，当时我并不能预测自己夺冠后的心情，但现在我已经为此准备了一段时间。夺冠的喜悦并没有减少，但这两段伟大的经历还是有区别的。战胜曼联后愉悦感喷涌而出，这个赛季我们下了很多苦功夫，也通过成功卫冕证明自己足够优秀。之前那一年，我们打破了长达50年的冠军荒，承受了半个世纪的失望和焦虑，大家都有一种如释重负的感觉。这种感觉十分特别，我不知道在未来的职业生涯中还能不能再体会一次。

与曼联的比赛后，艾伦和露娜也来到了球场上，和其他队友的小孩儿、伴侣一起庆祝。抱着我的小女儿，将奖牌展示给她看，这种感觉十分不可思议。我们夺得2005年的英超冠军时，艾伦有孕在身，我跟她说很期待下次和孩子一起庆祝这个时刻。很高兴能多参加一次国旗日，我这一生大部分时间都在努力让爸妈为我感到骄傲，但我意识到自己现在最想与怀抱里的这个人分享奖杯。她也是我一直前进、一直奋斗、力争上游的动力。

我总是想，人们心底里其实是感激我们所做的一切的。这些记忆——也有伤疤，它们依然鲜活，也许过段时间人们才会理解切尔西所取得的成就。我们像风暴一样横扫联赛，而且由于其他人效忠于别家俱乐部，他们才对我们心存忌妒，就像曼联前些年所遭遇到的一样。

我希望我们已经赢得了别人的尊重，但很多人还是选择把焦点放在球队的花费上，企图让我们的奖杯黯然失色。的确，我们在短期内的转会投入多于其他任何球队，但我怀疑比布莱克本夺冠那年或者曼联过去15年的投入少不了多少。这件事情让我很生气，因为有人想分散注意力，忽略我们所取得的巨大成就。不过，这在某种程度上也激励我们去证明自己靠的不只是金钱。的确，我很享受成为世界上高薪的球员之一，但我并不是靠运气走到这一步的。我所取得的任何成就都是我努力拼搏得来的，爸爸对我影响最深的一课是，他告诉我命运是由自己掌握的。

我埋头苦干才走到今天这一步，我也愿意说某天一觉醒来，发现自己可以用一颗皮球做任何事情，但这是不现实的。总而言之，那些说我们用金钱买来成功的人忽略了球队的成员，更不用说我们的实力或者表现了。举个例子，在阿布拉莫维奇入主前，特里、埃杜、卡罗·库迪奇尼、威利·加拉和我都已经在切尔西了。

那个时候，大家对我们的看法并没有任何深度思考。他们只喜欢看表面然后挑错，而不是研究到底是什么让这家俱乐部成为全国最佳。从这个原因出发，我相信未来切尔西在人们心中的地位会高于现在。

如果没有拿下另一个冠军，然后渐渐消失在人们的视野里，那么我们这批球员可能只会得到一些赞誉。但是如果我们统治英国足球长达10年的话，俱乐部地位会比现在高得多，我们就不仅仅是一支冠军队伍，更是斯坦福桥王朝的开拓者。20世纪七八十年代，这样的球队是利物浦，到了20世纪80年代则换成了曼联，大家的看法也许就是这样。足球是一项十分情绪化的运动，我们现在的成功对别人来说是一件很新鲜的事，很难被大多数人接受。以前有人说20世纪70年代那支伟大的利物浦很无聊，那个时代的利兹联球员是一群暴徒，但过了这么多年，大家的观点都发生了变化，开始怀念起这两支球队。

我个人还有切尔西全队一直都在奋斗着，希望能获得足够的资历，成为传奇的一部分。我不指望获得两个冠军就能得到这种程度的尊重，如果踢了三四年好球就开始滑落，我会对自己没有发挥出全部潜力或者命运不佳而感到十分失望。这两个赛季，你只能获得关注度，而不能成为传奇。一支球队只有统治了足够长的一段时间，才能真正实现更高的追求。我相信，切尔西的球员也一样具有这股雄心壮志。

我知道罗曼决心让俱乐部更大、更好、更成功。2006年夏天，他支持俱乐部从拜仁慕尼黑引进德国队队长米歇尔·巴拉克，这桩交易也预示着穆里尼奥转会政策的转变。之前我们的引援对象是那些还没取得巨大成功，但渴望这么做的优秀球员。一个月后，安德里·舍甫琴科——这位大多数人心目中的世界最佳前锋——以创俱乐部转会纪录的价格加盟而来。这两名球员都正处于职业生涯的巅峰，而且在俱乐部和国家队都有着丰富的经验。球队的实力得到了提高，但有人质疑我是否欢迎巴拉克的加盟，因为他和我位置相同，而且也有在中场破门得分的能力。那些持这一想法的人一点儿也不了解我。

我喜欢和伟大的球员搭档，也欢迎他们对我进行挑战，这样才能提高我的表现，让我达到新的高度。引进巴拉克和舍甫琴科后，切尔西的每个人都意识到俱乐部想获得更大的成就。不过，没有人可以在切尔西过得很轻松，我相信主教练已经告诉新援们，他和阿布拉莫维奇对他们有什么期望。我已经可以察觉到，切尔西正在经历巨大的改变，我们的目标是不断发展，不断前进。

任何已经取得成功的俱乐部都不能躺在功劳簿上，应该着眼于未来。在切尔西我们有能力取得进步和提高，所以要充分利用现有人员，再加上可以引进的新援，一起实现理想。我了解罗曼·阿布拉莫维奇和何塞·穆里尼奥，我也了解约翰·特里以及我自己，我们都不是那种不求上进、只满足于过去的人。我们需要不断前进取得进步，赢得更多冠军，把自己和切尔西推向极限。

如果有人怀疑我们的雄心壮志，那么他一定不了解切尔西。我已经随俱乐部经历过一次革命，它正在繁荣发展着，我希望能带领它迈向新的台阶。就像我曾经说过的那样，当我还是孩子的时候，我就希望能接触到看似遥不可及的地方。一切都没变。

第 11 章　德国之殇

我看着特里，他那总是带着笑容的脸现在满是伤疤和痛苦。更衣室里几乎鸦雀无声，角落里有一些细小的声响，球鞋散落在地上。有人递给我水，我不需要，相反，我想把它倒在脸上，希望能洗刷掉这场噩梦。

　　我又看了看特里。"不要哭。"我心里想道，现在说出这句话已经没什么意义了。特里的眼泪流了下来，里奥坐在他左边安静地啜泣着，双手抱着头。这些中流砥柱已经被击成碎石，所望之处都是一群情绪崩溃的人。成年人，男人中的男人，都在为刚刚发生的事情，以及之后将发生的事情而落泪。

　　"不要哭。"这是爸爸经常跟我说的一句话。我11岁代表希思公园踢球时，错失了帮助球队赢下比赛的机会。那是在比赛的末段，我只需要打败对方门将，但是却错过了这次机会。终场哨声响起的时候，我情不自禁地痛哭起来。

　　"儿子，不要哭。"爸爸说道，"永远不要在对手面前表露情绪，甚至连队友也不可以，最好私底下才这么做。相信我，这样做在足球世界里是不对的。不要哭。"

　　从那以后我再也没有哭过，虽然17年后的此时此刻，我只想放声大哭出来。我能感觉到自己的情绪涌了上来，几乎不能把喉咙里的空气咽下去，但就是没有眼泪流出来。我哭不出来。我希望为无法晋级世界杯半决赛而伤心，为无法成为世界冠军而伤心，为罚丢点球而伤心。

世界杯上输给葡萄牙队后，英格兰队的更衣室是我见过最凄凉的地方。我从来没有如此沮丧过，但身体里的某样东西阻止我像其他人一样释放出来。像他们那样释放出自己的情绪也许是件好事——你可以拥抱痛苦，然后把它抛到脑后。

韦恩·鲁尼在那里走来走去，希望能帮上忙。比赛已经输了，我想知道他现在有什么感觉，想知道对他来说，最后阶段只能坐着看完自己生命中最重要的比赛是多么痛苦的一件事情，而这源于自己吃到红牌。有人说他踩了里基·卡瓦略一脚，但我所看到的是两名葡萄牙队球员和他纠缠在一起，然后克里斯蒂亚诺·罗纳尔多冲了过来，激怒了整个英格兰。

"我并没有踩他。"当我问瓦扎①的时候，他这么回答道。这对我来说就够了。比赛结束后，瓦扎并没有跟任何人道歉，他不需要这么做。他在队中是一个多么伟大的人，不管他说了什么，大家都会很尊重他，而且我们也没人觉得他应该被罚下。

我尝试去理解刚刚发生的一切。我们输了，虽然根据之前的观察，我觉得我们无所畏惧。我对于击败对手很有信心，他们没有德科去梳理中场，也没有科斯蒂尼亚去保护后防，我确信我们比他们强大多了。球队开局踢得很好，而且随着比赛的进行，我们的生理状态和心理状态也在逐渐提高。比赛越来越激烈，但我却没有觉得球队有任何紧张的气氛。所以，当我送出一记长传球给鲁尼时，我没有想到后面会爆发这样的冲突。我看到里基正在逼近他，但瓦扎很坚决地想摆脱。这时对手又有球员参与了进来，在我看来这两名葡萄牙队球员对他都有犯规动作，而且时间长达5~10秒，然后裁判吹响了哨子。我知道瓦扎有多强壮，

---

① 韦恩·鲁尼的昵称。

他会站稳脚跟的。

我当时并没有看到他的脚和卡瓦略有接触。在受到冲力和失去平衡的情况下，你可能会失去方向感。瓦扎说他没有踩踏对方，这就够了。但是，裁判随后还是将他罚下，因为他推搡了罗纳尔多。在我看来，这件事就是一桩丑闻，没有其他词汇可以形容它。罗纳尔多在球场上的行为简直是乱来，看到有球员挥舞着手臂示意裁判掏牌，我会觉得很恶心。我从来没有做过这样的事情，也不会这么做，但这次世界杯决赛圈却常常发生这样的事情。

更糟糕的是，瓦扎和里奥一直对罗纳尔多有着非常正面的评价，他们在曼联是队友。队友？我不理解他为什么会这么做。如果有人冒着被罚下的风险做出一记恶劣的抢断或者侵犯别人，那么没问题，你会接受罚下他的决定。但如果你过于积极地想让某个人离开，特别是这个人还是你的俱乐部队友时，那就真的是乱来。

罗纳尔多是一位伟大的球员，他完全没必要这么做。我走到事发地点的时候，看到他正在裁判跟前喋喋不休，唆使后者做出判罚。在葡萄牙队对阵荷兰队的1/8决赛中，路易斯·菲戈曾用头去撞马克·范博梅尔，我不记得有葡萄牙队球员冲向裁判，要求他做出严厉的判罚。这样一个侵犯动作，他只得到了一次口头警告。

鲁尼绝望地推了一下罗纳尔多的肩膀，但他却因此被罚下。这判罚也太不公平了吧？当我看到裁判出示红牌的时候，我心想："又来了！"这是一场我们本该拿下的比赛，但现在胜利被阴谋夺走了。2004年欧洲杯对阵葡萄牙队，鲁尼被红牌罚下的场景又涌进了脑海里，像幽灵般提醒着我们过去也很不幸。形势在那一刻急转直下，原本我们很有希望拿下这场比赛，但现在最多只能挽回败局。看着瓦扎走下场地，我在想我们在少一人的情况下需要付出多大努力。在这件事情发生之前，我并不觉得葡萄牙队有进球的机会，而且奇怪的是，现在我也这么觉得。

整届杯赛我们都受到了高温的影响。不可避免地，我们下半场的表现远低于第一阶段的标准，而且在法兰克福对阵巴拉圭队的时候达到了最低点。比赛的最后阶段，我们大多数人连路都走不了，更不用说跑动了。盖尔森基兴①就不同了，那里更凉爽，窒息的感觉也没有那么强烈，而且越到最后阶段，我们越感觉自己会有出色的表现。

我觉得自己即将锋芒毕露，我们的世界杯备战工作是逐步展开的。赛季倒数第二轮对阵布莱克本的比赛，切尔西已经赢得冠军，穆里尼奥跟我说可以休息一下。不过当时约翰·特里受伤了，我觉得自己有责任出场比赛。当我告诉他自己非常希望上场时，穆里尼奥感觉有些困惑。这场在埃伍德公园球场②举行的比赛结束之后，他找到我说，距离和纽卡斯尔的比赛还有5天。他说服我离开，所以我和艾伦去了安提瓜岛③度假，不过我每天都有训练。我在健身房里跑步，感觉还不错，但还是比较怀念有球训练。保持状态是一回事，但我喜欢训练的时候有颗皮球。那些知道我踢了多少场比赛的人会说我的状态很好，但需要休息。我不同意，我知道自己需要提高状态，将其保持在顶级水平。足总杯决赛后1周，英格兰全队出发前往葡萄牙，那时就证明了我为什么需要有球训练。进行体能训练的时候我的感觉还不错，但是一踢五人制比赛，就觉得双腿很沉。在安提瓜跑步和出汗是一回事，但这对踢球来说还远远不够。

---

① 英格兰队对阵葡萄牙队的比赛举办城市。

② 布莱克本的主场。

③ 北美洲国家安提瓜和巴布达的一座小岛，位于加勒比海。

那段时间我开始有些受挫，我知道自己需要崭露锋芒，因为当我宁愿选择训练的时候，主教练让我放一天假。我更倾向于继续提高自己，增加自己的锐利度。那个周五我们即将从葡萄牙回国，但主教练给我们放了一天假，所以我和里奥自己训练。

英格兰队回到伦敦，然后在格鲁夫酒店集合，我们在这里进行了更具技术性的训练。队员们每天训练都带着心脏监护器，这样教练组就可以知道我们的状态如何。虽然他们说我是球队中状态最好的人，但我知道这离我的最佳水准还有一小段距离，这些监测数据可能具有误导性。有氧练习和踢球不同，后者要求不仅仅在场上奔跑或者做有氧运动，覆盖全场的跑动以及冲刺回防缩小对手空间，这些所耗费的能量完全和那些平稳规律的跑步不同。

在备战期间我们有几天时间休息，但我知道自己想要训练。有时候，主教练应该信任他的球员，相信他们清楚自己的需求，特别是我们这些老将。我和克劳迪奥·拉涅利也经历过类似的事，但我尊重主教练的意见。在不必要的时刻冒着受伤的风险的确是一件愚蠢的事，但每个人都需要不同的东西。现在回想起来，我当时应该更强势一点儿，也应该多练习点球。

通常情况下，我在切尔西训练的时候每天都会练大概10个点球。不过我近来的心思放在其他事情上，因此在和匈牙利队的热身赛前一直都没练点球。当球队在老特拉福德球场获得点球的时候，我脑海中的第一念头就是，我已经很久没练点球了。这就和我平时穿钉鞋训练或者练习射门一样，如果我练习过（大多数情况下都有），就不会怀疑自己准备不足。我有些害怕，这可是点球大忌。点球没有按照我想要的方式罚出，虽然对方门将的扑救着实精彩，但我还是对此感到失望，也对自己很失望。过了一会儿，我安慰自己说，此时罚丢总比以后罚丢好。我当时并不知道接下来会……

此后，我每天都练习点球。其实除了没有罚进点球外，我觉得自己在这场比赛中的表现还是不错的。埃里克森先生在赛前告知我们，他会让杰米·卡拉格踢中场，史蒂文·杰拉德踢影子前锋。我对这个阵型很满意，因为那样我就可以伺机前插，而且觉得自己的状态还不错。史蒂文进球了，全队也有豁然开朗的感觉，这正如我们所愿。

奇怪的是，之前那些哭着要我们改变阵型的媒体现在却希望我们踢回4-4-2，让克劳奇顶在最前面。我知道不管比赛结果怎样，总会出现一些负面言论。无论如何，球队现在精气神很好。距离和牙买加队的热身赛还有3天，其实我个人希望能找一个更强的热身赛对手，毕竟我们就要奔赴德国了。没有一点儿不尊重的意思，但我认为球队不需要为特立尼达和多巴哥队①提前演练。击败他们是众望所归的事情，所以专门找一支与之风格类似的球队来热身，在我看来收效甚微。

事实证明确实如此，我在比赛中进球了，不过更重要的是克劳奇一人独中三元，这让他信心倍增。他是一名顶级球员，在比赛中曾罚丢点球错失上演帽子戏法的机会，不过他在比赛末段用一记精彩进球弥补了这一遗憾。那个时候，我知道他会是球队的重要一员，因为我们的伤病情况实在严重。迈克尔在努力找回状态，他也在与特立尼达和多巴哥队的比赛中进球了。至于瓦扎，他正在抓紧时间恢复健康。此前球队的焦点都在他的跖骨伤势上，现在随着前往德国的日子渐渐临近，大家心头的一块石头也放了下来。

瓦扎的伤势一直是媒体关注的焦点，但是这不会让他加速康复。他会及时复出吗？我们没有他就赢不了球，是吧？瓦扎一直把心思放在康

---

① 英格兰队在德国世界杯上的小组赛对手。

复上，我们则全力备战决赛圈的比赛。不过此时此刻，足球本身和世界杯的备战都让位于名人崇拜，这是时代的趋势。2002年，我们在大卫·贝克汉姆身上见识过这一点，现在则轮到瓦扎。这正是媒体想要的，他们总会把备战世界杯的焦点放在某位球员的身体状态上，这相当不尊重球队的其他成员。英格兰队难道只有在瓦扎上场的情况下才能赢球吗？即使贝克汉姆、杰拉德、特里、费迪南德或其他球员缺阵也无所谓？我知道瓦扎不会这么想的，我也不会。

到处充斥着稀奇古怪的报道，这也让瓦扎有一点儿尴尬。他十分努力地训练，希望能在德国世界杯上出场。他入选了小组赛首战对阵巴拉圭队的替补名单，此时他已经明白自己的身体状况可以参赛，主帅也同意让他上场。那时，他的健康已不成问题，只是不知状态如何。虽然其他人还在揣测，但我们已经深知这一点，瓦扎就像一只被困笼中的猛兽。他在训练中十分拼命，和巴拉圭队的比赛后他还即兴表演了一番，大家也就知道他的感觉有多好了。

如果有球员刚刚伤愈复出，我们或多或少都会担心他再次受伤。不过，瓦扎周二已经和我们一起参加了练习赛，也没人说我们不能对他放铲。我还是有些踌躇，我可不想成为那个让他无缘世界杯的罪人！瓦扎需要多练习射门，毕竟从这么严重的伤病中恢复后，他需要确保自己已经完全康复。

我对此深信不疑，他已经可以跳起来躲避飞铲，把球轰进球门，还会利用身体对抗抢下皮球。那个熟悉的瓦扎回来了，他对足球的热情也感染了我们，他的复出让整支球队士气高涨。不敢相信就在6周前，我还亲眼看着他在斯坦福桥球场受伤，那时我还一脸惊恐。看上去，瓦扎的世界杯之旅还未开始便已结束，但现在他又重回世界之巅。然而，出人意料的事情发生了。

有消息称，曼联和英足总对瓦扎能否参加世界杯一事产生了分歧。此前两位帮他做过扫描诊断的曼彻斯特医生也一起到德国进行会诊，瓦扎能做的只有等待。

他并不是一个有耐心的人，连静坐两分钟都做不到，更不用说等待别人为自己下决定了，毕竟参加世界杯对他来说是再自然不过的事情。这是令人难以忍受的，瓦扎只能保持乐观。曼联和英足总的分歧依然存在，我不敢相信瓦扎会有什么想法。

我和他有过交流，他对自己没有一点儿怀疑。他渴望为英格兰效力，现在这种处境让他很受挫。幸运的是，他们达成了共识，医疗组认为瓦扎可以出战，他也参加了自己的第一届世界杯。

在这个过程中，大家都很团结，对瓦扎也是无限支持。这是必需的，一支队伍最强大的地方便是团结，没有任何一名球员的重要性能超过球队。

我在切尔西也经历过类似的队友情谊，不过英格兰队的这一段可以追溯到欧洲杯。出局给我们造成很大打击，但在回归大舞台前，我们还得经历一些磨难。2005年8月，我们1∶4惨败给丹麦队，丢球实在愚蠢，队员状态也很差。很明显我们要从中吸取教训，我们让自己失望了。大家都知道为英格兰队效力的时候，我们有责任奉献精彩的演出，但这一次大家备受压力。尤其是一些前英格兰队球员，他们居然认为我们侮辱了英格兰队战袍。

我们会因为这样的表现而遭到批评，但有时候脸皮就是要厚一点儿。你要适应外界的批评，不要大惊小怪。不过当批评来自内部的时候，你心里还是会有点儿不平衡。在世界杯预选赛上，我们在卡迪夫客场战胜了威尔士队，但之后发生的一切让我猝不及防。

对阵威尔士队的比赛我们发挥得并不好，德比的气氛让比赛更加难踢，但我们还是涉险取得3分。比赛那周我患上了流感，去看了队医。我坚持认为自己可以上场比赛，并希望队医不要告诉主帅我生病的事情。比赛前一天在千禧球场训练的时候，我感到有些困乏，但我知道个人利益要服从集体利益。周六早上我感觉还不错，我是不会以生病为借口的。

热身的时候我感觉双腿有些沉重，而且很难摆脱这种不适，特别是我们踢得并不好，好在最后拿下了比赛。赛后埃里克森先生备受媒体拷问，他说我有点儿"慢热"。首先，我感觉受到了冒犯，我对斯文有着莫大的尊重，但也正因为如此我的自尊心受到了伤害。其次，我不同意他的说法。之前一个赛季，我有过几次开局阶段破门的经历。这个赛季以来我只在主场对阵西布朗的时候梅开二度，但我不认为埃里克森就可以这么说我。当你的主帅对你做出这样的评价时，你会感到很尴尬。

此外，我也不满他在公开场合说出这样的话。我宁愿他私底下找我，问我发生了什么事情。如果他当面跟我说我慢热，我会做出解释，也许这件事情就会这么过去了。当时我并没有做出回应，因为我觉得不需要这么做，我也不希望在公开场合反驳英格兰队主帅的观点。这件事并没有影响到他对我的信心，因为我入选了下周三在贝尔法斯特挑战北爱尔兰队的首发名单。当我以为事情不会往更糟糕的方向发展时，它却发生了。

我想要以更积极的方式来做出回应，但球队却0∶1输给了北爱尔兰队，这是我入选英格兰队以来最糟糕的表现。回家的路程十分短暂，但遭受批评的日子却很漫长。我们知道自己即将面临什么，也不希望为这一结果做出无谓的辩解，我们承认自己表现很差。我已经学到一点，为英格兰队效力意味着你会攀至胜利的巅峰，也会跌到失利的低谷。我想，我已经渐渐适应了。

这个结果意味着10月份在老特拉福德对阵奥地利队和波兰队的比赛，我们不能再有任何闪失。我决心在国际比赛日弥补之前在贝尔法斯特的糟糕表现，也一直希望能打消人们对我比赛表现的质疑。

在下一比赛日到来之前，我又在切尔西攻进了4球。出乎意料的是，点球再次成为比赛中的一个大问题。贝克斯[1]在2004年欧洲杯之后就告诉我，让我开始练习定位球，因为他的状态不太好。那是一次训练后的闲聊，他说我在切尔西罚过一些不错的定位球，进球数很可观。那时并没有什么大事发生，但这件事却在和奥地利队的赛前发布会上炸开了锅。

大家都知道，比赛中总会不可避免地出现点球。但这次开场只有半小时，我们就获得了点球。我不知道自己的感觉是什么，但知道这和俱乐部的点球不同——现在压力更大，也有更多人看着。我必须停止这么想，我知道该怎么做了。我舒服地将球踢出，然后攻进了一粒制胜球。漂亮！

不过美中不足的是，贝克斯停赛了，史蒂文也无法参加和波兰队的比赛。莱德利·金被移到中前卫的位置，我们在比赛中的表现非常不错，它也成为我在英格兰队最喜欢的比赛。马歇伊·茹拉夫斯基为他们攻进扳平一球，然后迈克尔·欧文在比赛的最后阶段将球弹给了我。

我没有别的选择，只能凌空抽射——很难将球压低，更不用说用脚背控制它的方向了，但我两者都成功地做到了。更重要的是，我们成为小组第一，我也成为预选赛的最佳射手。贝尔法斯特的失落时刻被我抛到脑后，我也在赛季开始的时候提高了自己的声誉。

在预选赛和决赛圈比赛间隔的那段时间里，我们忙着征战国内联

---

[1]　大卫·贝克汉姆的昵称。

赛。我们一直等待着在德国的第一场比赛，那是一种既空虚又让人身心俱疲的感觉，既期待，又觉得十分无聊。为之努力了两年后，你希望它尽快开场，但除了训练，时间过得实在太慢。

斯文找到了合适的平衡点，他的性格并没有什么变化，因为这是他的最后一届锦标赛。他全神贯注，全力备战。有人批评他喜怒不形于色，我对此感到很失望，因为我知道他为什么不想公开表露自己的情绪。他有自己的工作方式，会和所有的技术人员一起研究战术。我想这是他发挥最好的一届锦标赛，虽然我只拿2004年欧洲杯作为参考标准。我注意到他迈了一大步，显而易见的一点是他对足球的了解十分透彻，而且具有丰富的顶级比赛经验。

人们要求他表露情绪，但你并不能在世界杯开始3周前突然发表一些激情四射的演讲。备战阶段是需要非常小心谨慎的，而且他大多数事情都做得很正确。在与巴拉圭队的比赛之前，我并没有觉得特别紧张，相反，我显得很平静，我已经准备好了。紧张的感觉每次一出现，就会被求胜的欲望压倒。大家都认为巴拉圭队并不是一支顶级球队，但是要在南美区预选赛获得第四名也是需要一番实力的。

我们开局踢得很好，贝克斯的任意球导致对方自摆乌龙，我们也在大多数时间控制住了比赛。不过，中场休息后风云突变，我们彻底迷失了。比赛重新开始后，我深受热浪的折磨，原本以为会熬过这半场，但不到几分钟我的行动就变得很迟缓。我看了看四周，发现大家也和我一样。那种感觉就像我腿部的血液全部变成了乳酸，我可从来没有过这样的感觉。

主教练决定换下迈克尔，让斯图尔特·唐宁替补登场，这样我们的中场就多出一人，剩下克劳奇自己顶在最前面。我接到皮球的时候，本应破门得分，但却因为过于疲惫而错失机会。球队并没有通过中场组织进攻，这太容易丢掉控球权了。

原因之一是我们想直接长传球给克劳奇。当他在场上时，你总会不自觉地采用高举高打的踢法。所以我们总是发动长传，希望他能接到皮球，然后将其控在脚下，等待我们后排插上。当你拥有这样一名球员的时候，你自然想发挥他的长处。

但是，如果在国际比赛中将球传到60码开外，你需要跑很长一段距离上前支援队友。问题是，我们连20码都跑不动了，所以总是丢掉球权，然后像无头苍蝇一样乱跑，企图夺回皮球。如果这个战术不奏效的话，它就会变成恶性循环，你被迫不停地长传然后不停地奔跑。

进球后，我们在防守端的表现并不好，主教练也因此饱受批评。不过，实际上是我们这些在场上的球员采取了这种态度。比赛中我们有许多再度破门的机会，但都没有把握住，所以必须严阵以待，尽量保证不失球。

杯赛中那些最好的球队都是一球小胜就够了，虽然阿根廷队取得了一场大胜，但那是个例外。指望我们全体出动并不现实，因为那样可能会丢球甚至输掉比赛。在一球领先的情况下，随着时间的流逝，选择防守是一件很自然的事情。

那些认为我们要3球大胜才能证明自己是一支出色球队的人，缺乏对顶级比赛的基本理解。我承认，我们在与巴拉圭队、特立尼达和多巴哥队，还有瑞典队比赛时表现并不好，但是领先一球的时候，并不一定靠换上阿伦·列农这样的进攻球员才能搞定比赛，保证胜利。世界杯级别的比赛就像是风险管理，我们这么做是有原因的。球队并没有疯狂到每场比赛都要赢5∶0，踢得赏心悦目，然后仅仅是为了得到观众的赞美。这绝不可能，如果你想夺得世界杯，必须踢得聪明。

可以预料到的是，我们被媒体猛烈抨击，所以干脆一直躲到下一场比赛。克劳奇和史蒂文各攻入一粒精彩的进球，球队2：0拿下比赛，英国足球再次复苏了。第一场比赛尝试了3次射门后，我本应该在第二场比赛打开进球账户。我错过了一次黄金机会，几次离门不远的机会也没有把握住，大家开始质疑我的状态。我只能接受，必须接受。

假设我们小组赛最后一轮不输给瑞典队的话，我们要考虑德国队输给厄瓜多尔队的可能性，他们可能因此在淘汰赛中和我们相遇。而且，我们队中有3名球员身背黄牌，我、史蒂文和克劳奇。距离比赛还有两天的时候，斯文跟我说，他会安排我上场，但其他两人不上。我们要小心谨慎，因为我们不能冒险。不管接下来会遇到谁，球队只想击败瑞典队。我们最不希望看到迈克尔受伤，但是他开场几分钟就不行了。一开始我还不知道他伤得那么严重，我害怕遇到最糟糕的情况，幸好不是。直到中场休息时，我找到机会和他说话，他告诉我是十字韧带撕裂。

我几乎不敢相信。他刚刚花了5个月从跖骨骨折的伤势中恢复过来，而现在就要早早退出世界杯，接下来一年还要受到新伤病的折磨。人们总是对足球运动员妄下判断，说我们赚了多少钱，生活过得多么舒适，但他们很难看到足球世界里人性化的一面。

情况实在很糟糕，你无法工作，无法发挥出自己的实力，无法每天挑战自己，无法恢复到以往的水准。但是，缺席世界杯是更糟糕的事情。每个穿上英格兰队战袍的人都以为国效力为荣，也是为了每一位英格兰球迷，为了他的家人和朋友。这就是足球世界里人性化的一面，大家都迫切希望表现出色，并取得成功。不管是哪个行业，付出努力因而收获满足感和奖励是一件很重要的事情，你可以和家人分享这一切。从这一点来看，足球运动员和其他职业的人没有什么区别。

迈克尔退出后，有更多人开始讨论斯文的阵容选择。大家开始问既然有两名前锋还未完全从伤病中恢复，这次为什么不招入5名前锋？此外，西奥·沃尔科特的入选也引发了强烈的质疑。

我个人的看法是，应该把杰梅因·迪福也招进来。我和他在西汉姆联共事过，他是一位天生的射手。不可否认的是，单独一处人员变化并不会改变我们这5场比赛的首发安排。克劳奇和欧文依然会是第一场比赛的首发前锋，鲁尼也依然会在第二场首发，以欧文的状态他第三场首发也没有问题。

第二场对阵特立尼达队的比赛，克劳奇首发出场并攻入一球。第四场比赛会让鲁尼上场，对阵葡萄牙队的比赛也是。所以就首发阵容的安排来看，我不觉得会有什么影响。

不过，我比较倾向于加几层保险，让我们有更多选择。从这一点来看，我会选迪福。虽然可能每个人挑选的阵容都不同，但我觉得在状态允许的情况下，大多数人会安排同样的首发阵容。不过，挑选一份23人的大名单则完全是另外一回事。

西奥的入选可以帮助他变得更加强大，也有许多其他方面的好处，对英格兰队的未来有更积极的影响。至于和瑞典队的比赛，我们的定位球防守十分糟糕，最终与对手战平。不过没关系，我们成功夺得小组第一，我也开始关注更加积极的事情。

我开始憧憬我们在这届杯赛上会走多远。我看了看我们这半区的抽签安排，和球迷的想法一样，我觉得可以踢到1/4决赛或者半决赛。人性使然，我并不惧怕任何对手。即使当我看到阿根廷队6球狂屠乌克兰队[①]，而且连续24脚传递造成进球的时候，我也不害怕遇上他们。我观察了本届赛事的所有球队，有信心击败他们任何一支。

---

① 此处有误，应该是塞黑队。

我很高兴看到，阿根廷队在小组赛阶段就已经发挥出自己的最佳状态。我还记得两年前在葡萄牙，我们4∶2战胜克罗地亚队的时候，忽然之间大家都看好我们勇往直前。我想知道在本届赛事中，我们还能在哪方面提高，还能有怎样的发挥。回到酒店的时候，我看到吉奥夫·赫斯特爵士在电视上说，1966年那支英格兰队在半决赛前曾因表现不佳被媒体批评。多么神奇的事情！

那时我就意识到，夺得锦标赛的秘诀并不是每场比赛碾压对手四五球，而是要努力奋斗并且小心谨慎，一步步晋级。我们更应该在气势上压倒对方。我知道大家期待我们击败厄瓜多尔队，我也有信心做到这一点。不过，他们在比赛前10分钟就获得一次单刀面对门将的机会，当时我有些战栗。我脑海里的第一想法是："糟糕，千万不要进球，我可不想颜面尽失，灰溜溜地回家。"我们知道在杯赛中如果先丢球的话，反超比分是一件很困难的事。我也有过一次不错的机会，但却射高了，我知道自己本该破门的。最终，球队依靠贝克斯的任意球破门才拿下比赛，不过再不济也是一场胜利。

我们进军到了1/4决赛，但有些人显然不满足于赢球。关于我和史蒂文能否在中场共存的问题已是老生常谈，现在人们又觉得这就是我们不如巴西队的原因（但他们踢得也不怎么样呀）。我讨厌这样的说法，他们都懒得动脑筋了。我们过于强调战术系统了。哈里姨父曾经说过，上场踢比赛的是球员，而不是战术系统。大家都执着于我和史蒂文的共存问题，这根本就不相干。有时候，我们也许会增加一名控制型中场队员，但其他时候则没有。试问世界上还有哪支球队拥有我和史蒂文这样的球员？我们过去这些年来在俱乐部层面上取得了如此出色的成就，居然有人质疑我们能否一起搭档？巴西队、阿根廷队和意大利队有我们这样的球员吗？我不觉得有。

在世界杯的舞台上，我和卡拉[①]、迈克尔·卡里克、欧文·哈格里夫斯，还有史蒂文都搭档过，一直都觉得很舒服自在。人们质疑我和史蒂文在中场的攻防能力，我对此表示无法理解。我们俩都已经展示过自己的攻防实力，而且水平很高。也正因如此，大家觉得我们应该发挥双倍威力，但事实上我们的位置是一前一后，而且并不是永远都要承担所有任务。

有时候我突前，他押后，其他时候则相反。我们是带着责任心去比赛的。大家知道我们俩在俱乐部都是能动性很强的球员，他们质疑我们为什么无法在英格兰队做到这一点。但我们俩的确做到了这一点，只是不可能同时做到而已。

如果我们中有一人负责进攻的话，另一人就要保护好后防。看看我们的英格兰队的进球数吧，它会告诉你，我们的机会转化率和在切尔西以及利物浦是一样的。我不否认存在提高的空间，但我不同意我们无法共存的说法。

在切尔西的时候，我就知道结果才是最重要的。对有些人来说，他们总是会从其他角度去看问题，要么怪战术系统，要么怪球员，要么怪主教练不够激情，要么怪表现不好，要么怪裤子颜色不对。裤子？是的，他们就是这样。

尤其是媒体，他们对英格兰队十分挑剔，我怀疑他们到底知不知道什么才是真正重要的事情。接下来这个例子就讲述了媒体是如何吹毛求疵，最后结果却完全不同的。

决赛圈的比赛开打之前，我参加了一次新闻发布会，主题谈到了欧文·哈格里夫斯。欧文是一位相当优秀和职业的球员，但他此前在英格

---

① 杰米·卡拉格的昵称。

兰队的机会十分有限。不过，看过他在拜仁慕尼黑以及与我们一起训练的表现后，我知道他能为球队提供什么。在交谈的过程中，有位特别令人讨厌的记者问道："招入欧文·哈格里夫斯有什么意义？"我被这个粗鲁的问题冒犯到了，但我还是给出了一个理智的答案。3周后，欧文在和葡萄牙队的比赛中有着出色的发挥，那名记者和他的同行们开始改变主意，不再说欧文的坏话。突然之间，他就成了英格兰队的中流砥柱。变化无常？妄下判断？或者只是无知愚昧？

我看了看抽签对阵——厄瓜多尔队，我们会击败他们的。葡萄牙队还是荷兰队对我来说都可以，所以这两队谁赢都无所谓。法国队还是巴西队？好吧，如果你在半决赛中被巴西队淘汰，你可能就是输给了最后的冠军。

最后，我觉得球队如果输球的话，部分原因可能是运气不好。1998年对阵阿根廷队，我们有一粒进球被判无效；2002年对阵巴西队，罗纳尔迪尼奥攻进一粒诡异的制胜球。而这一次，鲁尼在1/4决赛中被罚下，但其他人犯规却完全没有受到惩罚。英格兰队似乎总是输得很奇怪，这让人感到十分厌倦。你甚至想叫幸运女神滚蛋，跟她那带着霉运的姐妹一起离开。

那是漫长的一周，我们一直在等待半决赛的到来。周二的时候球队磨炼了阵型，进展十分顺利，我还攻进了几粒球呢！

接着我们又练了一会儿定位球，我和斯科特·卡森撞到了一起。着地的时候，我听到自己左脚踝崴了一下。我知道自己完了。年轻的时候我的脚踝就扭过几次，我对那种痛苦的感觉很熟悉。

好极了，剧情就该这么发展。为世界杯参赛资格奋斗了两年，然后还翘首期盼了好几个月，结果在训练中这么奇怪地摔了一跤就完了。

队医加里·列文整个下午都在对我进行治疗，到了晚上，我已经相信自己可以上场比赛了，虽然脚踝还需要包扎。我躺在床上，想着一些零碎的事情，想着在比赛中进球，罚进一粒点球，在决赛进球。

隔天下午，我又做了同样的事情，不过我已经在盖尔森基兴球场内备战葡萄牙队了。我的脚踝没什么问题，我让罗伯①站在球门前和我一起练点球。我进了4球，只有我进了这么多。4次射门，攻进4球。不错，我已经准备好了。

回去之后，我专门看了DVD，研究葡萄牙队门将里卡多扑点球的动作。我听说他总是自吹自擂，是时候和他过过招了。在切尔西，我很多次都罚向门将的右边，也进过不少球。我想他最多只能猜到，我会继续罚向他的右边。

我看了看他的动作，第一球他扑向右边，不错。然后又是右边，接着是左边，然后又是左边，并且用脚把球挡了出去。我有些迷茫，他的扑救毫无规律而且没有根据，我干脆罚向中路好了。训练的时候，我进了各种角度的球，踢了50脚全部命中门框，只有两脚被门将扑出。我想自己应该可以从容应对任何情况，包括点球。

我在比赛中的确有过一次在12码处射门的机会，不过不是点球。球队罚出了角球，我有足够时间把球控住，我本应这么做的。不幸的是，我对落点的判断并不是很准确，处理得也有些急躁，仓促起脚，十分不冷静。

这已经不是第一次了，我不知道怎么处理这个位置的球。与厄瓜多尔队的比赛之后，我研究了统计数据。另一场与巴拉圭队的比赛，我有3脚射门，但都是远射，而不是那种自然而然的射门机会。与特立尼达队的比赛，我有3次不错的机会，本应该攻进一两球的。因为进不了

---

① 保罗·罗宾逊的昵称。

球而被批评，这让我难以接受。我至少跑到了那些位置，创造出了那些射门机会。如果其他球员和我有同样的遭遇，他们可能已经被批评声惹恼，甚至失去了信心，开始逃避。但我不会，我依然挺立在前线上。

与瑞典队的比赛，我有过一次头球攻门，也有一次真正的破门良机，但其他机会都是在禁区外。我本应该在与厄瓜多尔队的比赛中进球的。数据显示这届杯赛我总共有21次射门，比其他任何一名球员都要多。这么多机会却没有攻进两三球，没有人比我更失望了。

我知道自己本应该收获进球，但它有时说来就来，有时却不是。在这种级别的比赛中，成功和失败真的就在毫厘之间。如果我在拥有同样表现的情况下抓住机会攻进4球，那么我就会竞逐金靴奖，英格兰队也可以进军半决赛了。这就是所谓分水岭，足球世界里每一步都要走得小心谨慎。

上赛季我经历过的最长进球荒是6场比赛，但在世界杯的赛场上我已经5场比赛没有破门了，这真是一个不幸的巧合。我踢球就是为了能破门得分。过去3年我一共踢进了65粒进球，我觉得对前锋来说这个数字也算是不错了。所以人们理所当然地用进球数来衡量我的表现，尽管我踢的是中场。我知道大家对我的期望，我也觉得没什么问题。

我相信自己能在任何时候破门得分，过去我也经历过这样的困难时刻，但最后总会进球。它可能是用鞋钉进的，可能是用屁股进的，也可能是一记精彩的射门。你不会介意是什么进球方式，只要能进就好。

与葡萄牙队的比赛，即使是在瓦扎红牌下场后，我也很有信心球队能通过加时赛或者点球大战淘汰对手，所以踢得很自在。我觉得大家也是这样的。这不是过于自信，而是内心足够强大。我们练习了点球，不仅练过罚点球这个动作，也模拟了从中圈走向点球点的过程。我们知道自己在干什么，有些队友在2004年欧洲杯的时候也经历过几乎完全相同的情况。

从中圈走向点球点大概需要20到30秒。在这么短的时间内，你只想屏蔽全世界，只想体验皮球入网时的那份释然，但是你的脑海里却塞进各种各样的想法，这真是一件令人惊讶的事。

当然，你最不愿意想的事情总会第一时间出现在你的脑海里。我想起本场比赛错失的那些机会，想起之前对阵匈牙利罚丢的那粒点球。我拼命想赶走这些想法，开始勾画出其他场景，想象着自己将点球罚进门将的左边。这场一对一决斗会出现各种各样的机会，但我觉得既然之前总是罚向另一个方向，里卡多或许会放手一搏扑向右边。

但我错了。助跑前我的脑海里闪过一丝犹豫，这是人性使然，我无法阻止它发生。我的击球部位并不理想，里卡多猜对了方向，俯身将球扑了出来。

我走回中圈，好像光脚走在碎玻璃上一样。这是我们点球大战的第一次罚球，但却被我罚丢了。罚球之前，我可以感觉到每一位英格兰球迷的希望都压在了我的肩膀上。现在，我知道他们很痛苦和失望。不幸中的万幸是，我们还有4次机会。

葡萄牙罚丢两粒点球后，我抬头望向爸爸的位置，他站起来朝我竖起了大拇指。我个人觉得，虽然没有必胜的把握，但我也许有机会备战下一场比赛了。直到史蒂文也罚丢了点球，我知道一切都结束了。

我根本不用去看罗纳尔多趾高气扬地走向点球点，亲了亲皮球后把它摆好，然后将其罚进。有些事情并不是命中注定的，但我觉得我们已经完了。很多人跑过来跟我说："不要担心。"

我知道他们是出于好意，也知道在这种情况下大家迫切希望能给予你安慰。但是我非常诚实地说一句，任何语言都无法消除那份彻底的忧伤。我之前也见过人们遇到这样的情况，当时我希望自己永远不要经历这一刻，但现在我正在经历着。

更衣室里，只有主教练在尝试让我们团结振作起来。他太棒了，把事情看得很轻。他一直在安慰那些痛不欲生的球员，不停地说我们配得上胜利。他说希望我们能重新振作起来，一起回到酒店好好谈谈。

我们回酒店后，我径直走去了吧台，自己待了一会儿。然后大伙儿也都过来了，我们一起喝了几杯。这种行为是反射性的，大家都很伤感。瓦扎已经在精神上被击垮了，我为他感到可惜。这届杯赛他并没有什么高光时刻。他是大家热议的话题，但从来没有机会去展示自己早已为人熟知的能力。他在第二场比赛的末段替补登场，然后又踢了几场比赛，颗粒无收的同时还吃到了一张红牌，情况不太理想。对他来说，还没开始一切就已经结束了。

被罚下场当然让他很生气，我理解这一点。他是男人中的男人，热血沸腾的时候人就容易意气用事，不去管事情对错。而且在这件事情上，他并不是错得很离谱。

我们喝了点儿啤酒，一起回想着比赛的细节。瓦扎依然为他和罗纳尔多之间的事情生气，他开玩笑说，不知道季前备战的时候他们要怎么面对对方。我希望那天能做一个旁观者，静观卡灵顿训练基地的事态发展。

我们随后被叫到会议室开会，斯文想和我们谈谈。我们鱼贯而入的时候，他笑着站在门口欢迎我们，拍了拍每个人的后背，看上去非常放松。随后，他开始反复强调被淘汰多么令人失望，并说我们配得上半决赛的资格，应该和法国队踢一场。

虽然他语气很温和，措辞很严谨，但说着说着却开始激动起来——这是我第一次看到他流露出真实情感。大家总是批评他过于内敛，但这才是男人。当他来到英格兰的时候，没有人真正了解他是怎样的人。如果你和他密切合作过，你就会更好地认识和了解他。

他通常会把球员单独叫到一边，然后仔细解释他对球员的要求。他会鼓励你，让你相信自己有能力做任何事情。在德国的时候，他有几次都叫上我和史蒂文，我们一起详细讨论了该怎么进行无球跑动，如何建立战术踢法。

此外，斯文十分注重细节。如果觉得有必要，他会单独找球队的每个部门开会，讨论如何备战下一场比赛。我们在德国踢了5场比赛，赢了3场，平了1场，还有一场在点球大战中落败。虽然这样的成绩并不是很出色，但也不是太差。

我觉得那些批评他不懂战术常识，特别是认为他不会换人的说法是非常不公平的。举个例子，与巴拉圭队的那场比赛，他用斯图亚特·唐宁换下欧文就是一着妙棋，因为当时我们都受到高温的影响，十分疲惫，需要换上体力充沛的球员帮助控球，守住领先优势。还有与厄瓜多尔队的比赛，他让迈克尔·卡里克首发，因为精明的他知道对手持球最好的球员在边路，所以让我们在中路传球上大做文章。

然后就是欧文·哈格里夫斯，他与葡萄牙队一役的表现值得大加赞扬，但是主教练也应该得到赞誉，因为在大家质疑欧文是否有能力入选的情况下，主教练坚持让他上场并承担持球的任务。

每位教练都有优点和缺点，斯文从来都不是一个完美的教练，但他在英格兰队和俱乐部的管理上要好过大多数教练。我对他十分感激，他不仅给我为英格兰队效力的机会，而且鼓励我在国际舞台上崭露锋芒。

演讲的最后，他感谢了球员们和教练组在他担任英格兰队主教练期间所做的一切，不管是那些美好的时光，还是那些不如意的时刻。正如我所期待的一样，他对每个人充满敬意，也因此赢得了大家的尊重。作为球员代表，贝克斯对他进行了回应。他感谢了斯文所做的工作，并祝他未来一切顺利。当时他并没有告诉我们自己想放弃英格兰队队长的袖标，他后来宣布这件事时，我感到十分吃惊。

随后斯蒂夫·麦克拉伦站了起来，他表示斯文的功绩后人很难超越，不过我们应该着眼于未来。之前麦克拉伦在的时候，我并没有觉得很奇怪，直到昨晚他发表了这一番讲话。我们需要一口气适应这么多变化。

斯蒂夫在教练工作上一直具有较大的影响力，所以斯文在这方面管得比较少。世界杯期间，我稍微了解了一下他即将做出的改变。他的方法很科学，而且他十分清楚该怎么处理某些状况。斯文一直都比较偏向实用主义，也很乐意做出改变。不过那个时候，我第一次从内心深处意识到，教练位置即将发生变动。

斯蒂夫很清楚底线在哪里，他发表讲话的时候从不会侵犯斯文的权威。埃里克森给了他这样的权利，其他教练是无法忍受这点的。作为主教练，不管是针对训练还是战术，麦克拉伦克总是言之有理，这一点让球员们十分钦佩。

我也看得出来，他越来越具有权威性。也许是因为他在英格兰队升职了，我很期待他能在这方面有所提高。他知道应该和球员保持密切的关系，但不能过于亲密。他既能维护自己的权威形象，又可以让球员们保持自信。

埃里克森总是被批评对一些球员过于忠诚，但是我从来没有觉得自己的位置很稳固。虽然我知道自己很安全，但也清楚两三场比赛后又会感到有压力。总会有人表现出色，然后顶替你的位置，这很正常。

贝克斯和斯文的关系也让外界充满臆想，并对他们进行批评。但在我看来，主教练和他的队长维持好关系是一件很重要的事情。我没有看到有人批评穆里尼奥和约翰·特里关系过于亲密。也许人们会说特里每周都为切尔西上场踢球，这和英格兰队主教练不一样，但看问题不应过于简单化。还有人声称贝克斯表现不好，应该把他从首发阵容中拿下，但我总觉得要顾及一丝忠诚，不然整支队伍的结构都会遭到破坏。

如果我是英格兰队队长的话，我会希望主教练尊重我，也对我有一定的忠诚度。成为英格兰队队长并不是我以前想的那样，但如果要我担任这一职务的话，我知道自己会完成得很出色的。

在切尔西的时候，由于特里缺阵，我曾经担任过几场比赛的队长。我很享受那种感觉，也希望在职业生涯的某个时候能为英格兰队做同样的事情。但是，这不是一个仅限于足球层面的角色，作为英格兰队队长，你随时都要承担起自己的责任——有点儿像英格兰队主教练。

你不能指望仅仅在场上担任队长，在公众场合和媒体面前也要负起责任，处理好自己的问题，而且必须过着稳定的生活。看看史上最伟大的队长博比·摩尔吧，大家对他相当尊敬，不仅是因为足球场上的成就，也因为他一直以来的生活作风。英格兰的媒体会监督各方面的事情，所以当好英格兰队队长比以往任何时候都要困难。关于你本人以及你的生活，大家都会发表自己的看法，但我知道自己可以应付这些。特里有能力当好英格兰队队长，史蒂文·杰拉德也可以。

虽然这次没有夺得世界杯，但并不代表我们就是弱队。我举手投降，承认自己并没有发挥出应有的水平。为此，我感到非常非常失望。这是我第一次参加世界杯决赛圈的比赛，我迫切希望自己有好的表现。我真的很想进球。我对自己很了解，如果进球的话，我的信心就会得到提高，整体表现也会好转。哪名球员不是这样的呢？

我认为自己在德国的表现还不错，但并不是处在最佳状态，部分原因就是没有取得进球。这就是我让自己失望的原因，我这辈子都不会忘记自己错失的那三四次机会。当人们问起为什么英格兰没有夺得2006年世界杯时，我就得承担起部分责任，承认球队没有好的表现。

通过前4场比赛，球员们就已经知道我们并不在最佳状态，但我觉得我们在与葡萄牙队的比赛中付出了相当大的努力。我知道我们在这届杯赛上有着伟大的表现。虽然在回顾的时候我们很容易得出这个观点，但是仔细分析其他球队，再问出同样的问题，你就不会怀疑这个答案。

世界杯开打之前，大家都说巴西队是最好的球队，但他们却在1/8决赛被淘汰出局。即使是参加决赛的那两支球队，他们也不是一帆风顺的。法国队必须以两球以上的优势击败多哥队才能从小组中出线，意大利队则连9人应战的美国队都没有拿下，而且他们凭借一粒幸运的点球才淘汰了澳大利亚。

我的看法是，世界杯夺冠是一件很困难的事情，胜负只在毫厘之间。对英格兰来说，胜负的差距就是点球大战中罚丢的那3粒点球。我永远都会去想我们本可以走到哪一步，因为我相信我们可以在半决赛中击败法国队，而且也不怵意大利队。这届杯赛我们看起来比实际还要差，因为作为一个整体，我们没有奉献出应有的表现。

这届德国世界杯既诞生了许多惊喜时刻，也留下了许多遗憾瞬间。谁能想到意大利队可以克服国内"电话门"的负面影响，一路杀敌并最终夺魁？谁能想到齐内丁·齐达内会以如此富有争议性和不体面的方式结束自己辉煌的职业生涯？

这是一届令人失望的杯赛，我知道英格兰队还有进步的空间，但我们必须意识到这一点，我们已经是一支非常优秀的球队，既有可以更好地备战2010年南非世界杯的年轻球员，又有像我这样迫切渴望成功的球员。

4年一届的杯赛也许就这么结束了，但属于英格兰队和弗兰克·兰帕德的比赛并没有结束。不管在尝试的过程中多么令人大失所望，面对挑战，我不会选择放弃，这并不是我的天性，以后也永远不会。

附言　青少年癌症信托会

在我的生命里，有许多事情值得我去感谢。拥有这样一个强大的家庭，还有亲爱的未婚妻和漂亮的女儿，以及一个出色的职业生涯，我觉得自己很幸运。但是，我也意识到有些人的生活并没有这么幸运。

我第一次听到露西·希尔顿这个名字是通过切尔西俱乐部，他们跟我说收到了露西通过许愿基金会发出的请求，希望能见我一面。我读了她写的信件，和她约定时间，邀请她来训练基地共进午餐。几天之后，他们问我能不能将日期提前，因为露西的情况发生了恶化。

这一请求让我了解到露西正在遭遇的事情，所以我们第二天就安排和她见面。我对这次见面感到十分紧张，主要是因为不知道要说什么。不过，其实我并不需要紧张。露西抵达后，她那开朗活泼的性格一下子让我放松下来。她马上和我，还有其他人开起玩笑，午餐时也加入我们的欢声笑语中。她显然是一个与众不同的人。

在她离开之前，我问她愿不愿意和家人一起来看我们的比赛，我也希望能和她保持联系。露西后来接受了邀请并来到斯坦福桥观战，我和她的家人见了面，也了解到她的情况有所好转。她会在比赛前发信息祝我好运，在我赴客场比赛的时候会打电话给她，虽然她一开始在电话中很腼腆，但慢慢变得自信起来。最重要的是，我们可以一起开玩笑。她是一个富有感染力的人，而且欢乐常伴她左右。她看起来并没有什么不适。不仅如此，我好几次问她的妈妈妮古拉，问她露西是不是真的治不好了。我知道露西患有脑癌，但她看起来真的很健康。

我们会定期见面和聊天，不过到了2004—2005赛季末段，她的情况开始恶化。可能上一分钟我还在和她说笑，下一分钟她就昏倒了。我看得出她的身体正在慢慢被耗尽。那段时间，我正准备北上参加与博尔顿的比赛，我们很有希望就此夺得英超冠军。和往常一样，我在酒店里打电话给露西。

"你感觉怎么样呀，露西？"

"好，很好，你呢？"她回答道。

"嗯，我也很好，不过对比赛有点儿紧张。我没有参加过这样一场可能决定联赛冠军归属的比赛。"

"你没问题的。"她说道，"嘿，如果你进球的话，你会在电视中给我捎话吗？"

"当然会呀，你好好等着哦。"

第二天的比赛，我攻进了两粒球，我们也赢得了联赛冠军。随后我亲吻了摄像机，说道："这是献给你的，露西。"当我趁着庆祝的间隙查看手机的时候，我看到了露西发给我的信息："做得好，冠军。谢谢你。"真是可爱。

随后我打电话给她，她很高兴我记得跟她打招呼。两周后，我们准备在赛季最后一战对阵查尔顿的时候接过冠军奖杯。我问露西赛后是否愿意来到场上，与艾伦，还有她的妈妈一起庆祝。

她的情况比我以往见过的任何时候都要糟糕，但她坚持拄着拐杖来和球队见面。我拥抱了她一下，但太过用力导致她缩了一下，这时我才知道她病得有多重。随后，我们在切尔西的体育馆内举行了庆祝活动，她和她的家人都参加了。

虽然坐在轮椅上，但她还是努力地发表了一番讲话。她对这次庆祝活动十分重视，也希望能让自己看起来正常一点儿。她说话的时候我一直看着她的眼睛，我看得出她越来越虚弱。由于太过动情，我一时透不过气来。我走开了一会儿，去到一间休息室里，然后大哭起来。

我也不是很清楚为什么，只是觉得自己失控了。我的两位姐姐克莱尔和娜塔莉走了过来，克莱尔抱住了我的肩膀。露西的妈妈注意到我不见了，她也跑过来找我。

"你让她很开心，"她说道，"请不要感到难过。最近几周是她生命中最棒的时刻，你不需要哭。当她离世的时候，她会很高兴曾经遇见过你。"

我恢复了镇定，不想露西看到我这样。我有什么好哭的呢？不过当我和她道别时，她的眼泪流了下来，说不希望我离开。我亲了亲她的额头，承诺第二天还会继续一起聊天。

隔天晚上，我的电话响了，那是露西的号码。

"嘿！你感觉怎么样呀？"我问道。

"弗兰克，我是露西的妈妈。"电话那边平静地答道。

我的心一下子沉了下去。妮古拉不需要说什么，但她跟我解释说露西用尽自己的所有力气来观看比赛，以及参加夺冠庆祝这个大日子。我完全不知所措，虽然你知道这一天迟早会到来，但即使有心理准备你也很难接受这一点。她才11岁啊！

几天后，我和艾伦参加了追悼会，我开始问自己，以后是不是还要与这样的小孩儿接触。因为总有一些人会不可避免地因为疾病而离世，我觉得自己的心都碎了，不知道以后该怎么办。

我和斯蒂夫·库特纳谈了谈关于做慈善的事情，希望能以某种方式来发挥自己的作用。我开始与越来越多的小孩儿见面，他们与露西的遭遇相似。他们照顾自己的方式让我十分感动，我也很佩服他们的勇气。

我和库特斯达成了协议，与其回应慈善机构的每一个要求，不如只专注于一个小孩儿，然后为他提供需要的帮助。所以，我成了青少年癌症信托会的赞助人。库特斯在音乐和足球领域上有多年的经验，而信托会也和谁人乐队的主唱罗杰·达尔特瑞以及制作人比尔·柯比什利（比尔是阿兰的弟弟）有过合作。

那个时候，信托会很高兴能够和体育界合作，我也希望能更多地参与其中，带来积极的影响。他们安排我去两家医院和孩子们见面——一家有着老式的病房，另一家则是信托会特别为孩子们投资的。

我一开始比较犹豫，不过还是去了伦敦大学学院的密德萨斯医院。这段经历让我十分紧张，面对这些饱受磨难，因药物治疗和化学治疗而变得虚弱的孩子，你能跟他们说什么呢？他们中有些人必须面对死亡的威胁，其他人则其实是在等待死亡的到来，孩子们本应有美好的生活在等着他们。

我害怕说错话，但我其实不用怕。和他们认识之后，孩子们让我觉得十分自在。我可以和他们做朋友，也知道自己想要竭尽所能去帮助他们。我永远不会忘记这种感觉。

隔天有一位护士发信息告诉我，孩子们依然为我的走访感到很兴奋，有一些甚至是很长一段时间以来第一次起身。我们开始安排一次筹款晚宴，希望能提高社会的意识。

我对整件事情都感到很惊慌，我担心不会有人出席——球员、主教练、朋友和家人。不过，后来大家的反应让我受宠若惊，特别要感谢库特斯、卡伦·米伦①和黛比·佩扎尼②组织这次活动。我们筹得将近70万英镑的善款，我十分自豪能成为这桩盛事的一部分。

信托会面临的最重要的任务就是建立起专属于孩子的病房，让他们感到舒服自在，也能尽量在最好的环境中接受治疗和康复。在这里，他们和其他同龄人紧密相连；在这里，他们可以感受到家的温暖；在这里，他们可以做自己喜欢的事。我觉得孩子们需要这样一个环境，相信大多数人也和我有着同样的想法。

虽然我无法为露西做些什么，但是我会为其他患有类似疾病的孩子提供更多帮助。

---

① 英国同名女性服装品牌的创始人。
② 青少年联合抗癌慈善机构的首席执行官及创始人。

职业生涯记录

(数据由足球统计家协会的马克·巴伯尔所收集，截止到2006年7月1日)

个人总结

全名：弗兰克·詹姆斯·兰帕德

出生时间及地点：1978年6月20日，罗姆福德

位置：中场

身高：183厘米

体重：79公斤

未婚妻：艾伦·丽华丝[1]

女儿：露娜·科科·帕特里西娅，出生于2005年8月23日

弗兰克是朴茨茅斯主教练哈里·雷德克纳普的外甥，也是前英格兰队球员杰米·雷德克纳普的表弟。

---

[1] 此书于2006年出版，此书中的内容为当时的情况。

早期生涯

弗兰克是少数几位就读过私立学校的英国现役球员，母校布伦特伍德位于埃塞克斯。

他的足球生涯起步于西汉姆联队，当时他的父亲是球队助理教练，姨父哈里则是主教练。1994年7月，他成为厄普顿公园的一名学员，并于1995年7月签下首份职业合同。

铁锤帮梯队1996年夺得冠军，并晋级了青年足总杯决赛。不过，弗兰克的成年足球经历却是起步于第二级别联赛的斯旺西。1995年10月，他被租借到天鹅①，租期9个月。

1996年1月31日，回到西汉姆联的弗兰克上演了一线队处子秀，他顶替约翰·莫库尔出场，球队在厄普顿公园球场3∶2战胜了考文垂。

1个月以前，弗兰克在对阵苏格兰队的比赛中上演了英格兰U18处子秀。1996年7月，弗兰克参加了在法国举行的U18欧青赛。

在该届杯赛中，英格兰队名列季军，弗兰克参加了全部4场比赛，并与里奥·费迪南德、埃米尔·赫斯基以及迈克尔·欧文一起征战，他们随后也成为英格兰成年队的队友。

高光时刻

1978年6月20日

出生于罗姆福德，父亲是老弗兰克——前西汉姆联球员和英格兰队球员。

---

① 斯旺西的昵称。

1993年9月14日

为西汉姆联上演青年足球处子秀，对手是剑桥联队。

1994年10月24日

上演西汉姆联预备队处子秀，对手是女王公园巡游者。

1995年10月7日

租借斯旺西期间上演成年足球处子秀，对手是布拉德福德。

1995年10月31日

租借斯旺西期间攻进成年足球处子球，对手是布莱顿。

1996年1月31日

替补登场上演西汉姆联一线队处子秀，对手是考文垂。

1996年4月23日

在圣乔治日①当天，上演英格兰U18处子秀，对手是苏格兰队。

1996年7月31日

英格兰世界杯决赛胜利30周年纪念日，代表英格兰队在U18欧青赛中战胜比利时队，夺得季军。

1996年8月17日

完整上演西汉姆联处子秀，对手是阿森纳。

1997年8月9日

攻进西汉姆联处子球，对手是巴恩斯利。

1997年11月13日

上演英格兰U21处子秀，地点在希腊。

1997年11月19日

首次上演成年队帽子戏法，联赛杯对阵沃尔索尔。

——————————————

① 英格兰国庆日。

1998年1月3日

攻进足总杯处子球,对手是埃姆利。

1998年9月4日

攻进英格兰U21处子球,对手是瑞典队。

1999年5月8日

第100次为西汉姆联出场。

1999年7月17日

上演欧战处子秀,国际托托杯对阵约克里特。

1999年8月24日

随西汉姆联夺得国际托托杯,决赛战胜梅斯。

1999年9月16日

上演欧洲联盟杯处子秀并攻进处子球,对手是奥西耶克。

1999年10月10日

完整上演英格兰队处子秀,对手是比利时队,地点在桑德兰。

1999年12月6日

第100场英超联赛。

2000年6月1日

最后一次为英格兰U21出场,对手是斯洛伐克队。

2001年4月16日

最后一次为西汉姆联进球,进球数停留在37,对手是纽卡斯尔。

2001年4月21日

最后一次为西汉姆联出场,出场次数停留在187。

2001年7月3日

加盟切尔西,转会费1100万英镑。

2001年7月26日

上演切尔西处子秀，季前热身赛对阵莱顿东方。

2001年8月19日

上演切尔西正式比赛处子秀，英超联赛对阵纽卡斯尔。

2001年9月16日

职业生涯首次被罚出场，对手是托特纳姆热刺。

2001年9月20日

上演切尔西欧战处子秀并攻进处子球，欧洲联盟杯对阵索菲亚列夫斯基。

2001年12月23日

首次为切尔西在英超联赛中进球，对手是博尔顿流浪者。

2002年5月4日

参加足总杯决赛，对手是阿森纳。

2003年6月11日

上演英格兰队正式比赛处子秀，比赛是2004年欧洲杯预选赛。

2003年8月13日

上演欧洲冠军联赛处子秀，对手是MSK捷利尼亚。

2003年8月20日

攻进英格兰队处子球，对手是克罗地亚队，地点在米德尔斯堡。

2003年10月22日

攻进欧冠处子球，对手是拉齐奥。

2004年4月

随切尔西晋级欧冠半决赛。

2004年6月

2004年欧洲杯上攻进3球，帮助英格兰队晋级1/4决赛。

2004年7月

被新任切尔西主教练穆里尼奥任命为副队长。

2004年12月

当选为英格兰年度最佳球员。

2005年2月27日

随切尔西夺得联赛杯，对手是利物浦。

2005年4月

随切尔西晋级欧冠半决赛。

2005年4月30日

对阵博尔顿的比赛中梅开二度，帮助切尔西夺得50年来首个顶级联赛冠军。

2005年6月

当选为年度最佳球员，由英格兰足球记者协会评选。

2005年11月

在欧洲金球奖的评选中不敌罗纳尔迪尼奥，获得第二名，由《法国足球》杂志评选。

2005年11月26日

连续160次在英超联赛中出场，创下新纪录。

2005年12月

在世界足球先生的评选中不敌罗纳尔迪尼奥，获得第二名，由国际足联评选。

2006年4月

随切尔西晋级足总杯半决赛。

2006年4月19日

随切尔西夺……

2006年6月

入选英格兰队的德国世界杯大名单。

职业生涯数据统计

赛事	首发	替补	进球	黄牌	红牌
英格兰超级联赛	314	20	73	28	1
英格兰足总杯	33	4	7	3	
欧洲冠军联赛	33	1	10	4	
英格兰联赛杯	25	6	10	2	
欧洲联盟杯	8	1	3		
英格兰甲级联赛	8	1	1		
国际托托杯	6		3	1	
世界杯	8		2		
英格兰联赛锦标赛①	1	1			
社区盾杯	1			1	

荣誉

个人

2003年9月英超联赛月最佳球员

2003年10月英超联赛月最佳球员(英格兰职业球员工会球迷评选)

2003—2004赛季英超联赛最佳球员(切尔西球迷评选)

2004年英超联赛年度最佳球员(英格兰球迷评选)

"约翰斯通油漆杯"（Johnstone's Paint Trophy）。

2005年英超联赛年度最佳球员(英格兰职业球员工会球迷评选)

2005年英超联赛年度最佳球员(英格兰足球记者协会评选)

2005年4月英超联赛月最佳球员

2004—2005赛季英超联赛最佳球员

2004—2005赛季英超联赛最佳球员(切尔西球迷评选)

入选2005年国际足联年度最佳阵容

2005年10月英超联赛月最佳球员(英格兰职业球员工会球迷评选)

2005—2006赛季英超10球金靴奖，奖励赛季首位攻进10球的球员

英超特别贡献奖，于2005年11月获得，奖励打破英超连续出场纪录

2005年欧洲金球奖亚军

2005年世界足球先生亚军

2005年英超联赛年度最佳球员(英格兰球迷评选)

团队

西汉姆联：

1999年国际托托杯冠军

切尔西：

2003年巴克莱英超亚洲杯冠军

2005年英格兰联赛杯冠军

2004—2005赛季英超联赛冠军

2005年社区盾杯冠军

2005—2006赛季英超联赛冠军

赛季	赛事	俱乐部	首发	替补	进球	黄牌	红牌
2002—2003	联赛杯	切尔西	3				
2002—2003	联盟杯	切尔西	1	1	1		
2002—2003	英超	切尔西	37	1	6	3	
2002—2003	足总杯	切尔西	5		1		
2003—2004	英超	切尔西	38		10	3	
2003—2004	欧冠	切尔西	13	1	4	1	
2003—2004	联赛杯	切尔西	1	1			
2003—2004	足总杯	切尔西	4		1		
2004—2005	英超	切尔西	38		13	6	
2004—2005	足总杯	切尔西		2			
2004—2005	欧冠	切尔西	12		4	1	
2004—2005	联赛杯	切尔西	3	3	2	1	
2005—2006	欧冠	切尔西	8		2	2	
2005—2006	英超	切尔西	35		16	4	
2005—2006	联赛杯	切尔西		1			
2005—2006	社区盾杯	切尔西	1			1	
2005—2006	足总杯	切尔西	4	1	2		
总计			429	34	107	39	1

俱乐部进球统计

日期	赛事	轮次	主队	客队	时间	点球
斯旺西						
1995.10.31	英甲		布莱顿	斯旺西	57	
总进球数：1						
西汉姆联						

日期	赛事	轮次	主队	客队	时间	点球
1997.08.09	英超		巴恩斯利	西汉姆联	76	
1997.10.15	联赛杯	第3轮	西汉姆联	阿斯顿维拉	17	
1997.11.19	联赛杯	第4轮	西汉姆联	沃尔索尔	15	
1997.11.19	联赛杯	第4轮	西汉姆联	沃尔索尔	73	
1997.11.19	联赛杯	第4轮	西汉姆联	沃尔索尔	74	
1997.11.23	英超		利兹联	西汉姆联	65	
1998.01.03	足总杯	第3轮	西汉姆联	埃姆利	4	
1998.01.10	英超		西汉姆联	巴恩斯利	5	
1998.05.10	英超		西汉姆联	莱斯特城	15	
1998.09.22	联赛杯	第2轮次回合	西汉姆联	北安普顿	90	
1998.11.14	英超		西汉姆联	莱斯特城	76	
1999.01.10	英超		曼联	西汉姆联	89	
1999.02.13	英超		西汉姆联	诺丁汉森林	39	
1999.02.20	英超		利物浦	西汉姆联	24	是
1999.05.16	英超		西汉姆联	米德尔斯堡	4	
1999.07.24	国际托托杯	第3轮次回合	约克里特	西汉姆联	70	
1999.07.28	国际托托杯	半决赛首回合	西汉姆联	海伦芬	7	
1999.08.07	英超		西汉姆联	托特纳姆热刺	45	
1999.08.24	国际托托杯	决赛次回合	梅斯	西汉姆联	43	
1999.09.16	欧洲联盟杯	第1轮首回合	西汉姆联	奥西耶克	58	
1999.10.13	联赛杯	第3轮	西汉姆联	伯恩茅斯	77	
1999.11.21	英超		西汉姆联	谢周三	76	
1999.12.26	英超		温布尔登	西汉姆联	81	
2000.01.03	英超		纽卡斯尔	西汉姆联		
2000.01.11	联赛杯	1/4决赛	西汉姆联	阿斯顿维拉	47	
2000.02.05	英超		南安普顿	西汉姆联	65	
2000.02.12	英超		西汉姆联	布拉德福德城	83	

日期	赛事	轮次	主队	客队	时间	点球
2000.03.11	英超		谢周三	西汉姆联	10	
2000.09.23	英超		考文垂	西汉姆联	69	
2000.11.29	联赛杯	第4轮	西汉姆联	谢周三	72	
2000.12.26	英超		西汉姆联	查尔顿	45	
2001.01.06	足总杯	第3轮	沃尔索尔	西汉姆联	6	
2001.02.24	英超		布拉德福德	西汉姆联	18	
2001.02.24	英超		布拉德福德	西汉姆联	75	
2001.04.07	英超		阿斯顿维拉	西汉姆联	87	
2001.04.14	英超		西汉姆联	考文垂	7	
2001.04.16	英超		纽卡斯尔	西汉姆联	80	是

总进球数：37

切尔西

日期	赛事	轮次	主队	客队	时间	点球
2001.09.20	欧洲联盟杯	第1轮首回合	切尔西	索菲亚列夫斯基	90	
2001.12.23	英超		切尔西	博尔顿流浪者	87	
2001.12.26	英超		阿森纳	切尔西	31	
2002.01.16	足总杯	第3轮重赛	切尔西	诺维奇	56	
2002.02.09	英超		阿斯顿维拉	切尔西	64	
2002.03.02	英超		查尔顿	切尔西	85	
2002.03.13	英超		切尔西	托特纳姆热刺	90	
2002.08.17	英超		查尔顿	切尔西	89	
2002.08.28	英超		南安普顿	切尔西	80	
2002.10.03	欧洲联盟杯	第1轮次回合	维京	切尔西	45	
2002.12.21	英超		切尔西	阿斯顿维拉	57	
2003.01.28	英超		切尔西	利兹联	80	
2003.03.01	英超		纽卡斯尔	切尔西	37	
2003.03.08	足总杯	1/4决赛	阿森纳	切尔西	84	

日期	赛事	轮次	主队	客队	时间	点球
2003.03.22	英超		切尔西	曼城	69	
2003.09.13	英超		切尔西	托特纳姆热刺	35	
2003.09.20	英超		狼队	切尔西	17	
2003.10.22	欧洲冠军联赛	G组	切尔西	拉齐奥	57	
2003.11.04	欧洲冠军联赛	G组	拉齐奥	切尔西	80	
2003.11.09	英超		切尔西	纽卡斯尔	42	是
2003.11.30	英超		切尔西	曼联	30	是
2003.12.28	英超		切尔西	朴茨茅斯	73	
2004.01.03	足总杯	第3轮	沃特福德	切尔西	41	
2004.02.01	英超		布莱克本	切尔西	25	
2004.02.01	英超		布莱克本	切尔西	35	
2004.03.27	英超		切尔西	狼队	70	
2004.04.06	欧洲冠军联赛	1/4决赛次回合	阿森纳	切尔西	51	
2004.05.01	英超		切尔西	南安普顿	75	
2004.05.01	英超		切尔西	南安普顿	83	
2004.05.05	欧洲冠军联赛	半决赛次回合	切尔西	摩纳哥	44	
2004.08.28	英超		切尔西	南安普顿	41	是
2004.10.30	英超		西布朗	切尔西	81	
2004.11.13	英超		富勒姆	切尔西	33	
2004.11.30	联赛杯	第5轮	富勒姆	切尔西	88	
2004.12.04	英超		切尔西	纽卡斯尔	63	
2004.12.18	英超		切尔西	诺维奇	34	
2005.01.15	英超		托特纳姆热刺	切尔西	39	是
2005.01.15	英超		托特纳姆热刺	切尔西	90	
2005.01.26	联赛杯	半决赛次回合	曼联	切尔西	29	
2005.03.08	欧洲冠军联赛	1/8决赛次回合	切尔西	巴塞罗那	17	
2005.03.19	英超		切尔西	水晶宫	29	
2005.04.02	英超		南安普顿	切尔西	22	

日期	赛事	轮次	主队	客队	时间	点球
2005.04.06	欧洲冠军联赛	1/4决赛首回合	切尔西	拜仁慕尼黑	60	
2005.04.06	欧洲冠军联赛	1/4决赛首回合	切尔西	拜仁慕尼黑	70	
2005.04.12	欧洲冠军联赛	1/4决赛次回合	拜仁慕尼黑	切尔西	30	
2005.04.23	英超		切尔西	富勒姆	64	
2005.04.30	英超		博尔顿流浪者	切尔西	60	
2005.04.30	英超		博尔顿流浪者	切尔西	76	
2005.05.15	英超		纽卡斯尔	切尔西	35	是
2005.08.24	英超		切尔西	西布朗	23	
2005.08.24	英超		切尔西	西布朗	80	
2005.09.13	欧洲冠军联赛	G组	切尔西	安德莱赫特	19	
2005.09.24	英超		切尔西	阿斯顿维拉	45	
2005.09.24	英超		切尔西	阿斯顿维拉	75	是
2005.10.02	英超		利物浦	切尔西	26	是
2005.10.15	英超		切尔西	博尔顿流浪者	55	
2005.10.15	英超		切尔西	博尔顿流浪者	59	
2005.10.23	英超		埃弗顿	切尔西	50	
2005.10.29	英超		切尔西	布莱克本	14	是
2005.10.29	英超		切尔西	布莱克本	62	
2005.11.26	英超		朴茨茅斯	切尔西	67	是
2005.12.26	英超		切尔西	富勒姆	24	
2006.01.02	英超		西汉姆联	切尔西	25	
2006.01.28	足总杯	第4轮	埃弗顿	切尔西	73	
2006.02.08	足总杯	第4轮重赛	切尔西	埃弗顿	36	是
2006.02.25	英超		切尔西	朴茨茅斯	65	
2006.03.07	欧洲冠军联赛	1/8决赛次回合	巴塞罗那	切尔西	90	是
2006.04.15	英超		博尔顿流浪者	切尔西	59	
2006.04.17	英超		切尔西	埃弗顿	28	

总进球数：69

英超联赛出场次数及进球数

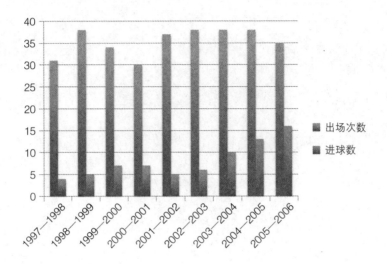

赛季	出场次数	进球数	球队
1997—1998	31	4	西汉姆联
1998—1999	38	5	西汉姆联
1999—2000	34	7	西汉姆联
2000—2001	30	7	西汉姆联
2001—2002	37	5	切尔西
2002—2003	38	6	切尔西
2003—2004	38	10	切尔西
2004—2005	38	13	切尔西
2005—2006	35	16	切尔西

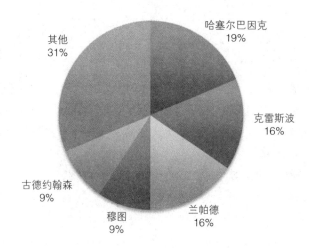

2003—2004赛季英超联赛切尔西队内射手榜

哈塞尔巴因克
19%

克雷斯波
16%

兰帕德
16%

穆图
9%

古德约翰森
9%

其他
31%

球员	进球数
吉米·弗洛伊德·哈塞尔巴因克	12
赫尔南·克雷斯波	10
弗兰克·兰帕德	10
阿德里安·穆图	6
埃杜尔·古德约翰森	6
其他	20

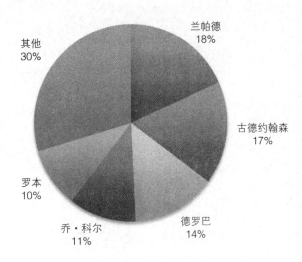

2004—2005赛季英超联赛切尔西队内射手榜

兰帕德
18%

其他
30%

古德约翰森
17%

罗本
10%

德罗巴
14%

乔·科尔
11%

球员	进球数
弗兰克·兰帕德	13
埃杜尔·古德约翰森	12
迪迪埃·德罗巴	10
乔·科尔	8
阿尔扬·罗本	7
其他	21

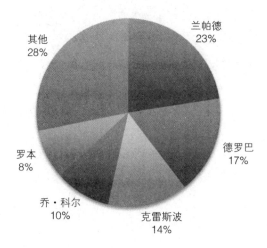

2005—2006赛季英超联赛切尔西队内射手榜

球员	进球数
弗兰克·兰帕德	16
迪迪埃·德罗巴	12
赫尔南·克雷斯波	10
乔·科尔	7
阿尔扬·罗本	6
其他	20

英格兰队进球

类别	日期	赛事	轮次	主队	客队	主队进球数	客队进球数	点球	进球时间
Y	1996.04.23	U18欧青赛预选赛	第2轮第6小组	英格兰	苏格兰	3	0		
Y	1996.07.23	U18欧青赛	决赛圈B组	英格兰	西班牙	0	0		
Y	1996.07.25	U18欧青赛	决赛圈B组	意大利	英格兰	1	1		
Y	1996.07.27	U18欧青赛	决赛圈B组	英格兰	爱尔兰	1	0		
Y	1996.07.31	U18欧青赛	三四名决赛	英格兰	比利时	3	2		
U	1997.11.13	U21欧青赛	预赛淘汰赛	希腊	英格兰	2	0		
U	1997.12.17	U21欧青赛	小组赛	英格兰	希腊	4	2		
B	1998.02.10	青年国家队友谊赛		英格兰	智利	1	2		
U	1998.03.24	U21		瑞士	英格兰	2	0		
U	1998.05.14	U21土伦杯	A组	法国	英格兰	1	1		
U	1998.05.16	U21土伦杯	A组	英格兰	南非	3	1		37
U	1998.05.18	U21土伦杯	A组	阿根廷	英格兰	2	0		
U	1998.09.04	U21欧青赛预选赛	第5小组	瑞典	英格兰	0	2		86
U	1998.10.09	U21欧青赛预选赛	第5小组	英格兰	保加利亚	1	0		62
U	1998.10.13	U21欧青赛预选赛	第5小组	卢森堡	英格兰	0	5		50
U	1998.11.17	U21		英格兰	捷克	0	1		
U	1999.02.09	U21		英格兰	法国	2	1		
U	1999.03.26	U21欧青赛预选赛	第5小组	英格兰	波兰	5	0		54, 59
U	1999.06.04	U21欧青赛预选赛	第5小组	英格兰	瑞典	3	0		
U	1999.09.03	U21欧青赛预选赛	第5小组	英格兰	卢森堡	5	0		80
A	1999.10.10	成年国家队友谊赛		英格兰	比利时	2	1		
U	2000.02.22	U21		英格兰	阿根廷	1	0		
U	2000.03.29	U21欧青赛	预赛淘汰赛首回合	英格兰	南斯拉夫	3	0		49
U	2000.05.27	U21欧青赛	决赛圈B组	英格兰	意大利	0	2		

类别	日期	赛事	轮次	主队	客队	主队进球数	客队进球数	点球	进球时间
U	2000.05.29	U21欧青赛	决赛圈B组	英格兰	土耳其	6	0		28
U	2000.06.01	U21欧青赛	决赛圈B组	英格兰	斯洛伐克	0	2		
A	2001.02.28	成年国家队友谊赛		英格兰	西班牙	3	0		
A	2001.08.15	成年国家队友谊赛		英格兰	荷兰	0	2		
A	2001.11.10	成年国家队友谊赛		英格兰	瑞典	1	1		
A	2002.02.13	成年国家队友谊赛		荷兰	英格兰	1	1		
A	2002.03.27	成年国家队友谊赛		英格兰	意大利	1	2		
A	2002.04.17	成年国家队友谊赛		英格兰	巴拉圭	4	0		
A	2003.02.12	成年国家队友谊赛		英格兰	澳大利亚	1	3		
A	2003.05.22	成年国家队友谊赛		南非	英格兰	1	2		
A	2003.06.03	成年国家队友谊赛		英格兰	塞尔维亚和黑山	2	1		
A	2003.06.11	欧洲杯预选赛	第7小组	英格兰	斯洛伐克	2	1		
A	2003.08.20	成年国家队友谊赛		英格兰	克罗地亚	3	1		80
A	2003.09.06	欧洲杯预选赛	第7小组	马其顿	英格兰	0	0		
A	2003.09.10	欧洲杯预选赛	第7小组	英格兰	列支敦士登	2	0		
A	2003.10.11	欧洲杯预选赛	第7小组	土耳其	英格兰	0	0		
A	2003.11.16	成年国家队友谊赛		英格兰	丹麦	2	3		
A	2004.02.18	成年国家队友谊赛		葡萄牙	英格兰	1	1		
A	2004.06.01	英足总夏季邀请赛		英格兰	日本	1	1		
A	2004.06.05	英足总夏季邀请赛		英格兰	冰岛	6	1		25
A	2004.06.13	欧洲杯	决赛圈B组	法国	英格兰	1	2		38

类别	日期	赛事	轮次	主队	客队	主队进球数	客队进球数	点球	进球时间
A	2004.06.17	欧洲杯	决赛圈B组	英格兰	瑞士	3	0		
A	2004.06.21	欧洲杯	决赛圈B组	克罗地亚	英格兰	2	4		79
A	2004.06.24	欧洲杯	1/4决赛	葡萄牙	英格兰	2	2	(6:5)	115
A	2004.08.18	成年国家队友谊赛		英格兰	乌克兰	3	0		
A	2004.09.04	世界杯预选赛	欧洲区第6小组	奥地利	英格兰	1	2		24
A	2004.09.08	世界杯预选赛	欧洲区第6小组	波兰	英格兰	1	2		
A	2004.10.09	世界杯预选赛	欧洲区第6小组	英格兰	威尔士	2	0		4
A	2004.10.13	世界杯预选赛	欧洲区第6小组	阿塞拜疆	英格兰	0	1		
A	2004.11.17	成年国家队友谊赛		西班牙	英格兰	1	0		
A	2005.02.10	成年国家队友谊赛		英格兰	荷兰	0	0		
A	2005.03.26	世界杯预选赛	欧洲区第6小组	英格兰	北爱尔兰	4	0		62
A	2005.03.30	世界杯预选赛	欧洲区第6小组	英格兰	阿塞拜疆	2	0		
A	2005.08.17	成年国家队友谊赛		丹麦	英格兰	4	1		
A	2005.09.03	世界杯预选赛	欧洲区第6小组	威尔士	英格兰	0	1		
A	2005.09.07	世界杯预选赛	欧洲区第6小组	北爱尔兰	英格兰	1	0		
A	2005.10.08	世界杯预选赛	欧洲区第6小组	英格兰	奥地利	1	0		24
A	2005.10.12	世界杯预选赛	欧洲区第6小组	英格兰	波兰	2	1		81
A	2005.11.12	成年国家队友谊赛		阿根廷	英格兰	2	3		
A	2006.05.30	成年国家队友谊赛		英格兰	匈牙利	3	1		
A	2006.06.03	成年国家队友谊赛		英格兰	牙买加	6	0		11
A	2006.06.10	世界杯	决赛圈B组	英格兰	巴拉圭	1	0		
A	2006.06.15	世界杯	决赛圈B组	英格兰	特立尼达和多巴哥	2	0		

类别	日期	赛事	轮次	主队	客队	主队进球数	客队进球数	点球	进球时间
A	2006.06.20	世界杯	决赛圈B组	英格兰	瑞典	2	2		
A	2006.06.25	世界杯	1/8决赛	英格兰	厄瓜多尔	1	0		
A	2006.07.01	世界杯	1/4决赛	英格兰	葡萄牙	0	0	(3:1)	

成年队进球数：11

成年队出场次数：45

成年队场均进球数：1球/4.1场